| www.dongyangbooks.com |

새로운 도서, 다양한 자료
동양북스 홈페이지에서 만나보세요!

홈페이지 활용하여 외국어 실력 두 배 늘리기!

홈페이지 이렇게 활용해보세요!

1 도서 자료실에서 학습자료 및 MP3 무료 다운로드!

① 도서 자료실 클릭
② 검색어 입력
③ MP3, 정답과 해설, 부가자료 등 첨부파일 다운로드

* 원하는 자료가 없는 경우 '요청하기' 클릭!

2 동영상 강의를 어디서나 쉽게! 외국어부터 바둑까지!

500만 독자가 선택한

가장 쉬운
독학 일본어 첫걸음
14,000원

가장 쉬운
독학 중국어 첫걸음
14,000원

가장 쉬운
독학 베트남어 첫걸음
15,000원

가장 쉬운
독학 스페인어 첫걸음
15,000원

가장 쉬운
프랑스어 첫걸음의 모든 것
17,000원

가장 쉬운
독일어 첫걸음의 모든 것
18,000원

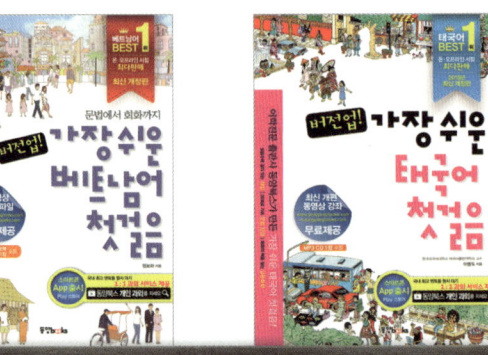

가장 쉬운
스페인어 첫걸음의 모든 것
14,500원

버전업! 가장 쉬운
베트남어 첫걸음
16,000원

버전업! 가장 쉬운
태국어 첫걸음
16,800원

첫걸음 베스트 1위!

가장 쉬운
러시아어 첫걸음의 모든 것
16,000원

가장 쉬운
이탈리아어 첫걸음의 모든 것
17,500원

가장 쉬운
포르투갈어 첫걸음의 모든 것
18,000원

가장 쉬운
터키어 첫걸음의 모든 것
16,500원

버전업! 가장 쉬운
아랍어 첫걸음
18,500원

가장 쉬운
인도네시아어 첫걸음의 모든 것
18,500원

가장 쉬운
영어 첫걸음의 모든 것
16,500원

버전업! 굿모닝
독학 일본어 첫걸음
14,500원

가장 쉬운
중국어 첫걸음의 모든 것
14,500원

오늘부터는 팟캐스트로 공부하자!

팟캐스트 무료 음성 강의

▶1 iOS 사용자
Podcast 앱에서
'동양북스' 검색

▶2 안드로이드 사용자
플레이스토어에서 '팟빵' 등
팟캐스트 앱 다운로드,
다운받은 앱에서
'동양북스' 검색

▶3 PC에서
팟빵(www.podbbang.com)에서
'동양북스' 검색
애플 iTunes 프로그램에서
'동양북스' 검색

◉ 현재 서비스 중인 강의 목록 (팟캐스트 강의는 수시로 업데이트 됩니다.)

- 가장 쉬운 독학 일본어 첫걸음
- 페이의 적재적소 중국어
- 가장 쉬운 독학 중국어 첫걸음
- 중국어 한글로 시작해
- 가장 쉬운 독학 베트남어 첫걸음

매일 매일 업데이트 되는 동양북스 SNS! 동양북스의 새로운 소식과 다양한 정보를 만나보세요.

blog.naver.com/dymg98 instagram.com/dybooks facebook.com/dybooks twitter.com/dy_books

新HSK 5급,
고득점 공략 비법서!!

新 **HSK**
합격 쓰기 5급

王乐·宋伟秀·최경아 지음

동양북스

초판 3쇄 | 2018년 3월 20일

지은이 | 王乐, 宋伟秀, 최경아
발행인 | 김태웅
편집장 | 강석기
편　집 | 권민서, 정지선, 김효수, 김다정
디자인 | 방혜자, 이미영, 김효정, 서진희
마케팅 총괄 | 나재승
마케팅 | 서재욱, 김귀찬, 이종민, 오승수, 조경현, 양수아
온라인 마케팅 | 김철영, 양윤모
제　작 | 현대순
총　무 | 전민정, 안서현, 최여진, 강아담
관　리 | 김훈희, 이국희, 김승훈

발행처 | 동양북스
등　록 | 제10-806호(1993년 4월 3일)
주　소 | 서울시 마포구 서교동 463-16호 (04030)
전　화 | (02)337-1737
팩　스 | (02)334-6624
웹사이트 | http://www.dongyangbooks.com

ISBN 978-89-8300-925-8　14720
　　　978-89-8300-924-1(세트)

▶ 본 책은 저작권법에 의해 보호를 받는 저작물이므로 무단 전재와 복제를 금합니다.

머리말

중국 국가한판/공자학원본부(国家汉办/孔子学院总部)에서는 중국어 학습자들의 실제적인 수요와 언어환경의 변화를 반영하여 신한어수평고시(新HSK)를 선보였다. 그중 필기시험에서 가장 두드러진 변화는 기존 고등 HSK에서만 평가하던 쓰기(작문) 영역이 거의 모든 급수로 확대되어, 각 급수에 해당하는 실제적인 쓰기 능력을 갖추었는지가 당락의 중요 변수가 되었다는 점이다. 이에 집필진은 新HSK를 준비하는 학습자들이 이러한 변화에 빠르게 적응하고, 단기간 내에 쓰기 응시 능력을 전면적으로 향상시키는 것을 돕고자, 약 10년간 한국인을 대상으로 한 현장 교육 경험을 종합하여 이 책을 집필하였다. 이 책은 新HSK의 취지와 방향성을 겨냥한 대표적인 내용들로 구성되었고, 각급 학교 및 학원 수업과 독학용으로 모두 적합하도록 만들어졌다.

학습자는 新HSK 쓰기 시험에서 다음 두 가지 문제에 직면한다.

첫째, 무엇을 써야 하는가?

"시험문제를 보기만 하면 머릿속이 하얘진다"고 말하는 사람이 많다. 이를 자신의 인생 경험이나 어법 지식이 부족한 탓이라고 자책할 수도 있겠지만, 사실 더 중요한 이유는 문제 접근 방식이 부적절하기 때문이다. 이 책은 문제가 주어졌을 때, 어디에서 실마리를 찾아내고, 무엇을 생각해야 하는지 구체적으로 알려주어, 학습자가 원하는 답을 만들어낼 수 있도록 방향을 제시해준다.

둘째, 어떻게 써야 하는가?

쓰기 답안을 채점할 때 내용이 혼란스럽고 체계적이지 못한 글들을 흔히 볼 수 있다. 대부분의 학습자들이 시험장에서 생각나는 대로 답안을 작성하기 때문이다. 그러나 이는 문장이나 문맥을 무질서하게 만드는 직접적인 원인이다. 내용이 충실하고, 어휘량이 풍부하며, 어법 오류가 없는 논리정연하고 유창한 글일수록 쓰기 고득점을 받을 수 있다. 이 책은 가장 짧은 시간에 어떻게 이러한 답안을 구상하고 작성하는지를 훈련시켜준다.

이 책을 통해 新HSK 5급을 준비하는 모든 학습자들이 쓰기 영역에서 높은 점수를 받고 좋은 성적으로 합격하여 다음 목표를 향해 나아갈 수 있길 바란다!

祝同学们成功! 여러분의 성공을 기원합니다!

저자 일동

新HSK 5급

1. 응시수준

응시대상 매주 2~4시간씩 2년 이상(400시간 이상) 집중적으로 중국어를 학습하고 2,500개의 상용어휘 및 관련 어법 지식을 습득한 학습자를 대상으로 한다.

합격수준 중국어로 된 신문과 잡지를 읽고 영화와 TV 프로그램을 감상할 수 있으며, 중국어로 비교적 완전한 연설을 할 수 있다.

2. 시험 구성

영역		문항 수		시간	배점
듣기	제1부분	20	45	약 30분	100점
	제2부분	25			
	듣기 답안지 작성 시간			5분	
독해	제1부분	15	45	45분	100점
	제2부분	10			
	제3부분	20			
쓰기	제1부분	8	10	40분	100점
	제2부분	2			
합계		100		약 120분	300점

※ 총 시험 시간은 125분이다.(개인정보 작성 시간 5분 포함)
　총점 180점 이상이면 합격이다.

3. 영역별 문제 유형

영역		문제 유형
듣기	제1부분	짧은 대화 듣고 질문에 답하기
	제2부분	4~5문장의 대화문 또는 단문 듣고 질문에 답하기
독해	제1부분	지문 속의 빈칸에 알맞은 단어/문장 고르기
	제2부분	짧은 지문 읽고 지문 내용과 일치하는 답 고르기
	제3부분	긴 지문 읽고 질문에 알맞은 답 고르기
쓰기	제1부분	제시된 어휘(어구)를 배열하여 문장 완성하기
	제2부분	어휘 또는 사진 보고 작문하기(80자 내외)

4. 응시방법

원서접수

① 인터넷 접수

HSK 한국사무국 홈페이지(www.hsk.or.kr)에서 접수

② 우편접수

구비서류(응시원서+반명함판 사진 2장+응시비 입금영수증)를 동봉하여 HSK 한국사무국으로 등기 발송

③ 방문접수

HSK 한국사무국 또는 서울공자아카데미(HSK 한국사무국 2층)에서 접수

[접수시간] 평일: 오전 10시~12시, 오후 1시~5시 / 토요일: 오전 10시~12시

[준비물] 응시원서, 사진 3장 (3×4cm 반명함판 컬러 사진, 최근 6개월 이내 촬영)

시험 당일 준비물

① 수험표   HSK 한국사무국 홈페이지에서 출력(방문접수자는 접수현장에서 발급)

② 필기도구   2B 연필, 지우개

③ 유효한 신분증

[18세 이상]   주민등록증, 운전면허증, 기간만료 전의 여권, 주민등록증 발급신청 확인서

[18세 미만]   기간만료 전의 여권, 청소년증, HSK 신분확인서

※ 주의: 학생증, 사원증, 국민건강보험증, 주민등록등본, 공무원증은 인정되지 않음

5. 성적발표

성적은 시험일로부터 1개월 후 중국고시센터 홈페이지(www.hanban.org)에서 개별 조회가 가능하며, 성적표 발송은 성적조회 가능일로부터 2주 후이다.

성적표에는 듣기, 독해, 쓰기 각 영역의 점수와 총점이 기재되며, 총점이 180점을 넘어야 합격이다. HSK 성적은 시험일로부터 2년간 유효하다.

新HSK 5급 쓰기

1. 시험 형식

구분	문제 유형	문항 수	배점
제1부분	주어진 어휘(어구)를 배열하여 문장 완성하기 91~98번: 주어진 몇 개의 어휘(어구)를 이용하여 하나의 완전한 문장을 만든다.	8문항	40점 (문항당 5점)
제2부분	어휘 또는 사진 보고 작문하기(80자 내외) 99번: 주어진 몇 개의 어휘를 모두 사용하여 80자 내외의 단문을 쓴다. 100번: 주어진 사진을 보고 80자 내외의 단문을 쓴다.	2문항	60점 (문항당 30점)
합계		10문항	100점

2. 출제 경향

① **시험은 언제나 불편하게 출제된다.**
　이 불편함을 극복하고 시험을 잘 보기 위해서는 어떻게 해야 하느냐? 바로 불편함을 적극적으로 파악하고 해결하려는 노력이 필요하다. 이 교재의 처음부터 마지막까지 포기하지 말고 공부하는 것부터 시작하자!

② **시험은 언제나 생활과 근접하게 출제된다.**
　쓰기 시험뿐만 아니라 듣기, 독해 영역 지문들의 소재도 언제나 우리의 생활 속에서 나온다. 특히 쓰기 영역은 단지 급수를 따기 위한 연습보다는 평소에 중국어를 많이 써보고, 문화·지식·상식·이야기가 담겨 있는 지문을 많이 접해봐야 한다.

③ **시험은 점점 어렵게 출제된다.**
　중국어 학습자들의 수준이 점점 높아짐에 따라 시험도 점점 어려워질 것이 너무나 당연하다. 그러므로 빨리, 그리고 좋은 점수를 따고 싶다면 시험이 어려워지기 전에 얼른 획득하는 것이 유리하다. 늦었다고 생각할 때가 가장 빠른 때다.

3. 합격 공략법

　지금부터 여러분에게 솔직해서 미안한 공략법을 소개한다. 여러분의 정곡을 너무나도 콕콕 찌른다고 느낀다면 미안하지만 어쩔 수 없다. 이것이 여러분에게 닥친 현실이니, 현실을 직시하고 하나씩 헤쳐나가자!

❶ 합격 공략 STEP 1

> "아, 난 정말 쓰기에 자신이 없어……, 그냥 답안지만 채우고 나오자."

① 쓰기 영역 100점 만점에 60점 넘기기는 하늘의 별 따기!

쓰기 영역의 배점은 다음과 같다.

| 91~98번 만점 40점 | + | 99번 만점 30점 | + | 100번 만점 30점 | = | 100점 |

하지만 실제 학생들의 평균점수는

| 91~98번 잘하면 20~35점 | + | 99번 정말 잘하면 10점 | + | 100번 정말 잘하면 10점 | = | 40~55점 |

정말 잘하면 40점이다. 55점을 받는 학생이 '중문과 졸업+중국 유학 1년 이상+한자능력 우수자'다. 냉정하지만 이것이 현실이다.

② 쓰기에서 0점을 받아도 총점 180점은 넘을 수 있다!

5급 합격 기준은 총점 180점이다. 그렇다면 쓰기 영역을 포기해도 되는가?

| 듣기 100점 | + | 독해 100점 | 이면 거뜬히 200점이다.

쓰기에 정말로 자신이 없다면 듣기와 독해에 집중하라. 듣기와 독해를 만점에 가깝게 풀어내고, '듣기와 독해를 공부하다 보면 쓰기 실력도 조금씩 나아지지 않겠어?'라는 막연한 기대를 하면서 말이다.

③ 아무리 어려워도 넘어서야 한다!

듣기와 독해 실력만으로 합격하기도 불가능하다면? 쓰기 영역을 정복하는 것은 합격의 필수 조건이자 고득점의 지름길이다. 쓰기 영역 정복의 첫 단추는 문제를 알고 나를 아는 것! 5급 쓰기는 베껴 쓰기와 스스로 쓰기로 나뉜다.

| 91~98번 베껴 쓰기 | 배열을 잘 하고도 한자를 잘못 베껴서 틀리는 경우가 다반수다. 베껴 쓰기도 못한다면 한자 쓰기 연습부터 해라. |

| 99~100번 스스로 쓰기 | 대부분의 학생들은 평소에 99번과 100번은 연습하지 않는다. 시험 전에 단 한 번이라도 연습하자. 그렇지 않으면 시험장에서 극도의 초조함을 맛보며 손톱만 뜯게 될 것이다. |

新HSK 5급 쓰기

❷ 합격 공략 STEP 2

> "어? 쓰기 좀 할만한데? 제1부분만이라도 만점 받자. 제2부분은 포기……. -_-;"

① 문제를 본다 ⇒ 모르는 단어가 나왔다 ⇒ 한숨이 나온다

어떻게 할까? 新HSK 5급 필수 단어 2500개를 얼른 외우자. 쓸 줄 몰라도 상관없다. 뜻과 품사만 알면 된다.
  – 무작정 단어를 외우기 지겹다면 듣기와 독해에 나온 단어들을 외우자. 자신이 한 번 본 단어들을 외우면 더욱 효과적이다.

② 문제를 본다 ⇒ 단어를 모두 안다

그 다음엔 어떻게 할까? 단어의 뜻을 조합해서 한국어 문장을 만들어낸다.

> 예를 들어 '发表、这篇文章、什么时候、是、的'라는 단어들을 보고 뜻을 파악했다면, 한국어로 '이 문장은 언제 발표한 것입니까?'라는 문장을 떠올릴 수 있으면 성공이다.

  – 한국어 문장이 두 개가 만들어져도 상관없다. 그 두 가지 문장을 모두 염두에 두고 문제를 푼다.

③ 문제를 본다 ⇒ 단어를 모두 안다 ⇒ 한국어 문장을 만들었다

그 다음엔 어떻게 할까? 그 동안 갈고 닦아온 회화 실력과 어법 지식을 모두 총동원하여 배열한다.

④ 문제를 본다 ⇒ 단어들을 배열했다 ⇒ 한 두 개의 단어가 남거나 완전히 다른 형식으로도 배열된다

그 다음엔 어떻게 할까? 이런 난관에 봉착한다면 시험장에서 해결책은 없다. 미안하다. 집으로 돌아와 어법 실력을 갈고 닦아라.

제1부분 대비를 위한 어법 공부 TIP

1) 순서: 품사 → 문장성분 → 특수문형
2) 이것만이라도 공부하자
   ① 품사: 了 / 着 / 过, 부사, 전치사는 반드시 공부!
   ② 문장성분: 보어, 부사어는 반드시 공부!
   ③ 특수문형: 연동문, 비교문, 존현문, 겸어문, 피동문, 把자문은 반드시 공부!

시간이 없다면 순서는 상관없다. 급한 것부터 공부하자!

❸ 합격 공략 STEP 3

> "제발…… 취직 좀 하게, 쓰기 60점 이상!
> 그럼 난 졸업이다!"

제1부분을 풀 실력을 어느 정도 갖췄다면 이제 제2부분 문제에 눈을 돌리자.

① 단어는 쓰면서 외운다.

쓰기 영역의 채점기준은 매우 냉정하고 매정하다. 따라서 점수는 100% 본인의 쓰기 실력에 의해 결정된다. 지금까지 단어를 눈으로만 외웠다면 더 이상 그 방법은 통하지 않는다. 반드시 손으로 쓸 줄 알아야 한다. 예외는 없다.

② 모르는 단어는 과감하게 포기해도 좋다.

99번 문제에는 하나의 스토리로 연결하기에 생뚱맞게 생각되는 단어가 잘 나온다. 자신의 수준에서 도저히 연관시키기 어렵다고 생각되면 그 단어는 과감하게 포기하는 것도 차선책이다.

③ 자신의 중국어 수준에 맞는 이야기를 만들어낸다.

> 한국어 이야기 구성 능력 + 중국어 실력 = 좋은 점수
> 한국어 이야기 구성 능력 + 형편없는 중국어 실력 = 글을 쓸 수 없음

고득점은 둘째 치고 어느 정도의 점수라도 받기 위해서는 자신의 중국어 실력으로 써낼 수 있는 한국어 이야기를 만들어 내는 것이 관건이며, 하루빨리 중국어 작문 실력을 늘리는 것이 급선무다.

제2부분 대비를 위한 작문 공부 TIP

1) 그 동안 외운 회화는 작문 실력의 중요한 밑거름이다.
2) 한국어로 이루어진 문장을 중국어로 바꾸는 연습을 꾸준히 한다. 입으로, 그리고 손으로 모두 연습하자.
3) 서너 줄 정도의 짧은 문장을 매일 암기한다. 입으로 암송하고 손으로 적는다.
4) 평소에 자신의 생각을 주관을 가지고 간단하게 정리하는 습관을 기른다.

新HSK 5급 쓰기

4. 시험 시 유의사항

① 시간관리에 유의한다.
쓰기 영역 문제풀이에 주어지는 시간은 총 40분이다. 91~98번 문제에 약 10분, 99~100번 문제에 각각 15분씩 분배하여 문제를 풀되, 91~98번 문제를 푸는데 최장 15분을 넘기지 않는다. 왜? 99번, 100번 문제는 문제당 30점이므로, 아무리 어려워도 시도는 해야 한다. 단 5점이라도 따자.

② 답안은 답안지에 직접 적는다.
시험지에 답을 썼다가 옮겨 적으려 하지 말고, 바로 답안지에 표기한다. 왜? 시간이 부족하니까! 단, 91~99번 문제는 답안 작성 후 답안지와 시험지를 비교해서 제시된 단어를 모두 사용했는지 비교한다. 시험지 위에 사선(/)을 그어 사용한 단어를 하나하나 지워나가는 것도 방법이다. 절대 자신의 눈만 믿지 말고 철저하게 확인한다.

③ 모르는 한자는 반드시 보고 쓴다.
시험지에서 보여주는 글자 중 뜻은 알지만 잘 쓸 줄 모르는 한자가 있다면 반드시 보고 쓴다. 왜? 한자는 획 하나, 점 하나, 삐침 하나에 다른 글자로 변신한다. 실제 시험에서 평소에 잘 써보지 않던 글자를 아는 단어라고 방심하다가 틀리는 학생이 허다하다.

④ 쓰고자 하는 내용을 자꾸 바꾸지 않는다.
99번, 100번 문제는 스스로 쓰는 문제다. 이야기를 구상하고 정해진 분량만큼 중국어로 작문하려면 시간이 절대적으로 부족하기 때문에, 이야기의 큰 틀은 한 번 결정하면 처음 생각한대로 밀고 나가야 한다. ① 어휘·사진을 보고 핵심 내용 선정하고 → ② 시간·장소·인물의 3요소에 따라 사건의 원인·경과·결과를 도출한 다음 → ③ 하나의 완성된 스토리라인을 만드는 순서로 진행한다.

⑤ 원고지 작성법과 문장부호에 주의한다.
쓰기 시험은 학생들이 문장력을 기르고 일정한 작문 테크닉을 활용할 것이 요구된다. 특히 91~98번 문제는 답안 작성시 반드시 마침표(。)를 표시한다. 왜? 마침표를 찍어야 문장이 완성이 되기 때문이다. 99번과 100번 문제는 원고지에 답안을 작성해야 하므로, 원고지 작성법을 숙지하여 기술적인 부분에서 실점하지 않도록 주의한다.

新HSK 5급 성적표

新汉语水平考试
Chinese Proficiency Test

HSK（五级）成绩报告
HSK (Level 5) Examination Score Report

姓名：_____
Name

性别：_____ 国籍：_____
Gender   Nationality

考试时间：_____年_____月_____日
Examination Date   Year   Month   Day

编号：_____
No.

	满分 (Full Score)	你的分数 (Your Score)
听力 (Listening)	100	
阅读 (Reading)	100	
书写 (Writing)	100	
总分 (Total Score)	300	

总分180分为合格 (Passing Score：180)

主任 _____ 国家汉办
Director   Hanban

中国 · 北京
Beijing · China

이 책의 구성

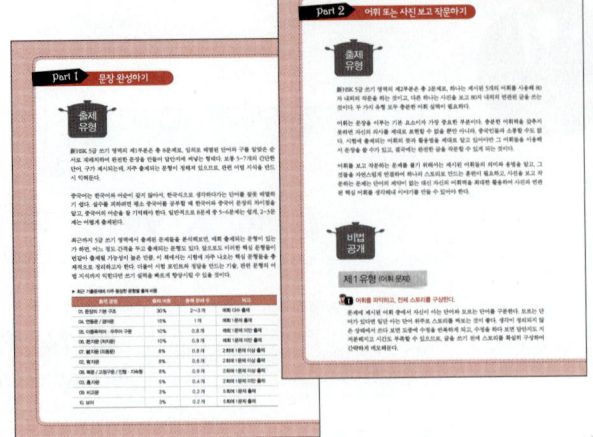

쓰기 영역 각 부분 소개
쓰기 각 부분의 출제 유형과 접근법에 대해 설명합니다.

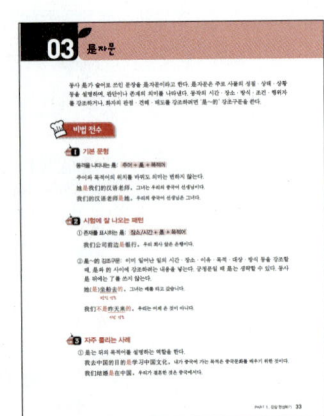

비법전수
각 장의 테마별 공략 비법을 알려줍니다.
특히 제1부분에서는 어법 테마별로 꼭 알아야 될 기본 사항, 단골 출제되는 패턴, 자주 틀리는 사례를 일목요연하게 정리해줍니다.

비법 트레이닝
문제풀이 비법을 적용해 예제를 풀어봅니다.

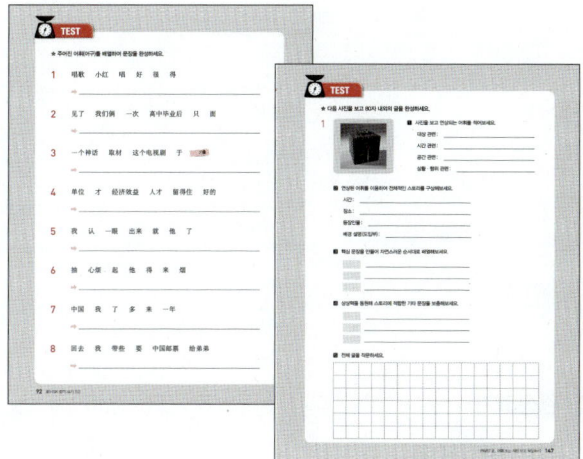

테스트
각 장에서 공부한 내용을 문제를 통해 스스로 점검해 봅니다.

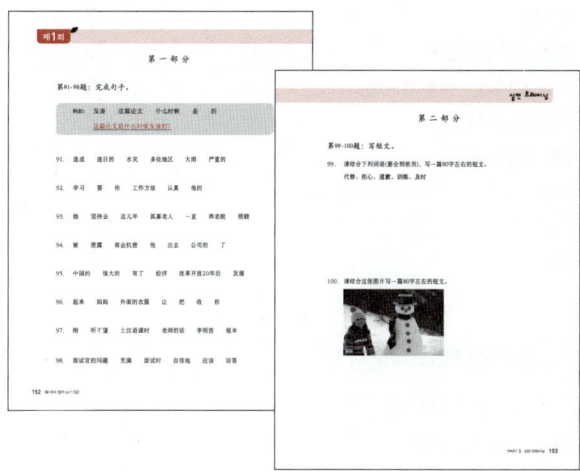

실전 트레이닝
실전 감각을 높일 수 있는 쓰기 영역 모의고사 10회분이 수록되어 있습니다.

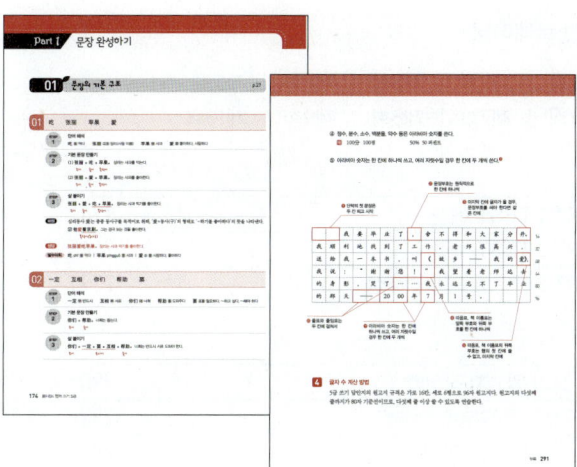

해설 & 부록
Part1~2의 테스트, Part3의 실전 트레이닝에 대한 상세한 단어 설명과 문제풀이 해설, 원고지 작성법과 문장부호에 대한 기본사항이 수록되어 있습니다.

차례

머리말 • 3
新HSK 5급 • 4
新HSK 5급 쓰기 • 6
新HSK 5급 성적표 • 11
이 책의 구성 • 12

PART 1 문장 완성하기   15
출제 유형 & 비법 공개   16
01 문장의 기본 구조   19
02 有자문   28
03 是자문   33
04 연동문 / 겸어문   39
05 이중목적어 · 무주어 구문   45
06 把자문(처치문)   50
07 被자문(피동문)   56
08 복문 / 고정구문 / 진행 · 지속형   61
09 비교문   71
10 보어   80

PART 2 어휘 또는 사진 보고 작문하기   93
출제 유형 & 비법 공개   94
01 어휘 보고 작문하기   97
02 사진 보고 작문하기   132

PART 3 실전 트레이닝   151
제1회 | 제2회 | 제3회 | 제4회 | 제5회
제6회 | 제7회 | 제8회 | 제9회 | 제10회

해설
PART 1 TEST 해설   174
PART 2 TEST 해설   216
PART 3 실전 트레이닝 해설   229

부록
5급 쓰기 원고지 작성법   290
자주 쓰는 문장부호   292
실전 트레이닝 답안지   295

PART 1

문장 완성하기

Part 1 문장 완성하기

출제 유형

新HSK 5급 쓰기 영역의 제1부분은 총 8문제로, 임의로 배열된 단어와 구를 알맞은 순서로 재배치하여 완전한 문장을 만들어 답안지에 써넣는 형태다. 보통 5~7개의 간단한 단어, 구가 제시되는데, 자주 출제되는 문형이 정해져 있으므로, 관련 어법 지식을 반드시 익혀둔다.

중국어는 한국어와 어순이 같지 않아서, 한국식으로 생각하다가는 단어를 잘못 배열하기 쉽다. 실수를 피하려면 평소 중국어를 공부할 때 한국어와 중국어 문장의 차이점을 알고, 중국어의 어순을 잘 기억해야 한다. 일반적으로 8문제 중 5~6문제는 쉽게, 2~3문제는 어렵게 출제된다.

최근까지 5급 쓰기 영역에서 출제된 문제들을 분석해보면, 매회 출제되는 문형이 있는가 하면, 어느 정도 간격을 두고 출제되는 문형도 있다. 앞으로도 이러한 핵심 문형들이 번갈아 출제될 가능성이 높은 만큼, 이 책에서는 시험에 자주 나오는 핵심 문형들을 총체적으로 정리하고자 한다. 더불어 시험 포인트와 정답을 만드는 기술, 관련 문형의 어법 지식까지 익힌다면 쓰기 실력을 빠르게 향상시킬 수 있을 것이다.

▶ 최근 기출문제에 자주 등장한 문형별 출제 비중

출제 문형	출제 비중	출제 문제 수	비고
01. 문장의 기본 구조	30%	2~3 개	매회 다수 출제
04. 연동문 / 겸어문	15%	1 개	매회 1문제 출제
05. 이중목적어 · 무주어 구문	10%	0.8 개	매회 1문제 미만 출제
06. 把자문 (처치문)	10%	0.8 개	매회 1문제 미만 출제
07. 被자문 (피동문)	8%	0.6 개	2회에 1문제 이상 출제
02. 有자문	8%	0.6 개	2회에 1문제 이상 출제
08. 복문 / 고정구문 / 진행 · 지속형	8%	0.6 개	2회에 1문제 이상 출제
03. 是자문	5%	0.4 개	2회에 1문제 미만 출제
09. 비교문	3%	0.2 개	5회에 1문제 출제
10. 보어	3%	0.2 개	5회에 1문제 출제

 1 제시된 단어(구)의 뜻과 품사 등을 파악한다.

문장 성분이 무엇인지 판단하여 적절한 위치에 배열하려면 우선 각 단어의 품사와 구의 성격을 알아야 한다. 예를 들면, 명사와 대사는 대개 주어·목적어·관형어가 될 수 있고, 동사와 형용사는 술어·관형어·부사어 등으로 많이 쓰이며, 부사는 부사어의 역할만 할 수 있다. 그러므로 평소에 단어를 외울 때 반드시 품사를 같이 외워, 제시된 단어를 보고 무슨 품사인지 금방 파악할 수 있도록 대비한다.

2 '주어 + 술어 + 목적어' 구조의 기본 문장을 만든다.

1) 주어와 목적어를 판단한다.
일반적으로 대부분의 문장에는 주어가 있다. 제시된 어휘의 성질을 파악했다면, 그 중 문장의 주어가 될 수 있는 것이 무엇인지 찾아야 한다. 때로는 제시된 어휘 가운데 2개 이상의 명사(구) 또는 대사가 있을 수 있는데, 이런 문제는 문장의 의미를 살펴 주어가 될 수 있는 것과 목적어가 될 수 있는 것을 잘 판단해야 한다.

2) 술어가 되는 단어를 파악한다.
술어는 중국어 문장의 핵심 성분으로, 모든 문장에는 반드시 술어가 있다. 대부분의 경우 동사나 형용사가 술어가 된다. 만약 제시된 어휘 가운데 동사나 형용사가 2개 이상 있다면 먼저 어떤 단어가 술어로 더 적합한지 판단하고, 나머지 동사나 형용사는 관형어·부사어 등의 다른 성분이 될 수 있는지 살펴본다.

3 수식 성분(관형어·부사어·보어 등) 및 기타 성분을 정리하여 문장에 살을 붙인다.

제시된 단어 중 수식 성분이 2개 이상일 때는 앞뒤 배열 순서도 중요하다. 보통 다른 품사에 근거해 순서를 배열하거나, 문장의 의미가 통하도록 수식 성분의 순서를 정한다.

기본 뛰어넘기

품사	설명	문장 속에서의 역할
1. 명사	사람이나 사물의 이름을 나타낸다. 예 人 / 鱼 / 笔 / 中国 / 汉语	주로 주어, 목적어 역할을 한다. 관형어와 술어로도 쓰인다.
2. 대사	명사, 동사, 형용사, 수사, 부사를 대신한다. 예 他 / 这 / 这么 / 怎么样	주로 주어, 목적어 역할을 한다. 관형어, 부사어, 술어, 보어로도 쓰인다.
3. 수사	수를 나타낸다. 예 两 / 五 / 十 / 千 / 万	주어, 목적어, 관형어 등의 역할을 한다.
4. 전치사	명사, 대사 앞에서 전치사구의 형태로 동작의 시간·장소·방향·대상·원인·방식·피동·비교·제외 등을 뜻한다. 예 在 / 对 / 为了 / 按照 / 被 / 除了	단독으로 문장 성분이 될 수 없다. 명사, 대사 앞에서 전치사구의 형태로 부사어, 관형어, 보어 역할을 한다.
5. 양사	계산 단위를 나타낸다. 예 厘米 / 克 / 元 / 点 / 分 / 个	단독으로 문장 성분이 될 수 없다. 지시대사나 수사 뒤에서 수량구를 만들며, 관형어, 부사어, 보어, 주어, 술어 등으로 쓰인다.
6. 동사	동작·행위·심리 활동·발전 변화 등을 나타낸다. 예 看 / 表示 / 爱 / 变化 / 是 / 有 / 去	주로 술어 역할을 한다. 관형어, 부사어, 보어, 주어, 목적어로도 쓰인다.
7. 형용사	사람·사물의 형태, 성질, 또는 동작·행위의 상태를 나타낸다. 예 大 / 美丽 / 好 / 快 / 认真 / 严重	주로 술어, 관형어, 부사어 역할을 한다. 보어, 주어, 목적어로도 쓰인다.
8. 부사	동사나 형용사 앞에서 시간·정도·범위·중복·부정·가능·어기 등을 나타낸다. 예 常常 / 很 / 都 / 再 / 不 / 到底	주로 부사어 역할을 한다.
9. 접속사	두 개의 단어, 구, 문장을 연결하여, 병렬·인과·조건·가설 등의 관계를 나타낸다. 예 和 / 因为 / 只要 / 如果 / 但是 / 还是 / 而且	단독으로 문장 성분이 될 수 없다. 단어, 구, 문장을 연결하는 부분에 놓인다.
10. 조사	단어, 구, 문장의 뒤에서 부가적인 의미, 어법 관계, 어기 등을 나타낸다. 예 的 / 得 / 了 / 吗	단독으로 문장 성분이 될 수 없다. 다른 단어, 구 뒤에 붙어서 문장 성분 역할을 하거나 문장 맨 끝에 나온다.

01 문장의 기본 구조

중국어 문장을 구성하는 기본 성분은 주어, 술어, 목적어이고, 수식 성분으로 관형어, 부사어, 보어가 있다. 각 단어는 문장 속에서 알맞는 문장 성분 역할을 하며, 기본 형식은 다음과 같다.

```
주어      +    술어      +   (목적어)
대사/명사      동사/형용사        대사/명사
```

주어나 목적어는 관형어의 수식을 받고, 술어는 부사어와 보어의 수식을 받는다. 부사어는 전체 문장을 수식하기도 한다.

```
(관형어) + 주어 + (부사어) + 술어 + (보어) + (관형어) + 목적어
```

```
(부사어) + 주어 + 술어 + 목적어
```

비법 전수

1 주어 찾는 법

① 명사, 대사를 찾는다. 특히 인명, 인칭대사, 지시대사 등은 주어가 될 확률이 높다.

小王是从美国来的。 샤오왕은 미국에서 왔다.
인명

我们都是留学生。 우리는 모두 유학생이다.
인칭대사

这里是电视台。 여기는 방송국입니다.
지시대사

② 명사구를 찾는다. 的로 끝나는 어휘 조합도 명사구일 수 있다.

这里的东西比那里的还贵。 여기의 물건이 저기 것보다 더 비싸다.

她说的是错的。 그녀가 말한 것은 틀리다.

③ 동목구를 찾는다. 항상 명사성 어구만 주어가 되는 것은 아니다.

写汉字很难。 한자 쓰기는 매우 어렵다.

01 문장의 기본 구조

④ 주술구를 찾는다. 동목구 외에 주술구도 주어가 될 수 있다.

对学生来说，<u>成绩好</u>非常重要。 학생에게 있어서 성적이 좋은 것은 대단히 중요하다.

2 목적어 찾는 법

① 명사, 대사, 수량구, 명사구가 목적어의 위치에 가장 많이 온다.

我吃<u>饭</u>。 나는 밥을 먹는다.
　　_{명사}

我买了<u>三个</u>。 나는 세 개를 샀다.
　　　_{수량구}

我要看<u>很好看的</u>。 나는 아주 재미있는 것을 봐야겠다.
　　　_{명사구}

② 동사, 형용사도 목적어가 될 수 있다.

★ 일부 동사는 동사(구)만을 목적어로 가진다.

　예 进行 진행하다 / 开始 시작하다 / 加以 가하다

我们要对这个问题<u>进行</u>讨论。 우리는 이 문제에 대해 토론을 진행해야 한다.
　　　　　　　　　　_{목적어}

★ 일부 심리동사는 동사를 목적어로 가질 수 있다.

　예 喜欢 좋아하다 / 爱 사랑하다 / 好 선호하다

他非常<u>喜欢</u>拍照。 그는 사진 찍는 것을 대단히 좋아한다.
　　　　_{목적어}

③ 주술구, 즉 문장도 목적어가 될 수 있다. (특히 지각·심리동사의 경우)

　예 认为 여기다 / 以为 (~라고 잘못) 여기다 / 觉得 생각하다 / 希望 바라다 / 建议 제안하다 / 知道 알다

我<u>希望</u>明年夏天再来。 나는 내년 여름에 다시 오기를 바란다.
　　　_{목적어}

我<u>认为</u>她肯定不是学生。 나는 그녀가 분명히 학생이 아니라고 생각한다.
　　　_{목적어}

④ 한 문장에 두 개의 목적어가 나올 수도 있다. 이중목적어를 갖는 동사를 암기해둔다.

　예 问 + A + B　A에게 B를 묻다　　叫 + A + B　A를 B라고 부르다
　　　告诉 + A + B　A에게 B를 알려주다　还 + A + B　A에게 B를 돌려주다

我打算<u>还</u><u>他</u><u>这本书</u>。 나는 그에게 이 책을 돌려주려고 한다.
　　　　_{목적어1}　_{목적어2}

⑤ 이합동사는 동사의 일종이지만, '동사+목적어' 구조여서 뒤에 다시 목적어가 나올 수 없다.

　　예 见面 만나다 / 结婚 결혼하다 / 上课 수업하다 / 洗澡 목욕하다 / 睡觉 잠자다 / 散步 산책하다

　　我想见面他。(×) → 我想跟他见面。(○) 나는 그를 만나고 싶다.

3 술어 찾는 법

① 동사를 찾는다. 평소에 동사를 많이 외워두는 것이 중요하다.

　　我们商量一下这个问题。 우리 이 문제를 좀 상의해보자.

② 형용사를 찾는다. 술어가 형용사라면 형용사와 항상 친구처럼 붙어다니는 정도부사도 같이 찾아서 형용사 앞에 써주어야 한다.

　　这次比赛的结果非常优秀。 이번 시합의 결과는 매우 우수하다.

③ 명사를 찾는다. 시간·날짜·요일·가격·국적 등을 나타내는 말이 명사 술어가 될 수 있다.

　　今天星期几? 오늘은 무슨 요일인가요?

④ 주술구를 찾는다. 때로는 구 자체가 술어로 쓰이기도 한다.

　　他身体很好。　그는 건강이 좋다.

　　她头发很长。　그녀는 머리카락이 길다.

⑤ 동태조사가 힌트다. 술어 동사 뒤에는 了, 着, 过와 같은 동태조사가 나올 수 있다.

　　我没去过英国。 나는 영국을 가본 적이 없다.

⑥ 보어가 힌트다. 술어 동사 뒤에는 각종 보어가 붙어 나올 수도 있다.

　　他说得很好。 그는 말을 매우 잘한다. (정도보어)

　　孩子起来了。 아이가 일어났다. (방향보어)

4 관형어 찾는 법

① 관형어의 기본 위치는 수식을 받는 주어나 목적어의 앞이다.

　　你们说的那座楼在哪儿? 너희가 말한 그 건물은 어디에 있어?
　　　관형어　　주어

　　这是我刚购买的手机。 이것이 제가 방금 산 휴대전화예요.
　　　　관형어　　목적어

01 문장의 기본 구조

② 관형어 자리에 가장 많이 오는 것은 수량구지만, 어떠한 단어(구)도 관형어 역할을 할 수 있다.

这是干干净净的房间。 이것은 정말 깨끗한 방이다.
　　　형용사 중첩형

带雨伞的人不多。 우산을 가져온 사람은 많지 않다.
동목구

③ 기본적인 관형어 어순을 암기해둔다.

지시대사 + 수사 + 양사 + 묘사성 수식어 + 제한성 수식어 + 的 + 주어/목적어
　　这　　 三　 个　　 很可爱的　　　 幼儿园　　 的　 孩子
이 세 명의 아주 귀여운 유치원 아이들

5 부사어 찾는 법

① 부사어란 시간·장소·대상·동작의 방법 등 술어, 또는 문장 전체의 상황을 설명해주는 말이다. '언제/어디서/누구(와/에게)/어떻게'로 해석된다.

他们昨天已经跟朋友们高高兴兴地去了上海。
그들은 어제 이미 친구들과 기분 좋게 상하이로 갔다.

② 부사어는 일반적으로 주어 뒤, 술어 앞에 놓이며 기본 순서는 다음과 같다.

시간명사/고정구, 주어 + **시간사 + 부사 + 조동사 + 시간사 + 장소 + 대상 + 기타 수식어** + 地 + 술어
　부사어　　　　　　　　　　　　　　　*부사어*

③ 부사어는 유동적이어서 의미와 문맥에 따라 위치나 순서가 변할 수 있다. 예를 들어 把자문에서 부사어의 위치는 전치사 把 앞이다.

我已经把作业做完了。 나는 이미 숙제를 다 마쳤다.

하지만 범위를 나타내는 부사 都는 부사가 가리키는 범위 바로 뒤에 쓰여야 하므로 항상 把 앞에 나오는 것은 아니다.

我已经把他写的报告都翻译成中文了。
나는 이미 그가 쓴 보고서를 모두 중국어로 번역했다.

6 보어 찾는 법

① 보어는 술어를 보충해주는 성분이다. 따라서 술어 바로 뒤에 붙어 나온다.

我看完这本书了。 나는 이 책을 다 봤다. (결과보어)

我们听不懂老师讲的。 우리는 선생님이 말씀하신 것을 못 알아듣겠다. (가능보어)

② 보어의 종류를 숙지한다.

★ 동사 바로 뒤에 得가 있다면 정도보어일 확률이 높다.

我朋友说汉语说得很流利。 내 친구는 중국어를 매우 잘한다.

★ 동사 바로 뒤에 동사나 형용사가 있다면 결과보어일 확률이 높다.

我们找到了。 우리는 찾아냈다.
　　　동사

他们已经说好了。 그들은 이미 얘기가 다 됐다.
　　　　　　형용사

★ 동사 뒤에 수량구(시량사/동량사)가 보이면 수량보어일 확률이 높다.

我睡了十个小时。 나는 10시간 잤다.
　　　시량사

我看了两遍。 나는 두 번 봤다.
　　　동량사

★ 동사 뒤에 得나 不가 바로 붙어서 나오면 가능보어일 확률이 높다.

现在去来得及来不及? 지금 가면 시간 내에 갈 수 있을까요, 없을까요?

★ 동사 뒤에 来, 去가 있으면 방향보어일 확률이 높다.

他们跑进教室来了。 그들은 교실로 뛰어 들어왔다.

③ 전치사구도 보어가 될 수 있다. 전치사는 기본적으로 부사어의 위치, 즉 주어 뒤, 술어 앞에 놓이지만, 일부 소수의 전치사는 보어의 위치인 술어 뒤에도 나올 수 있으니, 이런 전치사들은 따로 암기해둔다.

전치사구 보어: 동사 + 给 / 自 / 往 / 在 / 到 / 于 / 向 + 명사(구)

中华人民共和国成立于1949年。 중화인민공화국은 1949년에 성립되었다.

我们来自德国。 우리는 독일에서 왔다.

这次列车开往北京。 이번 열차는 베이징으로 운행한다.

01 문장의 기본 구조

비법 트레이닝

* 주어진 어휘(어구)를 배열하여 문장을 완성하세요.

예제 1 从事   行业   他们   服装   [기출]

→ _____

STEP 1 단어 해석

从事 [동] 종사하다   行业 [명] 직업, 직종   他们 [대] 그들
服装 [명] 의상, 의류

STEP 2 기본 문장 만들기

他们 + 从事 + 行业。 그들은 직종에 종사한다.
  주어   술어   목적어

STEP 3 살 붙이기

他们 + 从事 + 服装 + 行业。 그들은 의류 업종에 종사한다.
  주어   술어   관형어   목적어

해설 동사 从事의 특징을 묻는 문제다. 从事는 어떠한 일, 사업, 활동에 마음과 힘을 다한다는 뜻으로, 从事 + 行业/事业/工作/活动 등과 같이 주로 직업과 관계된 단어들을 목적어로 취한다.
예 他从事编辑工作。 그는 편집 업무에 종사한다.

정답 他们从事服装行业。 그들은 의류 업종에 종사한다.

필수어휘 行业 hángyè [명] 직업, 직종 | 服装 fúzhuāng [명] 의상, 의류

예제 2 198块   您   钱   消费   总共   [기출]

→ _____

STEP 1 단어 해석

198块 [수량] 198위엔   您 [대] 당신   钱 [명] 돈
消费 [동] 소비하다   总共 [부] 모두, 합쳐서

STEP 2 기본 문장 만들기

您 + 消费 + 钱。 당신은 돈을 소비한다.
주어 술어 목적어

STEP 3 살 붙이기

您 + 总共 + 消费 + 198块 + 钱。 당신은 모두 합쳐 198위엔을 소비했다.
주어 부사어 술어 관형어 목적어

해설 부사의 기본 위치(주어+부사(어)+술어+목적어)를 묻는 문제다. **总共**은 **一共**과 같은 말로, '모두, 합쳐서'라는 뜻의 부사다. 부사는 주어 뒤 술어 앞에 쓰는 것이 원칙이다. 단지 이들 단어 뒤에 오는 동사를 생략하는 경우가 있어 마치 수량사 앞에 바로 써도 되는 것처럼 혼동을 준다.

예) 一共五个人。 = 一共(有)五个人。 모두 다섯 명이다.
    总共三万七千元。 = 总共(是)三万七千元。 총 3만 7천 위엔이다.

그러므로 '您消费总共198块钱'이라고 잘못 쓰지 않도록 주의한다.

정답 您总共消费198块钱。 당신은 모두 198위엔을 소비하셨습니다.

필수어휘 消费 xiāofèi 통 소비하다 | 总共 zǒnggòng 튀 모두, 합쳐서

예제 3 的确   这个大桥   很   设计者   的   了不起

→

STEP 1 단어 해석

的确 튀 정말로   这个大桥 [관형어]+명 이 큰 다리
很 튀 매우   设计者 명 설계자
的 조 ~의, ~한 것   了不起 형 대단하다

STEP 2 기본 문장 만들기

设计者 + 很 + 了不起。 설계자는 매우 대단하다.
주어   부사어 술어

STEP 3 살 붙이기

这个大桥 + 的 + 设计者 +  + 很 + 了不起。
관형어   구조조사 주어   부사어   술어

이 큰 다리의 설계자는 정말로 매우 대단하다.

01 문장의 기본 구조

해설 부사어가 여러 개 있을 때 부사어 간의 어순을 묻는 문제다. 형용사가 술어 자리에 올 때 형용사 앞의 정도부사 很은 '매우'의 의미가 거의 없다. 그러므로 형용사 의미를 강조하는 부사 的确(정말로)는 很了不起(매우 대단하다) 앞에 붙이면 된다.

정답 这个大桥的设计者的确很了不起。 이 대교의 설계자는 정말 대단하다.

필수어휘 的确 díquè 부 정말, 분명히 | 大桥 dàqiáo 명 대교, 큰 다리 | 设计者 shèjìzhě 명 디자이너, 설계자

예제 4 他   毕业   已经   好几年前   就   了

→

STEP 1 단어 해석

他 대 그   毕业 동 졸업하다   已经 부 이미
好几年前 [시간명사구] 여러 해 전   就 부 곧   了 조 ~했다

STEP 2 기본 문장 만들기

他 + 毕业 + 了。 그는 졸업했다.
주어   술어 어기조사

STEP 3 살 붙이기

他 + 好几年前 + 就 + 已经 + 毕业 + 了。 그는 여러 해 전에 벌써 이미 졸업했다.
주어   부사어   술어 어기조사

해설 (1) 시간명사구의 특징: 시간명사구는 주어의 앞뒤에 모두 쓰일 수 있다.
예 他好几年前已经毕业了。 그는 여러 해 전에 이미 졸업했다.
= 好几年前他已经毕业了。 여러 해 전에 그는 이미 졸업했다.

(2) 就는 시간사나 수량사 바로 뒤에 붙어서 행위 동작이 일찍, 또는 빠르게 실현되는 것을 나타낸다. 부사 就의 기본 위치는 주어 뒤, 술어 앞이기 때문에 시간명사구인 好几年前을 주어 앞으로 보낼 경우, '好几年前就他已经毕业了'가 되어 답이 될 수 없다.

정답 他好几年前就已经毕业了。 그는 여러 해 전에 벌써 이미 졸업했다.

필수어휘 毕业 bìyè 동 졸업하다 | 好几 hǎojǐ 수 여러, 몇

 **TEST**

※ 주어진 어휘(어구)를 배열하여 문장을 완성하세요.

1　吃　张丽　苹果　爱

➡ _____

2　一定　互相　你们　帮助　要

➡ _____

3　我　电话　婚礼的　接到　邀请我　一个朋友　参加

➡ _____

4　不　工作　跟这么笨的　愿意　一个人　一起　我

➡ _____

5　对　他　非常　父母的态度　礼貌　不

➡ _____

6　精彩　拍的　这个导演　非常　连续剧

➡ _____

7　他们　回忆　他　非常珍惜　共同的　宝贵

➡ _____

8　都称赞　烤鸭　餐厅的　地道　很　专家们

➡ _____

02 有자문

동사 有가 술어로 쓰인 문장을 有자문이라고 한다. 동사 有는 '가지고 있다'의 뜻으로 보통 소유·구비의 뜻을 나타내며, 이 경우 有의 목적어는 반드시 명사성 단어여야 한다. 有는 '있다'라는 뜻으로 존재를 나타내기도 하는데, 이때는 어떤 장소·시간에 어떤 사람이나 사물이 존재함을 가리킨다.

비법 전수

1 기본 문형

소유를 나타내는 有: 주어 + 有 + 목적어

我有好多汉语书。 나는 많은 중국어 책을 가지고 있다.

2 시험에 잘 나오는 패턴

존재를 나타내는 有: 시간/장소 + 有 + 목적어 [존현문]

我们公司附近有一家银行、一家商店和一家饭馆。
우리 회사 부근에는 은행 하나, 상점 하나, 그리고 음식점 하나가 있다.

3 자주 틀리는 사례

정도를 표시하는 有: 대부분 뒤에 수량사가 존재한다.

这条河有300米宽。 이 강의 너비는 300미터다.
　　　　수량사

4 자주 쓰이는 동목구 - 고정격식처럼 외워두자.

① 有了 + 进步: 진전이 생겼다
　　她的健美操水平有了进步。 그녀의 에어로빅 수준에 진전이 있다.

② 有了 + 提高: 향상이 생겼다
　　他的工作能力有了提高。 그의 업무 능력은 향상되었다.

③ 有了 + 发展: 발전이 생겼다
　他们国家的经济有了发展。 그들 국가의 경제가 발전되었다.

④ 有所 + 2음절 동사: 다소 ~하다
　他们对解决这个问题有所忽视。 그들은 이 문제를 해결하는 데 있어서 다소 소홀했다.

* 주어진 어휘(어구)를 배열하여 문장을 완성하세요.

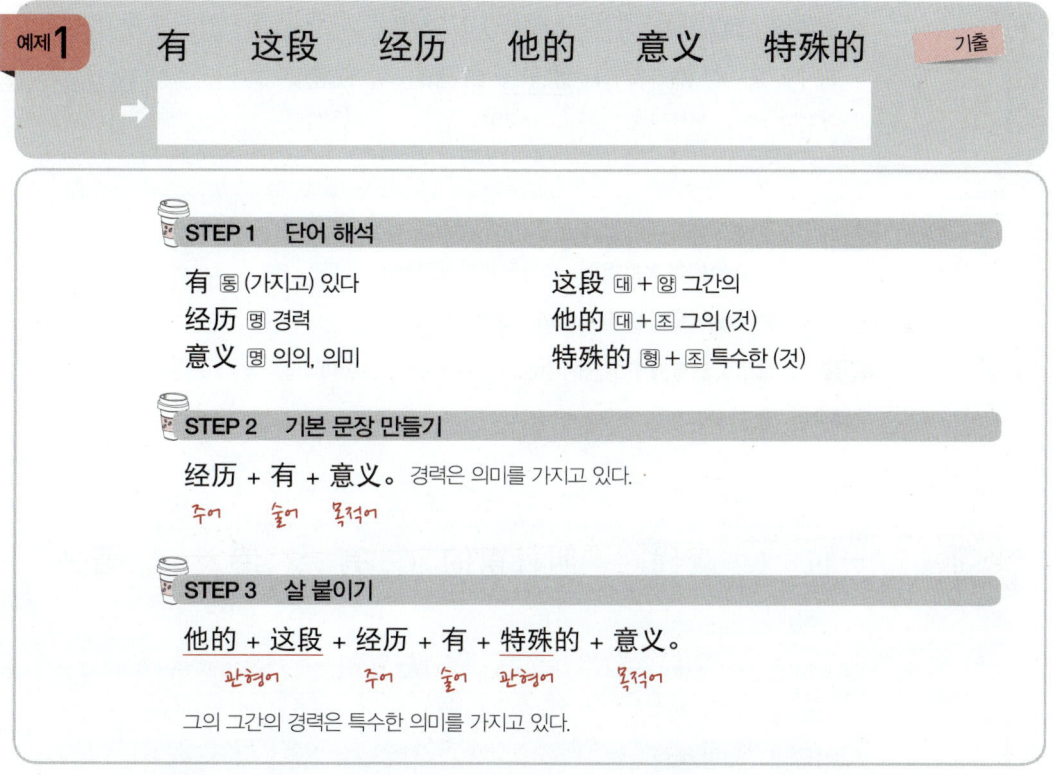

예제1　有　这段　经历　他的　意义　特殊的　　기출

→ _____

STEP 1　단어 해석

有 동 (가지고) 있다　　　这段 대+양 그간의
经历 명 경력　　　　　　他的 대+조 그의 (것)
意义 명 의의, 의미　　　特殊的 형+조 특수한 (것)

STEP 2　기본 문장 만들기

经历 + 有 + 意义。 경력은 의미를 가지고 있다.
　주어　술어　목적어

STEP 3　살 붙이기

他的 + 这段 + 经历 + 有 + 特殊的 + 意义。
관형어　　주어　　　술어　관형어　　목적어
그의 그간의 경력은 특수한 의미를 가지고 있다.

해설　有意义는 '의미가 있다, 의의가 있다'라는 뜻이다.
　　　예 她这样做肯定会有什么意义的。 그녀가 이렇게 하는 것에는 분명히 무슨 의미가 있을 거야.

정답　他的这段经历有特殊的意义。 그의 그간의 경력은 특수한 의미가 있다.

필수어휘　意义 yìyì 명 의미, 의의 | 特殊 tèshū 형 특수하다

02 有자문

예제 2　秘密　　属于　　每个人　　都有　　自己的

→

STEP 1　단어 해석

秘密 [명] 비밀　　　　　属于 [동] 속하다　　　　每个人 [관형어] + [명] 사람마다
都有 [부] + [동] 모두 가지고 있다　　　　　　　自己的 [대] + [조] 자신의 (것)

STEP 2　기본 문장 만들기

每个 人 + 都 有 + 秘密。누구나 모두 비밀을 가지고 있다.
관형어+주어　부사어+술어　목적어

STEP 3　살 붙이기

每个 人 + 都 有 + <u>属于 + 自己的</u> + 秘密。
관형어+주어　부사어+술어　　관형어　　　　목적어

누구나 모두 자신에게 속한 비밀을 가지고 있다.

해설　(1) 每는 대부분 뒤에 都를 달고 다닌다.
　　　　　 예 他们每次都迟到。 그들은 매번 지각한다.

(2) '비밀이 있다'는 有秘密라고 표현한다.

정답　每个人都有属于自己的秘密。 누구나 모두 자신만의 비밀이 있다.

필수어휘　属于 shǔyú [동] ~에 속하다

예제 3　一位　　唐代　　叫杜甫的　　有　　诗人　　著名

→

STEP 1　단어 해석

一位 [수량] 한 분　　　　　　　　　　　　　唐代 [명] 당대
叫杜甫的 [동목구] + [조] 두보라고 불리는 (사람)　有 [동] 있다
诗人 [명] 시인　　　　　　　　　　　　　　著名 [형] 저명하다, 유명하다

STEP 2　기본 문장 만들기

唐代 + 有 + 诗人。 당나라 때 시인이 있다.
주어　 술어　목적어

STEP 3 살 붙이기

唐代 + 有 + 一位 + 叫杜甫的 + 著名 + 诗人。
　주어　술어　　　　　관형어　　　　목적어

당나라 때 두보라고 불리는 유명한 시인이 한 분 있었다.

해설 (1) 존현문 구조로, '장소/시간 + 有 + 목적어'의 형식이 되며, 여기서 有는 존재를 나타낸다.
예 操场上有好多运动员。 운동장에 많은 운동선수들이 있다.

(2) 이 문제의 관형어 어순은 시험에 가장 많이 출제되는 어순이다.
一位 + 叫杜甫的 + 著名 + 诗人
수량사　목적구 수식어　형용사 수식어　목적어(피수식어)

정답 唐代有一位叫杜甫的著名诗人。 당나라 때 두보라 불리는 유명한 시인이 한 분 있었다.

필수어휘 唐代 Tángdài 명 당 왕조 | 杜甫 Dù Fǔ 고유 두보 | 著名 zhùmíng 형 유명하다, 저명하다

예제 4

世界上　　作品　　没有　　绝对　　完美的

→

STEP 1 단어 해석

世界上 [장소명사구] 세계에서　　作品 명 작품　　没有 동 없다
绝对 부 절대적으로　　完美的 형+조 완벽한 (것)

STEP 2 기본 문장 만들기

世界上 + 没有 + 作品。 세상에는 작품이 없다.
　주어　　술어　　목적어

STEP 3 살 붙이기

世界上 + 没有 + 绝对 + 完美的 + 作品。 세상에는 절대적으로 완벽한 작품은 없다.
　주어　　술어　관형어　　　　　목적어

해설 존현문의 어순은 '시간/장소 + 有/没有 + 목적어' 순서로 정리한다.
예 世界上没有我不喜欢吃的东西。 세상에 내가 먹기를 안 좋아하는 음식은 없다.

정답 世界上没有绝对完美的作品。 세상에는 절대적으로 완벽한 작품은 없다.

필수어휘 绝对 juéduì 부 절대적으로, 완전히

TEST

✻ 주어진 어휘(어구)를 배열하여 문장을 완성하세요.

1   这种   有   对   减肥   很   机器   帮助
    ➡ _____

2   王立   有   汉语   的   了   进步   明显的
    ➡ _____

3   通过   你   有   信心   没有   考试
    ➡ _____

4   减少   考生   有   人数   所
    ➡ _____

5   这台   点儿   电脑   问题   新买的   有
    ➡ _____

6   很多国家   往来   和世界上   都有   我们   贸易
    ➡ _____

7   明天下午   到   我   三点   没有   五点   事
    ➡ _____

8   非常漂亮的   附近   公园   有   学校   个
    ➡ _____

03 是자문

동사 是가 술어로 쓰인 문장을 是자문이라고 한다. 是자문은 주로 사물의 성질·상태·상황 등을 설명하며, 판단이나 존재의 의미를 나타낸다. 동작의 시간·장소·방식·조건·행위자를 강조하거나, 화자의 관점·견해·태도를 강조하려면 '是~的' 강조구문을 쓴다.

비법 전수

1 기본 문형

동격을 나타내는 是: 주어 + 是 + 목적어

주어와 목적어의 위치를 바꿔도 의미는 변하지 않는다.

她是我们的汉语老师。 그녀는 우리의 중국어 선생님이다.
我们的汉语老师是她。 우리의 중국어 선생님은 그녀다.

2 시험에 잘 나오는 패턴

① 존재를 표시하는 是: 장소/시간 + 是 + 목적어

我们公司前边是银行。 우리 회사 앞은 은행이다.

② 是~的 강조구문: 이미 일어난 일의 시간·장소·이유·목적·대상·방식 등을 강조할 때, 是와 的 사이에 강조하려는 내용을 넣는다. 긍정문일 때 是는 생략할 수 있다. 동사 是 뒤에는 了를 쓰지 않는다.

她(是)坐船去的。 그녀는 배를 타고 갔습니다.
　　　방식 강조

我们不是昨天来的。 우리는 어제 온 것이 아니다.
　　　　시간 강조

3 자주 틀리는 사례

① 是는 뒤의 목적어를 설명하는 역할을 한다.

我去中国的目的是学习中国文化。 내가 중국에 가는 목적은 중국문화를 배우기 위한 것이다.
我们结婚是在中国。 우리가 결혼한 것은 중국에서다.

03 是자문

② 是가 문두에 위치하는 경우 역시 是 뒤에 오는 것을 설명하는 것이다.
是他把这本书买回来了。 그가 이 책을 사 가지고 돌아왔다.

4 자주 쓰이는 고정격식

① 不是A是B: A가 아니라 B다
我不是老师是作家。 나는 선생님이 아니라 작가다.

② 不是A而是B: A가 아니라 B다
我不是老师而是作家。 나는 선생님이 아니라 작가다.

③ 不是A就是B: A 아니면 B다
他不是老师就是作家。 그는 선생님이 아니면 작가다.

④ A是因为B: A하는 것은 B 때문이다
他这样批评你是因为他很生气了。
그가 너를 이렇게 야단치는 것은 그가 화가 났기 때문이다.

⑤ A是为了B: A하는 것은 B를 위해서다
他这样批评你是为了你。 그가 너를 이렇게 야단치는 것은 너를 위해서다.

비법 트레이닝

* 주어진 어휘(어구)를 배열하여 문장을 완성하세요.

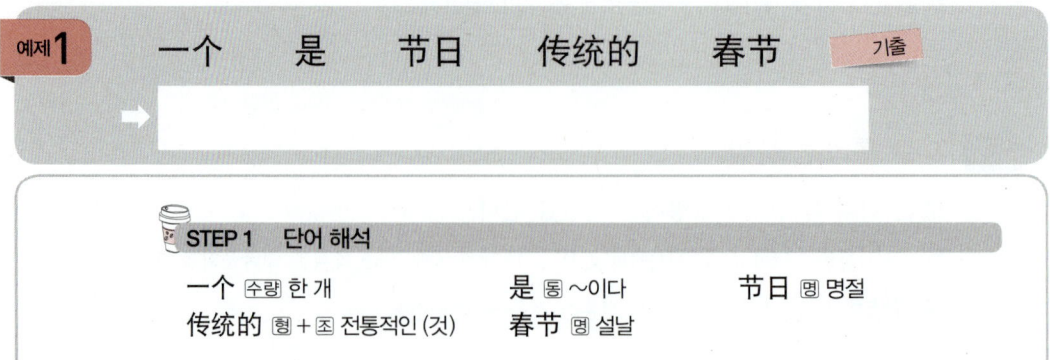

예제 1   一个   是   节日   传统的   春节   기출

→

STEP 1 단어 해석

一个 수량 한 개　　　　　　是 동 ~이다　　　　节日 명 명절
传统的 형+조 전통적인 (것)　　春节 명 설날

STEP 2 기본 문장 만들기

春节 + 是 + 节日。 설날은 명절이다.
 주어   술어   목적어

STEP 3 살 붙이기

春节 + 是 + 一个 + 传统的 + 节日。 설날은 하나의 전통 명절이다.
 주어   술어   관형어   목적어

해설 가장 출제 빈도가 높은 관형어의 어순이므로 반드시 익혀두자.
  一个   +   传统的   +   节日
 수사+양사   형용사 수식어+的   목적어(피수식어)

정답 春节是一个传统的节日。 설날은 하나의 전통 명절이다.

필수어휘 节日 jiérì 명 명절, 기념일 | 传统 chuántǒng 형 전통적이다 | 春节 Chūnjié 명 춘절, 설날

예제 2   我们大家   不   出来的   他   代表   是   选

STEP 1 단어 해석

我们大家 대+대 우리 모두   不 부 아니다
出来的 [동사구]+조 나온 (것)   他 대 그
代表 명 대표 동 대표하다   是 동 ~이다
选 동 선거하다, 선출하다

STEP 2 기본 문장 만들기

他 + 不 + 是 + 代表。 그는 대표가 아니다.
주어 부사어 술어 목적어

STEP 3 살 붙이기

他 + 不 + 是 + 我们大家 + 选 + 出来的 + 代表。
주어 부사어 술어   관형어   목적어

그는 우리가 선출한 대표가 아니다.

03 是자문

해설 여기서 是는 목적어를 설명해주는 역할을 한다.
例 她是我们班里最聪明的人。 그녀는 우리 반에서 가장 똑똑한 사람이다.

정답 他不是我们大家选出来的代表。 그는 우리가 선출한 대표가 아니다.

필수어휘 代表 dàibiǎo 명 대표 통 대표하다 | 选 xuǎn 통 선거하다, 선출하다

예제 3   今天下午   的   王经理   首尔   是   到

→ _____

STEP 1 단어 해석

今天下午 [시간명사구] 오늘 오후   的 조 ~의, ~한 것
王经理 명 왕 사장   首尔 명 서울
是 통 ~이다   到 통 도착하다

STEP 2 기본 문장 만들기

王经理 + 到 + 首尔。 왕 사장은 서울에 도착한다.
  주어   술어   목적어

STEP 3 살 붙이기

王经理 + 是 + 今天下午 + 到 + 首尔 + 的。 왕 사장은 오늘 오후 서울에 도착했다.
  주어   [강조]   부사어   술어 목적어 [강조]

해설 (1) 是~的 강조구문은 이미 일어난 일의 시간·장소·이유·목적·대상 등을 강조하는 구문이다. 강조하고 싶은 내용을 是와 的 사이에 쓰면 된다.
例 他们不是在我们补习班学习的。 그들은 우리 학원에서 공부하지 않았습니다.

(2) 是~的 강조구문에서 是와 的 사이에 동목구(到首尔)가 나올 경우, 목적어(首尔)는 동작동사(到) 뒤에 쓸 수도 있고 的 뒤에 쓸 수도 있다.

정답 王经理是今天下午到首尔的。 왕 사장은 오늘 오후 서울에 도착했다.
王经理是今天下午到的首尔。

필수어휘 经理 jīnglǐ 명 사장, 지배인 | 首尔 Shǒu'ěr 명 서울

예제 4   这个办法   是   同意的   会   他   不

→

☕ **STEP 1** 단어 해석

这个办法 [대]+[양]+[명] 이 방법
同意的 [동]+[조] 동의한 (것)
他 [대] 그

是 [동] ~이다
会 [조동] ~할 수 있다, ~일지도 모른다
不 [부] 아니다

☕ **STEP 2** 기본 문장 만들기

他 + 会 + 同意 的。 그는 동의할 것이다.
주어 부사어 술어

☕ **STEP 3** 살 붙이기

这个办法 + 他 + 是 + 不 + 会 + 同意 的。 이 방법에 그가 동의할 리 없다.
목적어 도치   주어 [강조]   부사어   술어 [강조]

해설 진술자의 의견·견해·태도 등을 나타내는 是~的 강조구문이다. 여기서 是~的는 판단이나 어기를 강조한다. 이런 문장에서 목적어는 대부분 앞으로 도치되고, 是~的 사이에는 부정형식이 나온다.

정답 这个办法他是不会同意的。 이 방법에 그가 동의할 리 없다.

필수어휘 办法 bànfǎ [명] 방법 | 同意 tóngyì [동] 동의하다

TEST

✱ 주어진 어휘(어구)를 배열하여 문장을 완성하세요.

1　喜欢的　我　就　电视节目　是新闻　最
　➡ _____

2　要　不是　参加　你　书法比赛　报名　吗
　➡ _____

3　那儿　是　不　借来　这本杂志　从同学　的
　➡ _____

4　辛苦　古时候　是　很　猎人捕猎　的
　➡ _____

5　是　作家　我　理想　当　的
　➡ _____

6　在新华书店　的　是　买　这本书
　➡ _____

7　专门　是　画　个　中国画　画家　他　的
　➡ _____

8　能　这个问题　解决　的　是　一定
　➡ _____

04 연동문 / 겸어문

연동문은 앞의 동작이나 상황이 끝나고, 다음 동작이나 상황이 연결되어 나오는 문장을 말한다. 연동문의 어순을 정리할 때는 시간·논리·어법 관계에 따라 앞 동작의 동사를 찾은 후 다음 동작의 동사를 쓰는 것이 중요하다.

겸어문은 한 문장 안에 동목구와 주술구가 겹쳐진 형태로, 앞 동목구의 목적어가 뒤 주술구의 주어 역할을 겸한다. 연동문과 마찬가지로 두 개 이상의 동사가 나오는데, 사역·부탁·요청의 의미를 지닌 겸어동사만 잘 찾아내면 나머지 어순은 연동문과 비슷하게 정리할 수 있다.

비법 전수

연동문

1 기본 문형

동작이 발생하는 시간 순서대로 동사를 배열한다.

어순: 주어 + 동사1 + 목적어1 + 동사2 + 목적어2

我 去 商店 买 东西。 나는 상점에 가서 물건을 산다(물건을 사러 상점에 간다).
　　동사1 + 목적어1 동사2 + 목적어2

2 시험에 잘 나오는 패턴

① **부사어의 위치:** 연동문에서 부사, 조동사 등은 부사어로, 첫 번째 동사 앞에 쓴다.

我们 不想 去 中国 旅行。 나는 중국으로 여행 가고 싶지 않다.
　　　　　동사1　　　동사2

② **동태조사 着의 위치:** 着는 첫 번째 술어 뒤에 온다.

她 红着脸 举手了。 그녀는 얼굴을 붉히며 손을 들었다.
　　술어1　　술어2

3 자주 틀리는 사례

① **有를 사용한 연동문:** 有(没有)가 쓰인 연동문에서 有(没有)는 첫 번째 동사 자리에 놓인다.

04 연동문 / 겸어문

我有时间看电视。 나는 TV를 볼 시간이 있다.
　　동사1　　동사2

我没有时间看电视。 나는 TV를 볼 시간이 없다.
　　동사1　　동사2

② 동태조사 了와 过의 위치: 연동문에서 了와 过는 두 번째 동사 뒤나 문장 끝에 온다.

我去动物园看了好多动物。 나는 동물원에 가서 많은 동물을 봤다.
　동사1　　동사2

我去中国卖过东西。 나는 중국에 가서 물건을 팔아본 적이 있다.
　동사1　동사2

겸어문

1 기본 문형

어순: 주어1 + 술어1(请/叫/让/使/要求/派/命令/邀请) + 목적어1/주어2(겸어) + 술어2 + 목적어2

我 请 他 吃饭。 나는 그에게 식사를 하자고 청했다.
주어 술어1 겸어 술어2+목적어2

2 시험에 잘 나오는 패턴

有를 사용한 겸어문: 有(没有)가 쓰인 겸어문에서 有(没有)는 첫 번째 술어 자리에 위치한다.

我有个朋友是作家。 나는 작가인 친구가 한 명 있다.
　술어1　　　술어2

3 자주 틀리는 사례

① 부사어의 위치: 부사어는 기본적으로 첫 번째 술어 앞에 놓이지만, 부사의 의미나 부사가 가리키는 범위에 따라 위치가 변할 수 있다.

我能让他掌握这门技术。 나는 그로 하여금 이 기술을 마스터하게 할 수 있다.
　　술어1　술어2

这部连续剧让我很生气。 이 연속극은 나를 매우 화나게 했다.
　　　　　술어1　술어2

(정도부사 很은 生气를 직접적으로 꾸며주기 때문에 让이 아니라 生气 앞에 써야 한다.)

② 연동문과 겸어문의 결합
★ 겸어동사 뒤에 연동문 구조가 올 수 있다. (첫 번째 동사가 겸어동사)

我<u>让</u>丈夫<u>打</u>电话<u>预订</u>饭馆。 나는 남편이 전화를 걸어 식당을 예약하게 했다.
동사1(겸어동사) 동사2   동사3

★ 연동문의 첫 번째 동사 뒤에 겸어문 구조가 올 수 있다. (두 번째 동사가 겸어동사)

我<u>打</u>电话<u>让</u>儿子<u>回国</u>。 나는 전화를 걸어 아들을 귀국하게 했다.
동사1 동사2(겸어동사) 동사3

비법 트레이닝

✻ 주어진 어휘(어구)를 배열하여 문장을 완성하세요.

예제 1   去   经常   锻炼身体   她   公园

→

STEP 1 단어 해석

去 동 가다   经常 부 자주   锻炼身体 동+[목적어] 신체를 단련하다
她 대 그녀   公园 명 공원

STEP 2 기본 문장 만들기

她 + 去 + 公园 + 锻炼 身体。 그녀는 공원에 가서 신체를 단련한다.
주어 술어1 목적어1 술어2 + 목적어2

STEP 3 살 붙이기

她 + 经常 + 去 + 公园 + 锻炼 身体。 그녀는 자주 공원에 가서 신체를 단련한다.
주어 부사어 술어1 목적어1 술어2 + 목적어2

해설 연동문이란 한 문장에 두 개 이상의 동사가 나오는 문장을 말한다. 이 문제는 연동문의 유형 중에서도 뒤의 동사(锻炼)가 앞 동사(去)의 목적이 되는 형태다. 연동문에서 부사, 조동사와 같은 부사어는 첫 번째 동사의 앞에 위치한다는 점도 명심하자.
예 我<u>想</u>去中国旅行。 나는 여행하러 중국에 가고 싶다.

정답 她经常去公园锻炼身体。 그녀는 자주 운동을 하러 공원에 간다.

필수어휘 经常 jīngcháng 부 자주, 종종 | 锻炼 duànliàn 동 단련하다

04 연동문 / 겸어문

예제 2 想　我　看　春节　父母　回家

→ _____

☕ **STEP 1** 단어 해석

想 [조동] ~하고 싶다　　我 [대] 나　　看 [동] 보다
春节 [명] 설날　　父母 [명] 부모　　回家 [동] + [목적어] 집에 가다

☕ **STEP 2** 기본 문장 만들기

我 + 回家 + 看 + 父母。 나는 부모님을 뵈러 집에 돌아간다.
주어　술어1+목적어1　술어2　목적어2

☕ **STEP 3** 살 붙이기

我 + <u>想</u> + <u>春节</u> + 回家 + 看 + 父母。 나는 설날에 부모님을 뵈러 집에 돌아가고 싶다.
주어　부사어　술어1+목적어1　술어2　목적어2

해설　연동문에서 뒤 동사(看)가 앞 동사(回)의 목적이 되는 형태. 조동사가 **想, 打算, 准备** 등과 같이 '~할 계획이다'라는 뜻을 가지고 있으면 계획의 내용은 전부 조동사 뒤에 써야 한다.
　　　예 我打算(准备/想)明年去美国留学。 나는 내년에 미국으로 유학을 갈 생각이다.

정답　我想春节回家看父母。 나는 설날에 부모님을 뵈러 집에 돌아가고 싶다.

필수어휘　春节 Chūnjié [명] 춘절, 설날

예제 3 很羡慕　她　苗条的身材　让　人　　**기출**

→ _____

☕ **STEP 1** 단어 해석

很羡慕 [부]+[동] 매우 부러워한다　　她 [대] 그녀
苗条的身材 [관형어]+[조]+[명] 날씬한 몸매　　让 [동] ~하게 하다
人 [명] 사람

☕ **STEP 2** 겸어문 만들기

▶ 겸어문 어순: 주어1 + 술어1(让) + 목적어1/주어2 + 술어2 + 목적어2

她 + 让 + 人 + 很 羡慕。 그녀는 사람들을 매우 부러워하게 한다.
주어　술어1　목적어1/주어2　부사어+술어2

STEP 3 살 붙이기

她 + 苗条的 身材 + 让 + 人 + 很 羡慕。
관형어   주어   술어 목적어/주어2 부사어+술어2

그녀의 날씬한 몸매는 사람들을 매우 부러워하게 한다.

해설 겸어문의 기본 구조를 잘 파악하고 있는지 묻는 문제. 겸어동사 让이 있으므로 겸어문의 어순에 따라 배열해야 한다. 'A让人B'는 'A는 사람들을 B하게 한다', 즉 '사람들이 A를 B한다'라는 뜻이다.
예 他的视力好让人很羡慕。 그는 시력이 좋아서 사람들이 매우 부러워한다.

정답 她苗条的身材让人很羡慕。 그녀의 날씬한 몸매는 사람들의 부러움을 산다.

필수어휘 苗条 miáotiao 혱 날씬하다

예제 4 一下　柜台前　请您　去　登记 [기출]

→ _____

STEP 1 단어 해석

一下 양 좀   柜台前 [장소명사구] 데스크 앞   请您 통+[목적어] 당신이 ~하세요
去 통 가다   登记 통 등록하다

STEP 2 겸어문 만들기

▶ 겸어문 어순: 주어1 + 술어1(请) + 목적어1/주어2 + 술어2 + 목적어2

请 + 您 + 去 + 登记 + 一下。 당신은 가서 등록을 좀 해주세요.
술어1 + 목적어1/주어2 술어2   술어3   보어

STEP 3 살 붙이기

请 + 您 + 去 + 柜台前 + 登记 + 一下。
술어1 + 목적어1/주어2 술어2   목적어2   술어3   보어

당신은 데스크 앞에 가서 등록을 좀 해주세요.

해설 겸어동사 请과 일반동사 去가 있으므로 겸어문과 연동문이 합쳐진 유형이다. 의미상 겸어동사가 첫 번째 동사 자리에 온다.
① 겸어문: (我)请您去柜台前。 (저는) 당신이 데스크 앞으로 가주시길 청합니다.
② 연동문: 您去柜台前登记一下。 당신은 데스크 앞으로 가서 등록을 좀 하세요.

정답 请您去柜台前登记一下。 데스크 앞으로 가서 등록을 좀 해주세요.

필수어휘 柜台 guìtái 명 데스크, 계산대, 창구 | 登记 dēngjì 통 등록하다

✱ 주어진 어휘(어구)를 배열하여 문장을 완성하세요.

1 旅游时   我们   要带的   出去   物品吧   买些
   ➡ _____

2 坐地铁   公司   最好   你   去   上班
   ➡ _____

3 加班   我们公司的   总是   老板   我们   要求
   ➡ _____

4 辅导一下   请   她   英语   老师   想   给她
   ➡ _____

5 走路   去   要   他   公司
   ➡ _____

6 很   让   我   这件事   感动
   ➡ _____

7 留学生   暑假的时候   外地   学校   旅行   组织   去
   ➡ _____

8 一定   你   要   在   赶到   十点钟   请   以前
   ➡ _____

05 이중목적어 · 무주어 구문

이중목적어 구문은 술어 동사가 2개의 목적어를 가지는 것을 말한다. 보통 하나는 동작을 당하는 사람 목적어고, 다른 하나는 사물 목적어다. 2개의 목적어 모두 동사 뒤에 놓이며, 일부 사람 목적어는 전치사를 이용해 술어 동사 앞으로 오게 할 수 있다.

무주어 구문은 주어 없이 술어나 부사어로 시작되는 문장으로, 자연 현상을 묘사하거나 보편적인 사실·도리를 설명할 때 사용한다. 서술 대상은 모든 사람이나 사물이 된다.

비법 전수

이중목적어 구문

1 기본 문형

어순: 주어 + 동사 + 목적어1(사람) + 목적어2(사물)

我问 老师 一个问题。 나는 선생님에게 문제 하나를 물어본다.
　동사 목적어1　목적어2

2 시험에 잘 나오는 동사

중국어에서 동사는 일반적으로 한 개의 목적어를 가진다. 따라서 이중목적어를 가질 수 있는 예외적인 동사는 나올 때마다 정리해서 외워두면 좋다.

어순: 동사 + 사람 목적어 + 사물 목적어

예 给 주다 / 送 보내다 / 组 세내다 / 借 빌려주다 / 卖 팔다 / 叫 부르다 / 称 칭하다 / 赔 보상하다 / 还 돌려주다 / 告诉 알려주다 / 通知 통지하다 / 求 부탁하다 / 教 가르치다

무주어 구문

1 기본 문형

어순: 술어 + (보어) + 목적어

下雨了。 비가 내린다.

05 이중목적어·무주어 구문

2 시험에 잘 나오는 패턴

부사어의 위치 : (시간/전치사구 부사어) + 술어 + 목적어

现在下课。 이제 수업을 마친다.
시간 부사어

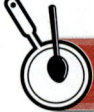

비법 트레이닝

✱ 주어진 어휘(어구)를 배열하여 문장을 완성하세요.

예제1   留下了   给   深刻的   北京   印象   他

→ _____

STEP 1 단어 해석

留下了 [동사구]+[조] 남겼다   给 [전] ~에게 [동] 주다
深刻的 [형]+[조] 깊은 (것)   北京 [명] 베이징
印象 [명] 인상   他 [대] 그

STEP 2 기본 문장 만들기

北京 + 留下 了 + 印象。 베이징은 인상을 남겼다.
주어   *술어+결과보어*   *목적어*

STEP 3 살 붙이기

北京 + 给 + 他 + 留下 了 + 深刻的 + 印象。 베이징은 그에게 깊은 인상을 남겼다.
주어   *부사어*   *술어+결과보어*   *관형어*   *목적어*

해설 이중목적어 구문에 맞게 문장을 작문한다면 北京留下了他深刻的印象이 되겠지만, 이중목적어 구문에서 일부 사람 목적어는 전치사 给 등을 이용해 앞으로 끌어낼 수 있으므로, 부사어의 위치인 술어 동사 앞에 둔다.

정답 北京给他留下了深刻的印象。 베이징은 그에게 깊은 인상을 남겼다.

필수어휘 深刻 shēnkè [형] (인상이) 깊다 ㅣ 印象 yìnxiàng [명] 인상

예제 2 参加   于丹   纷纷   研讨会的   很多问题   问了   记者们

→

STEP 1 단어 해석

参加 [동] 참가하다 于丹 [고유] 위단(사람 이름)
纷纷 [부] 계속해서, 잇달아 研讨会的 [명]+[조] 연구 토론회의 (것)
很多问题 [관형어]+[명] 많은 문제 问了 [동]+[조] 물었다, 질문했다
记者们 [명] 기자들

STEP 2 기본 문장 만들기

记者们 + 问了 + 于丹 + 很多问题。 기자들은 위단에게 많은 문제를 물었다.
  주어   술어   사람목적어 사물목적어

STEP 3 살 붙이기

参加 + 研讨会的 + 记者们 + 纷纷 + 问了 + 于丹 + 很多问题。
   관형어   주어   부사어 술어 사람목적어 사물목적어

토론회에 참가한 기자들은 계속해서 위단에게 많은 문제를 물었다.

해설 问은 이중목적어를 취할 수 있는 동사로, '问+누구+무엇(누구에게 무엇을 물어보다)'의 형태가 된다.
예) 我问了同学几个问题。 나는 친구에게 몇 가지 문제를 물어봤다.

정답 参加研讨会的记者们纷纷问了于丹很多问题。
토론회에 참석한 기자들은 연이어 위단에게 많은 질문을 했다.

필수어휘 纷纷 fēnfēn [부] 잇달아, 연달아

예제 3 态度诚恳   要   道歉的时候   一定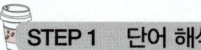

→

STEP 1 단어 해석

态度诚恳 [주술구] 태도가 진실하다 要 [조동] ~해야 한다, ~하려고 한다
道歉的时候 [시간명사구] 사과할 때 一定 [부] 반드시

05 이중목적어 · 무주어 구문

STEP 2 기본 문장 만들기

道歉的时候 + 态度 诚恳。 사과할 때 태도가 진실하다.
  시간 부사어   주어+술어

STEP 3 살 붙이기

道歉的时候 + 一定 + 要 + 态度 诚恳。 사과할 때 반드시 태도가 진실해야 한다.
    부사어   주어+술어

해설 보편적인 도리를 설명하는 무주어 구문이다. 무주어 구문에서 시간 부사어(道歉的时候), 부사 (一定), 조동사(要)는 대부분 문장 앞에 위치한다.

정답 道歉的时候一定要态度诚恳。 사과를 할 때는 반드시 태도가 진실해야 한다.

필수어휘 态度 tàidu 몡 태도 | 诚恳 chéngkěn 톙 진실하다, 간절하다

예제 4   他   应该   事情的真相   告诉   기출

→

STEP 1 단어 해석

他 때 그   应该 조동 ~해야 한다
事情的真相 [관형어] + 조 + 몡 사건의 진상   告诉 동 알려주다

STEP 2 기본 문장 만들기

告诉 + 他 + 事情的真相。 그에게 사건의 진상을 알려주다.
 술어   사람 목적어   사물 목적어

STEP 3 살 붙이기

应该 + 告诉 + 他 + 事情的真相。 그에게 사건의 진상을 알려주어야 한다.
 부사어   술어   사람 목적어   사물 목적어

해설 당위성을 설명하는 무주어 구문이다. 告诉는 이중목적어를 갖는 동사다.
 我不能告诉他 秘密。 나는 그에게 비밀을 말해줄 수 없다.

정답 应该告诉他事情的真相。 그에게 사건의 진상을 알려주어야 한다.

필수어휘 真相 zhēngxiàng 몡 진상, 실상

✻ 주어진 어휘(어구)를 배열하여 문장을 완성하세요.

1   教   新来的   我们   英语   班主任老师
   ➡ _____

2   送给   我过生日的时候   一束   他   玫瑰花   我
   ➡ _____

3   能看到   常常   彩虹   雨后   기출
   ➡ _____

4   锻炼   才   在艰苦的环境里   人的意志   能
   ➡ _____

5   加薪   老板   答应   只好   她
   ➡ _____

6   你的   告诉   你   电话号码   快   我
   ➡ _____

7   做   当兵前   身体检查   要
   ➡ _____

8   存取   凭存折   可以   现金   开帐户后
   ➡ _____

06 把자문(처치문)

把자문은 동작을 받는 목적어를 전치사 把를 이용해 술어 동사 앞으로 도치시켜 강조한 문장이다. 주로 동작이 처치대상을 어떻게 처리했는지와 그 결과를 강조하기 위해 사용한다. 把자문의 주어는 동작의 주체자(행위자)이고, 把 뒤의 명사구는 동작을 받는 처치대상이며, 把 전치사구는 전체 문장에서 술어를 수식하는 부사어 역할을 하게 된다. 술어 동사 뒤에 在/到/给/成/作 등이 이끄는 전치사구 보어가 나오면 반드시 把자문을 사용해야 한다.

비법 전수

1 기본 문형

어순: 주어 + 부사어 + 把 + 처치대상 + 술어 + 기타 성분

부사(已经 등)　　　这个人(○)　　동사
부정사(不/没 등)　　一个人(×)
조동사(想 등)

※ 처치대상은 불특정한 것이 아니라 구체적인 사람이나 사물이 나온다.

2 시험에 잘 나오는 패턴

① 주어 + 부사어 + 把 + 처치대상 + 술어(동사) + 기타 성분
　　　　　　　　　　　　　　　　　　　동사 중첩형
　　　　　　　　　　　　　　　　　　　동태조사 了/着
　　　　　　　　　　　　　　　　　　　가능보어를 제외한 모든 보어

你把房间打扫打扫。　네가 방을 좀 청소해라.
　　　　동사 중첩형

我把老师的电话号码忘了。　나는 선생님의 전화번호를 잊어버렸다.
　　　　　　　　　　동태조사

你把雨伞拿着。　네가 우산을 들고 있어라.
　　　　　동태조사

这条消息把同学们高兴得又跳又唱。
　　　　　　　　　　　　정도보어
이 소식은 학생들을 기뻐서 노래 부르며 펄쩍 뛰게 만들었다.

他把结婚的日期推迟了三天。 그는 결혼 날짜를 3일 미뤘다.
　　　　　　　　　시량보어

小王把这首歌唱了一遍。 샤오왕은 이 노래를 한 번 불렀다.
　　　　　　　동량보어

小孩子没把牛奶喝完。 어린아이는 우유를 다 마시지 않았다.
　　　부정사　　결과보어

他们从教室里把桌子搬出去了。 그들은 교실에서 책상을 들고 나갔다.
　　　부사어　　　　　방향보어

② 주어 + 부사어 + 把 + 처치대상 + 술어(동사) + 기타 성분
　　　　　　　　　　　　　　　　　　　　　在/到 + 시간/장소

他把水果放在桌子上。 그는 과일을 탁자 위에 놓았다.
她把我的汽车开到图书馆门口。 그녀는 내 자동차를 도서관 입구에 가져다 두었다.

③ 주어 + 부사어 + 把 + 처치대상 + 술어(동사) + 기타 성분
　　　　　　　　　　　　　　　　　　　　　给 + 사람

我还没把毕业论文交给老师。 나는 아직 졸업 논문을 선생님께 제출하지 않았다.

④ 주어 + 부사어 + 把 + 처치대상 + 술어(동사) + 기타 성분
　　　　　　　　　　　　　　　　　　　　　成/作 + ~

我要把人民币换成美元。 나는 인민폐를 달러로 바꾸려고 한다.
父母总把我当作小孩儿。 부모님은 항상 나를 어린아이로 여기신다.

🧁 3 자주 틀리는 사례

① 把자문과 겸어문의 결합: 把자문이 겸어문에서 쓰일 경우 把자문이 항상 뒤에 온다.
　班主任让我把数学题做完。 담임 선생님은 나더러 수학 문제를 다 풀라고 하셨다.
　　　　겸어동사

② 把자문과 연동문의 결합: 把자문이 연동문의 형태로 쓰일 경우 把자문이 항상 뒤에 온다.
　我发短信让丈夫把孩子接回家。
　　동사1　　동사2
　나는 문자를 보내 남편한테 아이를 집으로 데려오라고 했다.

06 把자문(처치문)

* 주어진 어휘(어구)를 배열하여 문장을 완성하세요.

예제 1   会议的日程   安排   已经   把   他   好了   [기출]

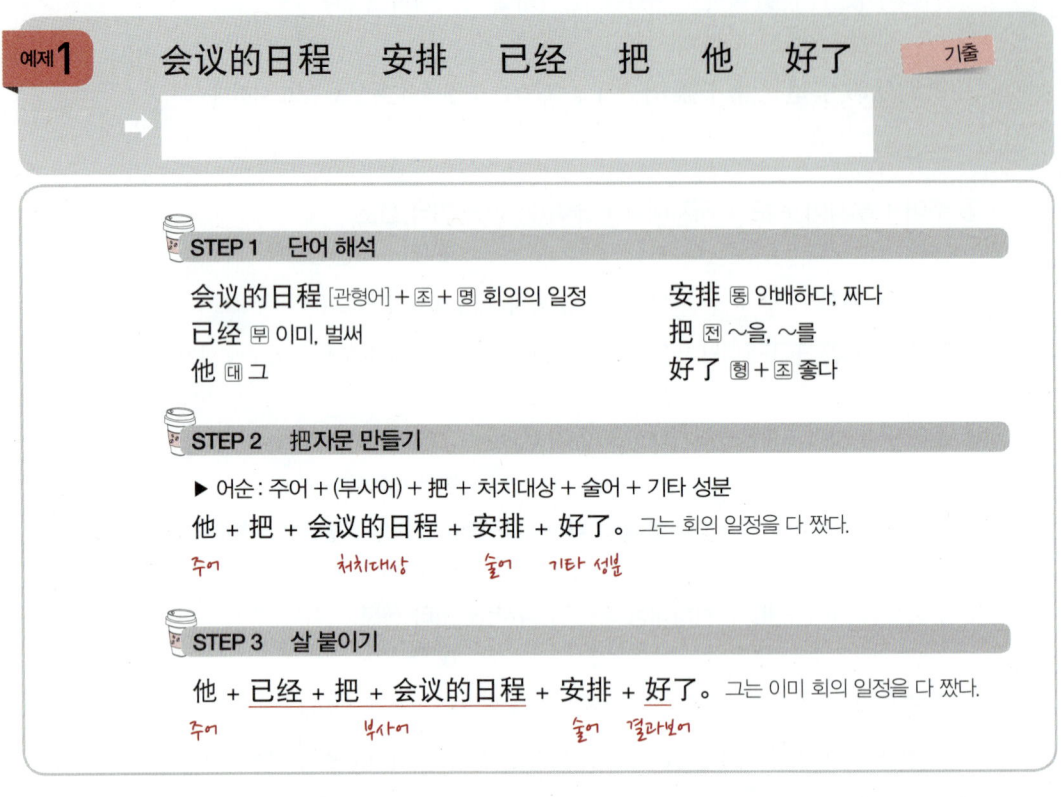

STEP 1 단어 해석

会议的日程 [관형어]+조+명 회의의 일정   安排 동 안배하다, 짜다
已经 부 이미, 벌써   把 전 ~을, ~를
他 대 그   好了 형+조 좋다

STEP 2 把자문 만들기

▶ 어순: 주어 + (부사어) + 把 + 처치대상 + 술어 + 기타 성분

他 + 把 + 会议的日程 + 安排 + 好了。 그는 회의 일정을 다 짰다.
주어   처치대상   술어   기타 성분

STEP 3 살 붙이기

他 + 已经 + 把 + 会议的日程 + 安排 + 好了。 그는 이미 회의 일정을 다 짰다.
주어   부사어   술어   결과보어

해설 (1) 제시된 어휘 중 把가 있으면 把자문 구조로 어순을 정리해야 한다는 점을 떠올려야 한다. 把자문에서 부사, 조동사는 부사어가 되고, 전치사 把 앞에 쓴다.
예 他不想把帽子摘下来。 그는 모자를 벗고 싶어하지 않는다.

(2) 把자문의 술어 뒤에 기타 성분으로 결과보어가 올 수 있다.
예 她把班主任当成爸爸。 그녀는 담임 선생님을 아버지로 여긴다.

정답 他已经把会议的日程安排好了。 그는 이미 회의 일정을 다 짰다.

필수어휘 会议 huìyì 명 회의 | 日程 rìchéng 명 일정 | 安排 ānpái 동 안배하다, 계획하다

예제 2   都   我们   把   逗   他的话   笑了   [기출]

STEP 1 단어 해석

都 [부] 모두
逗 [동] 즐겁게 하다
我们 [대] 우리
他的话 [관형어]+[조]+[명] 그의 말
把 [전] ~을, 를
笑了 [동]+[조] 웃었다

STEP 2 把자문 만들기

▶ 어순: 주어 + (부사어) + 把 + 처치대상 + 술어 + 기타 성분

他的 话 + 把 + 我们 + 逗 + 笑了。 그의 말이 우리를 웃게 했다.
관형어 주어   처치대상   술어   기타 성분

STEP 3 살 붙이기

他的 话 + 把 + 我们 + 都 + 逗 + 笑了。 그의 말이 우리를 모두 웃게 했다.
관형어 주어   부사어   술어 결과보어

해설 把자문에서 부사의 기본 위치는 전치사 把 앞이지만, 부사의 위치는 부사의 의미와 문맥에 따라 변한다는 점을 반드시 기억해야 한다. 都는 '모두'라는 뜻의 범위부사로, 범위의 대상이 되는 단어 바로 뒤에 위치한다.

정답 他的话把我们都逗笑了。 그의 말이 우리를 모두 웃게 했다.

필수어휘 逗笑 dòuxiào [동] (다른 사람을) 웃기다

예제 3　他们　时间　把　5月中旬　聚会　定在　　[기출]

STEP 1 단어 해석

他们 [대] 그들
把 [전] ~을, ~를
聚会 [명] 모임 [동] 모이다
时间 [명] 시간
5月中旬 [시간명사구] 5월 중순
定在 [동]+[보어] ~로 정하다

STEP 2 把자문 만들기

▶ 어순: 주어 + (부사어) + 把 + 처치대상 + 술어 + 기타 성분

他们 + 把 + 时间 + 定 在 …… 그들은 시간을 ~으로 정했다.
주어   처치대상   술어+기타 성분

06 把자문(처치문)

STEP 3 살 붙이기

他们 + 把 + 聚会 + 时间 + 定 在 + 5月中旬。
　주어　　　　부사어　　　술어 + 결과보어　　목적어

그들은 모임 시간을 5월 중순으로 정했다.

해설 '동사(定/放)+在+시간/장소'는 把자문에서 기타 성분으로 자주 나오는 형태다. '~한 시간/장소에 정하다/두다'라는 뜻이므로, 고정격식처럼 암기해두자.
예 她把衣服放在那儿了。 그녀는 옷을 저쪽에다 두었다.

정답 他们把聚会时间定在5月中旬。 그들은 모임 시간을 5월 중순으로 정했다.

필수어휘 中旬 zhōngxún 명 중순 | 聚会 jùhuì 명 모임, 집회 동 모이다

예제 4   作业   老师   交   将   给   学生

→ _____

STEP 1 단어 해석

作业 명 숙제　　　老师 명 선생님　　　交 동 제출하다
将 전 ~을, ~를　　给 전 ~에게 동 주다　　学生 명 학생

STEP 2 把자문 만들기

▶ 어순: 주어 + (부사어) + 把/将 + 처치대상 + 술어 + 기타 성분

学生 + 将 + 作业 + 交 + 给…… 학생은 숙제를 ~에게 제출했다.
　주어　　처치대상　술어　기타 성분

STEP 3 살 붙이기

学生 + 将 + 作业 + 交 + 给 + 老师。 학생은 숙제를 선생님께 제출했다.
　주어　　부사어　　술어 결과보어　목적어

해설 처치문에서 전치사 把는 将으로 바꿔 쓸 수 있다. 将은 주로 서면어에, 把는 회화(구어)에서 많이 쓰인다. 제시된 어휘 중에 将이 있다면 처치문 구조가 될 수도 있다는 점에 유의한다. '동사(交/还/借)+给'는 '~에게 제출하다/돌려주다/빌리다'라는 뜻으로, 처치문에서 기타 성분으로 자주 나오는 형태이므로 고정격식처럼 암기해두자.
예 我已经把报告文件交给经理了。 나는 이미 보고서를 팀장님께 제출했다.

정답 学生将作业交给老师。 학생은 숙제를 선생님께 제출했다.

필수어휘 交 jiāo 동 제출하다

TEST

✻ 주어진 어휘(어구)를 배열하여 문장을 완성하세요.

1 打扫   把   你   一下   房间
   ➡ _____

2 昨天晚上   叫我   妈妈   剩下的饭菜   把   扔掉
   ➡ _____

3 你   说   把   事情的真相   应该   出来
   ➡ _____

4 带到   请   把   家里来   不要   公司的事
   ➡ _____

5 结婚的日子   推迟   了   小王   三天   把
   ➡ _____

6 把   我   想   翻译   成   早就   中文了   这本书
   ➡ _____

7 她的衣服   把   划   树枝   破   了
   ➡ _____

8 放到了   将   楼梯拐角   他们   那儿   复印机
   ➡ _____

07 被자문(피동문)

被자문은 전치사 被를 이용해 주어를 행위 주체자가 아닌 피동의 대상으로 만드는 문장이다. 被자문에서 주어는 행위의 대상이고, 被 뒤의 목적어가 동작 주체자(행위자)이며, 被 전치사구는 전체 문장에서 술어를 수식하는 부사어 역할을 하게 된다. 被 대신 叫와 让을 써서 피동을 나타낼 수도 있지만, 被는 뒤에 나오는 행위자를 생략하고 바로 술어와 결합할 수 있는 반면, 叫/让은 뒤에 반드시 행위자가 나와야 한다.

비법 전수

1 기본 문형

어순: 동작의 대상 + 부사어 + 被/叫/让 + (给) + 동작의 주체 + 술어 + 기타 성분

我的钱包被小偷偷走了。 내 지갑은 좀도둑이 훔쳐갔다.
(동작의 대상) (동작의 주체)

2 시험에 잘 나오는 패턴

① 전치사 被는 뒤에 나오는 동작의 주체를 생략할 수 있어, '被+동사'가 될 수 있다. 하지만 叫/让은 뒤에 동작의 주체를 반드시 써야 한다.

我房间的窗户被打开了。 내 방 창문이 열렸다.

我房间的窗户叫/让妈妈打开了。 내 방 창문은 엄마가 열었다.

② 주어 + 被/为 + 목적어 + (所) + 동사: [주어]가 [목적어]에 의해 [동사]되다.

我被/为那部电影所感动，流下眼泪了。 나는 그 영화에 감동받아 눈물을 흘렸다.

3 자주 틀리는 사례

① 의미상의 피동문

의미상의 피동문에서는 피동형을 만드는 전치사가 없어도 주어는 동작의 주체가 아닌 동작의 대상을 나타낸다.

作业已经做完了。 숙제는 이미 다 했다.
(숙제가 스스로 된 것이 아니라, 누군가가 숙제를 한 것이다.)

环保问题受到全世界的关注。 환경보호 문제는 전 세계의 관심을 받는다.
(동사 자체가 피동의 의미를 지닌다.)

② 피동문에서 给의 용법

★ 给 + 동작의 주체: 给는 피동의 의미를 나타내는 전치사가 된다.
我的英语书给弟弟弄坏了。 내 영어책은 남동생이 망가뜨렸다.

★ 给 + 동사: 조사 给는 동사 앞에서 구어체의 어기를 강조한다.
我的词典已经给借走了。 내 사전은 이미 빌려갔다.

비법 트레이닝

✻ 주어진 어휘(어구)를 배열하여 문장을 완성하세요.

예제 1   爸爸   走   桌子   抬   了   被

→ _____

☕ STEP 1   단어 해석

爸爸 몡 아빠   走 통 가다   桌子 몡 탁자
抬 통 들다   了 조 ~했다   被 전 ~에 의해서

☕ STEP 2   被자문 만들기

▶ 어순: 동작의 대상 + (부사어) + 被 + 동작의 주체 + 술어 + 기타 성분

桌子 + 被 + 爸爸 + 抬 + 走。 탁자는 아빠가 들고 가신다.
　동작 대상　　동작 주체　술어　기타 성분

☕ STEP 3   살 붙이기

桌子 + 被 + 爸爸 + 抬 + 走 + 了。 탁자는 아빠가 들고 가셨다.
　주어　　부사어　　술어 결과보어 동태조사

해설 제시된 어휘 중에 **被**가 있으면 **被**자문 구조로 어순을 정리해야 한다는 점을 떠올려야 한다. 사람이 주어로 많이 온다고 **爸爸**를 문두에 두는 실수를 해서는 안 된다. 책상은 스스로 옮겨진 것이 아니라 아빠에 의해 옮겨진 것이다.

정답 桌子被爸爸抬走了。 탁자는 아빠가 들고 가셨다.

필수어휘 抬 tái 통 들어올리다, 맞들다

07 被자문(피동문)

예제 2   全校   成绩   被   学生的   已经   了   公开

→ _____

STEP 1   단어 해석

全校 [명] 전교   成绩 [명] 성적   被 [전] ~에 의해서
学生的 [명]+[조] 학생의 (것)   已经 [부] 이미   了 [조] ~했다
公开 [동] 공개하다

STEP 2   被자문 만들기

▶ 어순 : 동작의 대상 + (부사어) + 被 + 동작의 주체 + 술어 + 기타 성분

成绩   +   被   +   公开 + 了。 성적이 공개되었다.
동작 대상   (동작 주체 생략)   술어   기타 성분

STEP 3   살 붙이기

全校+学生的 + 成绩 + 已经 + 被 + 公开 + 了。 전교 학생의 성적이 이미 공개되었다.
관형어   주어   부사어   술어   동태조사

해설   피동문에서 부사어의 위치는 주어 뒤, 전치사 被 앞이다. 이 문장에서는 전치사 被 뒤의 동작 주체가 생략되었다.
예) 白酒已经被喝光了。 바이주는 이미 다 마셨다.

정답   全校学生的成绩已经被公开了。 전교 학생의 성적이 이미 공개되었다.

필수어휘   公开 gōngkāi [동] 공개하다, 공개되다

예제 3   在学校   她的孩子   好评   老师们   的   受到

→ _____

STEP 1   단어 해석

在学校 [전치사구] 학교에서   她的孩子 [관형어]+[조]+[명] 그녀의 아이
好评 [명] 호평   老师们 [명] 선생님들
的 [조] ~의, ~한 것   受到 [동]+[보어] 받다

STEP 2   기본 문장 만들기

她的 孩子   +   受到   +   好评。 그녀의 아이는 좋은 평가를 받는다.
관형어的 + 주어   술어+결과보어   목적어

STEP 3 살 붙이기

她的 孩子 + 在学校 + 受到 + 老师们 + 的 + 好评。
관형어的+주어   부사어   술어+결과보어 관형어 구조조사 목적어

그녀의 아이는 학교에서 선생님들의 좋은 평가를 받는다.

해설 중국어에서 장소를 나타내는 말은 주어 뒤에 두는 것이 원칙이다. **受到**는 '받다'라는 뜻으로 단어 자체에 피동의 의미를 가지고 있다. 술어 동사가 피동의 의미를 가졌다면 전치사 **被**가 없어도 피동문으로 해석할 수 있어야 한다. **受到**는 '**受到**+**好评**(호평)/**批评**(비난)/**表扬**(칭찬)'의 형태로 잘 결합하므로 고정격식처럼 암기해두자.
예) 她受到了全校的表扬。 그녀는 전교의 칭찬을 받았다.

정답 她的孩子在学校受到老师们的好评。
그녀의 아이는 학교에서 선생님들에게 좋은 평가를 받는다.

필수어휘 好评 hǎopíng 명 좋은 평판, 호평

예제 4   很多   水   让   家畜   走   了   冲

→

STEP 1 단어 해석

很多 부+형 많다   水 명 물   让 전 ~에 의해서
家畜 명 가축   走 동 가다   了 조 ~했다
冲 동 씻어내다

STEP 2 被자문 만들기

▶ 어순: 동작의 대상 + (부사어) + 被/让/叫 + 동작의 주체 + 술어 + 기타 성분

家畜 + 让 + 水 + 冲 + 走。 가축이 물에 쓸려 내려가다.
동작 대상   동작 주체 술어 기타 성분

STEP 3 살 붙이기

很多 + 家畜 + 让 + 水 + 冲 + 走 + 了。 많은 가축이 물에 쓸려 내려갔다.
관형어   주어 부사어 술어 결과보어 동태조사

해설 피동문에서 전치사 **被**는 **让**이나 **叫**로 바꿔 쓸 수 있다. 따라서 제시된 어휘 중에 **让**이나 **叫**가 있다면 문장에서 동사로 쓰였는지 전치사로 쓰였는지 판단하고, 전치사로 쓰였다면 피동문 구조로 어순을 배열한다.
예) 这个课文让他念错了。 이 본문을 그는 잘못 읽었다.

정답 很多家畜让水冲走了。 많은 가축이 물에 휩쓸려 내려갔다.

필수어휘 家畜 jiāchù 명 가축 | 冲 chōng 동 씻어내다, 쓸어 내리다

TEST

※ 주어진 어휘(어구)를 배열하여 문장을 완성하세요.

1 花瓶   碎   了   被   打

   ➡ _____

2 都   他的歌声   了   全场的   被   观众   迷住

   ➡ _____

3 书   书架上的   从来   没   任何人   被   动过

   ➡ _____

4 衣服   挂在   阳台上的   叫   了   风   掉   刮

   ➡ _____

5 她   被   录取   了   那所名牌大学

   ➡ _____

6 领域   这个理论   被   很多   应用到

   ➡ _____

7 被   他的意见   重视   总是   不   公司领导

   ➡ _____

8 受到   青年人   会   的   在选择职业上   影响   社会、家庭

   ➡ _____

08 복문 / 고정구문 / 진행·지속형

복문은 2개 이상의 절이 조합된 구문으로, 대개 절과 절 사이에 접속사를 써서 연결한다. 복문은 일반적으로 쉼표와 같은 문장부호를 써서 앞뒤 절을 구분하지만, 문장부호로 구분하지 않아 단문처럼 보이는 경우도 많다. 시험에 자주 등장하는 복문 구조로는 긴축·병렬·가정·조건·전환·목적·점층·선택·양보·인과관계 복문이 있다. 이번 장에서는 복문과 함께, 외워두면 도움이 되는 고정구문과 동작의 진행이나 상태의 지속을 나타내는 문형을 배워본다.

비법 전수

복문

1 누구나 다 아는 기본 복문

① 긴축관계 복문: 단문의 형태로 된 복문이다.

★ 一A就B: A하자마자 B하다
农民们一起床就去干活儿。 농민들은 일어나자마자 바로 일하러 간다.

★ 越A越B: A하면 할수록 B하다
他们越看越看不懂。 그들은 보면 볼수록 이해가 안 간다.

② 병렬관계 복문: 앞과 뒤의 내용이 순서에 상관없이 동등한 관계임을 나타낸다.

★ 又A又B / 既A又B / 既A也B / 也A也B: A하기도 하고 B하기도 하다
我又会说韩语，又会说汉语。
나는 한국어도 할 줄 알고, 중국어도 할 줄 안다.

★ 一边/一面 + 동작 동사 + 一边/一面 + 동작 동사: ~하면서 ~하다
我一边看电视，一边吃饭。 나는 TV를 보면서 밥을 먹는다.

③ 가정관계 복문: 앞에서 가설을, 뒤에는 그에 따른 결과, 또는 추론을 제시한다.

★ 如果/假如/要是/要A的话，那/那么 + 주어 + 就B: 만약에 A한다면, 그러면 B할 것이다
如果没有大家的支持，那么就没有很好的结果。
만약 여러분의 지지가 없다면, 좋은 결과가 없을 것이다.

④ 조건관계 복문: 앞에서 조건을, 뒤에는 그에 따른 결과를 제시한다.

- ★ 只有A才B: 오직 A(해야)만 비로소 B하다

  只有我才能理解他的性格。 오직 나만이 그의 성격을 이해할 수 있다.

- ★ 只要A就B: 일단 A하기만 하면 B하다

  只要你努力学习，就能得到好成绩。
  일단 네가 열심히 노력해서 공부하기만 한다면, 좋은 성적을 거둘 수 있다.

- ★ 不管/无论/不论A，也/都B: A에 관계없이 B하다

  不管多么忙，每天都要抽时间学习汉语。
  아무리 바쁘더라도, 매일 시간을 내서 중국어를 공부해야 한다.

⑤ 전환관계 복문: 앞과 뒤의 내용이 상반되거나 대립됨을 나타낸다.

- ★ 虽然/尽管/虽说A，但是/可是/然而/不过B: 비록 A하지만, 그러나 B하다

  虽然现在很累，但是也要坚持。 비록 지금은 피곤하지만, 그래도 계속해야 한다.

⑥ 목적관계 복문: 하나는 목적을 이루기 위한 행동, 다른 하나는 그 목적임을 나타낸다.

- ★ A 为的是B: A하는 것은 B를 위해서다

  她天天早起为的是学习汉语。
  그녀가 매일 일찍 일어나는 것은 중국어를 공부하기 위해서다.

⑦ 점층관계 복문: 뒤의 의미가 앞의 의미보다 심화·발전됨을 나타낸다.

- ★ 不但A，而且/并且B: A할 뿐만 아니라, 게다가 B하다

  我不但喜欢唱歌，而且唱得很好。 나는 노래 부르는 것을 좋아할 뿐만 아니라, 잘 부른다.

⑧ 선택관계 복문: 동시에 존재할 수 없는 둘 이상의 선택 사항을 제시한다.

- ★ 不是A就是B: A 아니면 B다 (둘 중 하나를 선택함)

  今天不是下雨就是下雪。 오늘은 비가 오지 않으면 눈이 내릴 것이다.

⑨ 양보관계 복문: 어떤 사실이나 가정 하에서도 결과에 변함이 없음을 나타낸다.

- ★ 即使A也B: 설령 A일지라도 B하다

  即使做错了也要表扬。 설령 틀렸을지라도 칭찬을 해줘야 한다.

⑩ 인과관계 복문: 앞과 뒤의 내용이 원인과 결과, 또는 전제와 추론의 관계임을 나타낸다.

- ★ 因为A所以B: A하기 때문에 그래서 B하다

  因为老师病了，所以今天没来上课。
  선생님께서 편찮으셔서, 오늘 수업을 하러 오지 않으셨다.

★ 既然A，就B: 기왕 A한 바에야 B하다

既然决定参加，就积极地参加。 기왕에 참석하기로 결정했으니, 적극적으로 참가해라.

2 시험에 잘 나오는 복문

① 긴축관계 복문

★ 不A不B: A하지 않으면 B하지 않다

你们不做不能得到成果。 너희가 하지 않으면 성과도 얻을 수 없다.

★ 没有A就没有B: A가 없으면 B도 없다

没有互相帮助就没有家庭的幸福。 서로 도와주지 않는다면 가정의 행복도 없다.

② 병렬관계 복문

★ 一方面 + 추상 동사 + (另)一方面 + 추상동사 : 한편으로는 ~하기도 하고, 또 한편으로는 ~하기도 하다

抽烟一方面危害自己的健康，另一方面危害他人的健康。
담배를 피우는 것은 자신의 건강을 해치기도 하고, 또 타인의 건강을 해치기도 한다.

★ 不是A而是B: A가 아니라 B다

这么决定的不是我自己，而是我们老板。
이렇게 결정한 것은 제가 아니라, 우리 사장님입니다.

③ 가정관계 복문

★ 幸亏A，不然/否则B: 다행히 A했기에 망정이지, 그렇지 않았으면 B하다

幸亏司机叫醒我，不然我肯定没有下车。
다행히도 기사가 나를 깨웠기에 망정이지, 그렇지 않았더라면 나는 분명히 차에서 못 내렸다.

④ 조건관계 복문

★ 凡是A，都B: A이기만 하면 모두 B하다

凡是喜欢的人都可以来。 좋아하는 사람이라면 모두 와도 된다.

★ 除非A，否则/不然B: A해야만 하지, 그렇지 않으면 B하다

除非妈妈同意，否则你不能去。 엄마가 동의해야지, 안 그러면 넌 갈 수 없다.

⑤ 전환관계 복문

★ A，只不过B罢了/而已: A하지만, 단지 B(에 불과)할 뿐이다

他已经心里有数，只不过不想说罢了。
그는 이미 속으로 다 생각이 있지만, 단지 말을 하고 싶지 않을 뿐이다.

08 복문 / 고정구문 / 진행·지속형

⑥ 목적관계 복문

★ A，好B : B하기 좋도록 A하다

别忘了雨衣，下雨好用。 비옷을 챙기세요, 비가 오면 쓰기 좋도록.

★ A，以B : B하기 위해서 A하다 / A함으로써 B하다

我经常看中国电视剧，以提高我的听力。
나는 내 듣기 실력을 높이기 위해서 자주 중국 드라마를 본다.
(= 나는 자주 중국 드라마를 봄으로써 내 듣기 실력을 높인다.)

⑦ 점층관계 복문

★ 不但不A，反而B : A하지 않을 뿐 아니라, 오히려 B하다

雨不但不停，反而更大了。 비가 멈추지 않을 뿐만 아니라, 오히려 더욱 거세졌다.

⑧ 선택관계 복문

★ 与其A不如/宁可B : A하느니 B하는 것이 낫다(차라리 B를 하겠다)

与其在这儿打发时间，不如下次再来。
여기에서 시간을 보내느니, 다음에 다시 오는 것이 낫겠다.

★ 宁可A也不B : 차라리 A할지언정 B하지는 않겠다

我宁可睡觉也不去运动。 나는 차라리 잠을 자더라도 운동하러 가지는 않겠다.

★ 宁可A也要B : 차라리 A할지라도 B는 하겠다

我宁可不吃饭，也要减肥。 내가 차라리 밥을 안 먹을지라도 다이어트를 할 것이다.

⑨ 양보관계 복문

★ 哪怕A也B : 설령 A일지라도 B하다

哪怕下雨也要爬山。 설령 비가 내릴지라도 등산을 할 것이다.

★ 就是A也B : 설령 A일지라도 B하다

就是我不在也有人接你。 설령 내가 없을지라도 누군가 당신을 마중 갈 것입니다.

⑩ 인과관계 복문

★ 之所以A是因为B : A한 것은 B때문이다

我们之所以同意是因为她的表现很出色。
우리가 동의한 것은 그녀의 활약이 뛰어났기 때문이다.

★ 由于~的缘故 : ~한 이유 때문에

由于疾病的缘故，他从来不出门。 질병의 이유 때문에 그는 여태껏 외출을 하지 않는다.

3 자주 틀리는 사례

① A, 省得 B : B하지 않도록 A하다

不看电视就关一下，省得浪费。TV를 보지 않으면 꺼주세요, 낭비하지 않도록.

② A, 以便 B : B하기 편하도록 A하다

你们先把生词背一下，以便阅读。먼저 새 단어를 외우세요, 독해하기 편하도록.

③ A, 免得 B : B하지 않도록 A하다

快打伞吧，免得淋湿。빨리 우산을 쓰세요, 젖지 않도록.

고정구문

1 누구나 다 아는 고정구문

① A 也没/都没 B : A해도 B하지 않다(못하다)

他看了半天也没看懂。그는 한참을 보고도 알아 보지 못했다.

我饿了一天什么都没吃呢。나는 하루 종일 굶고 아무 것도 먹지 않았어.

② 连 A 也/都 B : A 조차도 B하다

我最近工作忙极了，连吃饭的时间也没有。
나는 요즘 일이 너무 바빠서, 밥 먹을 시간조차도 없다.

连在中国住了十年的人都不知道这个节日。
중국에서 십 년이나 산 사람조차도 이 명절을 모른다.

2 시험에 잘 나오는 고정구문

非(要)~不可/不行 : 반드시 ~해야 한다/~하지 않으면 안 된다

这次会议非常重要，每个老师都非参加不可。
이번 회의는 매우 중요해서, 모든 선생님들이 반드시 참가해야만 한다.

这个病人的情况很严重，非要很有经验的大夫开刀不行。
이 환자는 상태가 심각해서, 반드시 경험이 많은 의사가 수술하지 않으면 안 된다.

08 복문 / 고정구문 / 진행·지속형

진행·지속형

1 기본 문형

① 주어 + 正在 + 동사 : ~하고 있다 / ~하는 중이다 [동작의 진행]
我正在给父母打电话。 나는 부모님께 전화를 걸고 있다.

② 주어 + 正 + 동사 : ~하고 있다 / ~하는 중이다 [동작의 진행]
我正准备考试。 나는 시험을 준비하고 있다.

③ 주어 + 在 + 동사 : ~하고 있다 / ~하는 중이다 [동작의 진행]
我在参观呢。 나는 참관 중이다.

④ 주어 + 正/在/正在 + 동사 + 着 + 목적어 + 呢 : ~하고 있다 / ~하는 중이다 [동작의 진행]
我们正在看着书呢。 우리는 책을 보는 중이다.

⑤ 주어 + 동사 + 着 : ~하고 있다 / ~해 있다 [상태/상황의 지속]
他们聊着天儿。 그들은 수다를 떨고 있다.

2 시험에 잘 나오는 패턴

① 주어 + 正(부사) + 在(전치사) + 장소명사 + 동사1 + 着 + 동사2 + 목적어 + (呢) : ~한 상태로 ~하고 있다
我正在床上躺着看书呢。 나는 침대에 누워서 책을 보고 있다.

② 동사1 + 着 + 동사1 + 着, 동사2 + 了 : ~하다가 ~해버렸다
他们听着听着音乐，就睡着了。 그들은 음악을 듣다가 잠이 들어버렸다.

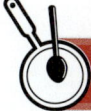

비법 트레이닝

✱ 주어진 어휘(어구)를 배열하여 문장을 완성하세요.

예제 1 永远   好了   要是能   保持年轻   就   〈기출〉

→

☕ **STEP 1** 단어 해석

永远 [부] 영원히
要是能 [접]+[조동] 만일 ~할 수 있다면
就 [부] 바로

好了 [형]+[조] 좋아졌다
保持年轻 [동]+[목적어] 젊음을 유지하다

☕ **STEP 2** 기본 문장 만들기

(1) 保持 年轻。 젊음을 유지하다.
    술어+목적어

(2) 好了。 좋다.
    술어2

☕ **STEP 3** 살 붙이기

要是 能 + 永远 + 保持 年轻 + 就 + 好了。
접속사 부사어   술어+목적어 부사어 술어2

만일 영원히 젊음을 유지할 수 있다면 좋을 텐데.

해설 복문은 주어가 없이 접속사로 시작하는 경우가 많다. 제시된 어휘들을 보고 두 개의 술어구가 '要是 A 就 B(만약 A한다면 B하다)'라는 가정관계로 연결되어야 함을 알 수 있다.
예) 要是你能参加这次表演就好了。 만약 네가 이번 공연에 참가할 수 있다면 좋을 텐데.

정답 要是能永远保持年轻就好了。 만약 영원히 젊음을 유지할 수 있다면 좋을 텐데.

필수어휘 保持 bǎochí [동] 유지하다

예제 2 懂   老师   好几遍   他   讲了   才

→

PART 1. 문장 완성하기 **67**

08 복문 / 고정구문 / 진행·지속형

STEP 1 단어 해석

懂 [동] 이해하다
好几遍 [부]+[수량] 여러 번
讲了 [동]+[조] 말했다, 강의했다

老师 [명] 선생님
他 [대] 그
才 [부] 비로소

STEP 2 기본 문장 만들기

(1) 老师 + 讲了。 선생님이 말씀하셨다.
    주어   술어

(2) 他 + 懂。 그는 이해한다.
    주어2   술어2

STEP 3 살 붙이기

老师 + 讲了 + 好几遍 + 他 + 才 + 懂。
주어   술어   동량보어 주어2 부사어 술어2

선생님이 여러 번 말씀하시고 나서야 그는 겨우 이해했다.

해설 '동사1 + 了 + 수량보어 + 才 + 동사2'는 '~을 ~만큼 하고 나서 비로소 ~했다'라는 뜻으로, 주체의 동작이 비교적 느림을 나타내는 복문이다.
예) 我听了十遍才听懂了。 나는 열 번을 듣고서야 겨우 알아 들었다.

정답 老师讲了好几遍他才懂。 선생님이 여러 번 말씀하시고 나서야 그는 겨우 이해했다.

필수어휘 遍 biàn [양] 번[횟수를 세는 양사]

 예제 3   游人止步   门上   的   牌子   挂着   [기출]

→

STEP 1 단어 해석

游人止步 [명]+[동] 여행객 통행금지
的 [조] ~의, ~한 것

门上 [장소명사구] 문에
牌子 [명] 팻말
挂着 [동]+[조] 걸려 있다

STEP 2 기본 문장 만들기

门上 + 挂着 + 牌子。 문에 팻말이 걸려 있다.
주어   술어   목적어

STEP 3 살 붙이기

门上 + 挂着 + 游人止步 + 的 + 牌子。 문에 여행객 통행금지 팻말이 걸려 있다.
주어   술어   관형어   구조조사 목적어

해설 동태조사 **着**가 있는 **挂着**가 술어가 되며, 상태의 지속을 나타내는 문장이다. 지속형 문장은 '장소/시간 + 술어 + **着** + 목적어'의 형태로 존재를 나타내는 존현문에서 자주 등장한다.
예 桌子上放**着**一本书。 책상에 책 한 권이 놓여 있다.

정답 **门上挂着游人止步的牌子。** 문에 여행객 통행금지 팻말이 걸려 있다.

필수어휘 游人 yóurén 명 관람객, 여행객 | 止步 zhǐbù 걸음을 멈추다, 통행을 금지하다 | 牌子 páizi 명 팻말, 표지 | 挂 guà 동 걸다

예제 4   连   加班   都   他们公司   要   星期六

STEP 1 단어 해석

连 전 ~조차도   加班 동 야근하다, 초과 근무하다
都 부 모두   他们公司 대+명 그들의 회사
要 조동 ~해야 한다   星期六 명 토요일

STEP 2 기본 문장 만들기

他们 公司 + 加班。 그들의 회사는 야근한다.
관형어+주어   술어

STEP 3 살 붙이기

他们 公司 + 连 + 星期六 + 都 + 要 + 加班。
관형어+주어   부사어   술어
그들의 회사는 토요일조차도 연장 근무를 해야 한다.

해설 제시어들을 보고 '**连 A 都 B** (A조차도 B하다)' 강조구문임을 알 수 있어야 한다.
예 这道题**连**小学生**都**一下子就做出来。 이 문제는 초등학생조차도 단번에 풀어낸다.

정답 **他们公司连星期六都要加班。** 그들의 회사는 토요일조차도 연장 근무를 한다.

필수어휘 连 lián 전 ~조차도

TEST

※ 주어진 어휘(어구)를 배열하여 문장을 완성하세요.

1　就　父母　下了课　那儿　了　去　他

➡ _____

2　是因为　我　病　了　没　上班　去

➡ _____

3　喜欢　他　唱几句　会　既　看京剧　又

➡ _____

4　认真地　老师　正在　讲课　听　呢　同学们

➡ _____

5　几家公司　也没　一连　他　工作　去了　找到

➡ _____

6　让妈妈　不可　去超市　张梅　非　跟她　一起

➡ _____

7　站着　在路边　热闹　看　很多人

➡ _____

8　懂　这么　小孩子　都　简单的道理　连

➡ _____

09 비교문

두 가지 대상의 성질이나 정도의 차이를 비교하는 문장이다. 가장 대표적인 비교문은 전치사 比를 사용한 비교문으로, 술어 앞에 부사 还/更을 쓰는 형태가 일반적이다. 하지만 比가 등장하지 않더라도 (没)有/不如/(不)一样/像 등을 이용해 비교를 나타낼 수 있으므로, 이런 단어들이 등장하면 비교문의 어순을 떠올리고 배열해야 한다.

비법 전수

比를 사용한 비교문

1 기본 문형

비교문은 기본 문형을 익혀두지 않으면 문제를 거의 풀 수 없다.

① A比B + 술어 : A는 B보다 ~하다 [긍정형]

这座楼比那座楼高。 이 건물은 저 건물보다 높다.
   A   B

② A不比B + 술어 : A는 B보다 ~하지 않다 [부정형]

这座楼不比那座楼高。 이 건물은 저 건물보다 높지 않다.(= 비슷하다)
   A   B

2 시험에 잘 나오는 패턴

시험에는 기본적인 형태보다는 혼동을 일으키기 쉬운 것들이 출제된다. 따라서 다양한 비교문을 많이 접해두는 것이 좋다.

① 정도보어가 쓰인 비교문

我比他学得好。 나는 그보다 잘 배운다.
我学得比他好。 나는 배우기를 그보다 잘한다.

② A比B + 早/晚/多/少 + 술어 + 수량사 : A는 B보다 ~만큼 일찍/늦게/많이/적게 ~한다

他比我们早来了十分钟。 그는 우리보다 10분 일찍 왔다.
他比我们晚来了十分钟。 그는 우리보다 10분 늦게 왔다.

09 비교문

3 자주 틀리는 사례

기본 문형 외에 두 가지 대상의 차이를 구체적으로 나타내는 표현들이다.

① A比B + 更/还 + 술어: A는 B보다 더 ~하다
A와 B의 차이를 더욱 강조한다.
我比他们还忙。 나는 그들보다 더 바쁘다.

② A比B + 술어 + 수량사: A는 B보다 ~만큼 ~하다
A와 B의 차이를 구체적으로 설명한다.
我比他小三岁。 나는 그보다 세 살 어리다.

③ A比B + 술어 + 一点儿/一些: A는 B보다 조금 ~하다
A와 B의 차이가 크지 않음을 설명한다.
今天比昨天暖和一点儿。 오늘은 어제보다 조금 따뜻하다.

④ A比B + 술어 + 得多/得很/多了: A는 B보다 훨씬 ~하다
A와 B의 차이가 큼을 강조한다.
他比我高得多。 그는 나보다 훨씬 키가 크다.

有/没有를 사용한 비교문

1 기본 문형

① A有B + 술어: A는 B만큼 ~하다 [긍정형]
他说德语有我流利。 그는 독일어를 하는데 나만큼 유창하다.

② A没有B + 술어: A는 B만큼 ~하지 않다 [부정형]
他说德语没有我流利。 그는 독일어를 하는데 나만큼 유창하지 않다.

2 시험에 잘 나오는 패턴

① A有B + 这么/那么 + 술어: A는 B만큼 그렇게 ~하다 [긍정형]
老王踢球踢得有你那么棒。 라오왕은 축구를 너만큼 그렇게 잘한다.

② A 没有 B + 这么/那么 + 술어: A는 B만큼 그렇게 ~하지 않다 [부정형]

老王踢球踢得没有你那么棒。 라오왕은 축구를 너만큼 그렇게 잘하지 못한다.

3 자주 틀리는 사례

A(没)有B。(×)

有가 비교의 의미로 쓰였을 때는 반드시 B의 뒤에 술어가 있어야 한다. 술어가 오지 않는 'A(没)有B' 형태는 'A는 B가 있다(없다)'라는 뜻으로, 여기서 有는 비교가 아니라 소유의 의미가 된다.

我有两本书。 나는 책이 두 권 있다.

不如를 사용한 비교문

1 기본 문형

A不如B: A는 B만 못하다

她的身材不如以前了。 그녀의 몸매는 예전만 못하다.

2 시험에 잘 나오는 패턴

A不如B + 술어: A는 B만큼 ~하지 않다

她做的菜不如我做的好吃。 그녀가 한 요리는 내가 한 것만큼 맛있지 않다.

3 자주 틀리는 사례

A如B。(×)

比자 비교문과 有자 비교문에 부정형과 긍정형이 있다고 해서, 不如를 사용한 비교문에 긍정형 如가 있다고 생각하면 안 된다. 'A如B'라는 문장은 존재하지 않는다.

09 비교문

跟~一样/不一样을 사용한 비교문

1 기본 문형

① A 跟 B + 一样/相同 : A는 B와 같다 [긍정형]

她想的<u>跟</u>我想的<u>一样</u>。 그녀가 생각한 것은 내가 생각한 것과 같다.

② A 跟 B + 不一样/不(相)同 : A는 B와 같지 않다 [부정형]

她想的<u>跟</u>我想的<u>不一样</u>。 그녀가 생각한 것은 내가 생각한 것과 같지 않다(다르다).

2 시험에 잘 나오는 패턴

A 跟 B + 一样/差不多 + 술어 : A는 B와 같이/마찬가지로 ~하다

他的长相<u>跟</u>我爸<u>一样</u>帅。 그의 외모는 우리 아빠같이 잘생겼다.

3 자주 틀리는 사례

A 跟 B + 부사어 + (不)一样/(不)相同

부사(어)는 (不)一样/(不)相同 앞에 위치한다.

她想的<u>跟</u>我想的<u>完全</u><u>不一样</u>。 그녀가 생각한 것은 내가 생각한 것과 완전히 다르다.

像을 사용한 비교문

1 기본 문형

① A 像 B + 这么/那么 + 술어 : A는 B처럼 그렇게 ~하다 [긍정형]

我的房间<u>像</u>她的<u>那么</u>干净。 나의 방은 그녀의 방처럼 그렇게 깨끗하다.

② A 不像 B + 这么/那么 + 술어 : A는 B처럼 그렇게 ~하지 않다 [부정형]

我的房间<u>不像</u>她的<u>那么</u>干净。 나의 방은 그녀의 방처럼 그렇게 깨끗하지 않다.

2 자주 틀리는 사례

A + 부사어 + (不)像 + B

부사(어)는 (不)像 앞에 위치한다.

我儿子已经像他爸爸那么高了。 내 아들은 이미 아이 아빠만큼 그렇게 키가 컸다.

※ 주어진 어휘(어구)를 배열하여 문장을 완성하세요.

| 예제 1 | 什么安慰的话　　温暖　　一个拥抱　　都　　比 | 기출 |

→

STEP 1 단어 해석

什么安慰的话 [관형어] + 조 + 명 무슨 위로의 말　　温暖 형 따뜻하다
一个拥抱 수량 + 동 한 번의 포옹　　都 부 모두
比 전 ~보다

STEP 2 비교문 만들기

▶ 유형: A比什么都~ (A는 무엇보다도 ~하다)

一个 拥抱 + 比 + 什么安慰的话 + 都 + 温暖。
　관형어+주어　　　　　　부사어　　　　　술어

한 번의 포옹은 무슨 위로의 말보다도 따뜻하다.

해설　제시어에서 比를 보고 비교문을 만들어야 함을 알 수 있다. 비교문의 어순을 정리하기 위해서는 기본 유형을 숙지해두어야 한다. 'A比什么都~'는 'A는 무엇보다도 ~하다'라는 뜻으로, 전치사 比 뒤에 비교 대상으로 의문대사를 넣어 'A가 가장 ~함'을 강조하는 형태다.
예 对我来说，健康比什么都重要。 나한테 있어서 건강은 무엇보다도 중요하다.

정답　一个拥抱比什么安慰的话都温暖。 한 번의 포옹은 어떤 위로의 말보다도 따뜻하다.

필수어휘　安慰 ānwèi 동 위로하다, 위로가 되다 | 温暖 wēnnuǎn 형 따뜻하다 | 拥抱 yōngbào 동 포옹하다

PART 1. 문장 완성하기

09 비교문

예제 2 比   北京的   不   内蒙古的   蓝   天空

→

STEP 1 단어 해석

比 전 ~보다   北京的 명+조 베이징의 (것)
不 부 아니다   内蒙古的 명+조 내몽고의 (것)
蓝 형 푸르다   天空 명 하늘

STEP 2 비교문 만들기

▶ 유형: A不比B + 술어(A는 B보다 ~하지 않다)

北京的 + 不 + 比 + 内蒙古的 + 蓝。 베이징의 것이 내몽고의 것보다 푸르다.
  A   B   술어

STEP 3 살 붙이기

北京的 + 天空 + 不 + 比 + 内蒙古的 + 蓝。
 관형어   주어   부사어   술어

베이징의 하늘은 내몽고의 것보다 푸르지 않다.

해설 'A 不比 B~'는 'A는 B보다 ~하지 않다'라는 뜻으로, 완성된 문장의 의미를 잘 생각하여 배열해야 한다. 여기서는 대도시인 베이징의 하늘이 내몽고의 하늘보다 푸를 리 없으므로, **北京的**를 주어의 관형어로, **内蒙古的**를 비교 대상으로 배열한다.
예 我们公司不比他们的好。 우리 회사는 그들의 회사보다 좋지 않다.

정답 北京的天空不比内蒙古的蓝。 베이징의 하늘은 내몽고보다 푸르지 않다.

필수어휘 蓝 lán 형 파랗다, 푸르다 | 天空 tiānkōng 명 하늘

예제 3 有   这座   高   那座楼   这么

→

STEP 1 단어 해석

有 동 있다, ~만큼 되다, ~만하다(계량·비교)　这座 대+양 이 건물
高 형 높다　　　　　　　　　　　　　　那座楼 대+양+명 저 건물
这么 대 이렇게

STEP 2 비교문 만들기

▶ 유형 : A有B + (这么) + 술어(A는 B만큼 (그렇게) ~하다)

那座楼 + 有 + 这座 + 这么 + 高。 저 건물은 이것만큼 이렇게 높다.
　A　　　　　B　　　　　술어

해설　有가 제시된 문제에 这座와 那座처럼 동일한 구조의 어구가 보이면 비교문이 될 가능성이 높다. 'A有B + (这么) + 술어'는 'A는 B만큼 (그렇게) ~하다'라는 뜻이다. 这座는 앞의 那座楼와 공통된 楼 부분이 생략된 형태이므로, 那座楼를 주어 자리에, 这座를 비교 대상 자리에 배열한다.
예 今天下雨有昨天(下雨)那么大。 오늘 비는 어제만큼 그렇게 많이 내린다.

정답　那座楼有这座这么高。 저 건물은 이 건물만큼 그렇게 높다.

필수어휘　座 zuò 양 동, 채[건물을 세는 단위]

예제4　总是　这个孩子　努力　不　别的学生　像　那么

→

STEP 1 단어 해석

总是 부 항상　　　　　　　　　　　　这个孩子 대+양+명 이 아이
努力 동 노력하다　　　　　　　　　　不 부 아니다
别的学生 [관형어]+조+명 다른 학생　像 동 ~와 같다
那么 대 그렇게

STEP 2 비교문 만들기

▶ 유형 : A不像B + 那么 + 술어(A는 B처럼 그렇게 ~하지 않다)

这个孩子 + 不 + 像 + 别的学生 + 那么 + 努力。
　A　　　　　　　B　　　　　　술어
이 아이는 다른 학생들처럼 그렇게 노력하지 않는다.

09 비교문

> **STEP 3 살 붙이기**
>
> 这个 孩子 + 总是 + 不 + 像 + 别的学生 + 那么 + 努力。
>   관형어+주어   부사어   술어
>
> 이 아이는 항상 다른 학생들처럼 그렇게 노력하지 않는다.

해설 (1) 제시어에 **像**과 **那么**가 있으므로 비교문으로 배열한다. 'A**不像**B + **那么** + 술어'는 'A는 B처럼 그렇게 ~하지 않다'라는 뜻이다.

 我吃饭的速度不像他那么快。 나의 밥 먹는 속도는 그처럼 그렇게 빠르지 않다.

(2) 술어 **努力**의 부사어에 **那么**가 있으므로, 노력하는 사람이 **别的学生**이 되고, **这个孩子**가 주어가 되는 것이 자연스럽다.

정답 这个孩子总是不像别的学生那么努力。 이 아이는 늘 다른 학생들처럼 열심히 하지 않는다.

필수어휘 总是 zǒngshì 🖪 늘, 언제나

TEST

✽ 주어진 어휘(어구)를 배열하여 문장을 완성하세요.

1 比   汉语水平   远了   你   差   王力的
   → _____

2 想象的   我   前面的   比   更   挫折   多
   → _____

3 她   好的   没有   我们班   了   比   学习   更
   → _____

4 跟   那件裙子   贵   这件   一样
   → _____

5 这里的   和   风俗习惯   我们那里的   不同   完全
   → _____

6 你们家   好   经济条件   他们家的   不如
   → _____

7 公园   跟普通农舍   山坡上的   相似   茅屋
   → _____

8 妈妈   长得   那样   她   漂亮   像
   → _____

10 보어

보어는 술어 뒤에 놓여, 주어가 술어의 영향을 받아 어떤 상황에 있는지 보충 설명한다. 보어는 모두 술어 뒤에 놓이지만, 목적어는 상황에 따라 보어 앞으로 오기도 하고 뒤에 오기도 한다.

비법 전수

정도보어
술어의 정도가 심한지 아닌지를 나타내는 보어다. 정도보어 문장에는 대부분 구조조사 得가 들어가지만, 그렇지 않은 형태도 있으므로 유의하자.

1 기본 문형

① 긍정형: 주어 + 술어 + 목적어 + 술어 + 得 + 부사어 + 형용사

他跑步跑得很快。 그는 매우 빨리 뛴다.

② 부정형: 주어 + 술어 + 목적어 + 술어 + 得 + 不 + 형용사

他跑步跑得不快。 그는 빨리 뛰지 않는다.

③ 의문형: 주어 + 술어 + 목적어 + 술어 + 得 + 형용사 + 吗?
　　　　　　　　　　　　　　　　　　　　형용사 + 不 + 형용사?
　　　　　　　　　　　　　　　　　　　　怎么样?

他跑步跑得快吗? 　그는 빨리 뜁니까?
他跑步跑得快不快? 　그는 빨리 뜁니까 아닙니까?
他跑步跑得怎么样? 　그는 어떻게 뜁니까?

2 시험에 잘 나오는 패턴

구조조사 得의 뒷부분이 복잡한 구조가 주로 출제된다. 이러한 문장은 대체적으로 뒤에서부터 해석을 하면 매끄럽다.

他们看电视看得忘了吃饭。 그들은 밥 먹는 것도 잊어버릴 정도로 TV를 보았다.
　　　　　　　　　　동목구

他跳舞跳得全身是汗。 그는 온 몸에 땀이 날 정도로 춤을 추었다.
　　　　　　　　주술구

他们商量得热火朝天。 그들은 열띤 토론을 했다.
  성어

🧁 3 자주 틀리는 사례

구조조사 得가 없거나, 기존에 봐왔던 정도보어 구조와 다른 형태. 여러 번 보고 익혀서, 이런 문형도 정도보어의 일종이라는 것을 반드시 알아두자.

① 술어 + 极了/透了/坏了/死了: 매우 ~하다 (정도가 심함)

这条河深极了。 이 강은 상당히 깊다.

事情麻烦透了。 일이 너무 번거롭다.

② 술어 + 多了/得很/得多: 매우 ~하다 (정도가 지나침)

这篇文章难多了。 이 글은 훨씬 어렵다.

今年冬天冷得很。 올 겨울은 매우 춥다.

③ 술어 + 得 + 要死/要命/不行/不得了/了不得: 매우 ~하다 (정도가 최고조에 이름)

这家饭馆的菜咸得要死。 이 음식점의 음식은 너무 짜다.

他气得要命。 그는 매우 화가 났다.

④ 술어 + 得 + 慌: 매우 ~하다 (주로 부정적인 의미)

一整天没吃东西了，饿得慌。 온종일 아무것도 먹지 못해서, 너무 배가 고프다.

天气太潮湿了，闷得慌。 날씨가 너무 습해서, 너무 답답하다.

수량보어

동작의 양을 나타낸다. 동작이 지속된 시간을 보충해주는 시량보어와 동작의 횟수를 보충해주는 동량보어가 있다.

🧁 1 기본 문형

① 시량보어: 동작이 지속된 시간이나 동작 실현 이후 현재까지 경과된 시간을 나타낸다.

★ 목적어가 일반명사일 경우, 시량보어는 목적어 앞에 온다.

어순: 주어 + 술어 + 시량보어 + (的) + 목적어(일반명사)

我看了一个小时(的)电视。 나는 한 시간 동안 TV를 봤다.
  일반명사

10 보어

★ 동사를 반복할 수 있으며, 이때 시량보어는 반복된 두 번째 술어 뒤에 온다.

어순: 주어 + 술어 + 목적어 + 술어 + 시량보어

他们坐火车坐了十个小时。 그들은 기차를 10시간 동안 탔다.

(동사를 반복하는 문장에서 了는 첫 번째 동사 뒤에 넣지 않는다.)

② 동량보어: 동작이 발생한 횟수를 나타낸다. 위치는 목적어 앞이다.

어순: 주어 + 술어 + 동량보어 + 목적어(일반명사)

我看过一次中国电影。 나는 중국영화를 한 번 본 적이 있다.
　　　　　　　일반명사

2 시험에 잘 나오는 패턴

① 시량보어

★ 술어가 去/来/离开/毕业/结婚 등 지속성을 가지지 못하는 비지속성 동사일 경우, 시량보어는 예외없이 목적어 뒤(이합동사의 경우 목적어 부분 뒤)에 온다.

어순: 주어 + 술어 + 목적어 + 시량보어

我们来北京已经五年了。 우리는 베이징에 온 지 벌써 5년이 되었다.
他们结婚三年了。 그들은 결혼한 지 3년이 되었다.

★ 了가 한 개인지, 두 개인지에 따라 문장의 의미가 달라진다. 了는 일반적으로 동사 뒤, 문장 끝에 넣는 것이 원칙이다.

어순1: 주어 + 술어 + 了 + 시량보어 + 목적어

我看了一个小时电视。 나는 한 시간 동안 TV를 봤다. (지금은 보지 않는다.)

어순2: 주어 + 술어 + 了 + 시량보어 + 목적어 + 了

我看了一个小时电视了。 나는 한 시간째 TV를 보고 있다. (지금 TV를 보고 있고, 계속 볼 것이다.)

② 동량보어

목적어가 장소명사인 경우 동량보어는 목적어의 앞이나 뒤에 모두 위치할 수 있다.

어순1: 주어 + 술어 + 동량보어 + 목적어(장소명사)

我们去过三次中国。 우리는 중국에 세 번 가본 적이 있다.
　　　　　　장소명사

어순2: 주어 + 술어 + 목적어(장소명사) + 동량보어

我们去过中国三次。 우리는 중국에 세 번 가본 적이 있다.
　　　　장소명사

3 자주 틀리는 사례

목적어가 인칭대사일 경우, 시량보어와 동량보어는 목적어 뒤에 위치한다. 목적어가 일반 명사일 경우와 반대되는 어순이다.

① **시량보어:** 주어 + 술어 + 목적어(인칭대사) + 시량보어

我等了她半天了。 나는 그녀를 한참 동안 기다렸다.
　　　인칭대사

② **동량보어:** 주어 + 술어 + 목적어(인칭대사) + 동량보어

我见过他两次。 나는 그를 두 번 만난 적이 있다.
　　　인칭대사

결과보어

술어 뒤에서 술어의 결과를 설명해준다.

1 기본 문형

① **긍정형:** 주어 + 술어 + 결과보어(동사/형용사) + 목적어

我看完了这本书。 나는 이 책을 다 봤다.
　술어 + 결과보어(동사)

他们说错了。 그들은 잘못 말했다.
　술어 + 결과보어(형용사)

② **부정형:** 주어 + 没有 + 술어 + 결과보어(동사) + 목적어

我没有看完这本书。 나는 이 책을 다 보지 못했다.

③ **의문형:** 주어 + 술어 + 결과보어(동사) + 목적어 + 了吗/了没有?

你看完这本书了吗? 너는 이 책을 다 봤니?

你看完这本书了没有? 너는 이 책을 다 봤니 안 봤니?

10 보어

🧁 2 시험에 잘 나오는 패턴

결과보어와 수량보어가 결합한 구조가 잘 출제되므로, 반드시 눈에 익혀둔다.

어순: 주어 + 술어 + 결과보어 + 수량보어

我来晚了五分钟。 나는 5분 늦게 왔다.
　　결과보어　수량보어

我长高了五公分。 나는 5센티미터 자랐다.
　　결과보어　수량보어

🧁 3 자주 틀리는 사례

동사와 결과보어 사이에는 어떠한 것도 집어넣어서는 안 된다. 동태조사 了가 동사 뒤에 와야 한다는 점에 집착해서 동사와 결과보어 사이에 동태조사를 넣는 실수를 하지 않도록 하자.

我看了完这本书。(✕) → 我看完了这本书。(○) 나는 이 책을 다 봤다.

방향보어
동작의 진행 또는 발전 방향을 설명해준다.

기본 문형

① 단순방향보어

	来 오다	동작이 말하는 사람에게 가까워지는 방향으로 진행될 때 쓴다.
	去 가다	동작이 말하는 사람으로부터 멀어지는 방향으로 진행될 때 쓴다.
	上 오르다	동작이 위쪽으로 진행될 때 쓴다.
	下 내리다	동작이 아래쪽으로 진행될 때 쓴다.
술어 +	进 들다	동작이 안쪽으로 진행될 때 쓴다.
	出 나다	동작이 바깥쪽으로 진행될 때 쓴다.
	回 돌다	동작이 진행되던 방향으로 되돌아갈 때 쓴다.
	过 지나다	동작이 지나쳐갈 때 쓴다.
	起 일어나다	동작이 일어날 때 쓴다.

他走来了。 그는 걸어 왔다.

② 복합방향보어

	上	下	进	出	回	过	起
来	上来 올라오다	下来 내려오다	进来 들어오다	出来 나오다	回来 돌아오다	过来 지나오다	起来 일어나다
去	上去 올라가다	下去 내려가다	进去 들어가다	出去 나가다	回去 돌아가다	过去 지나가다	

他走进来了。그는 걸어 들어왔다.

2 시험에 잘 나오는 패턴

글자 그대로의 의미보다는 추상적인 의미로 잘 출제된다. 많은 문장을 눈에 익혀 방향보어의 파생적인 의미를 파악해두어야 한다.

① **上来** : 사회적으로 낮은 위치에서 높은 위치로 발전되는 동작을 높은 위치에서 바라볼 때 쓴다.

他们的情况反映上来了吗？ 그들의 상황이 반영되어 올라왔습니까?

② **上去** : 사회적으로 낮은 위치에서 높은 위치로 발전되는 동작을 낮은 위치에서 바라볼 때 쓴다.

我们的困难反映上去了。 우리들의 어려움은 반영되었다.

③ **下来** : 동작이나 상태가 동적인 상태에서 정적인 상태로 변함, 정지·고정되거나 분리됨을 나타낸다.

汽车停下来了。 자동차가 멈춰 섰다.
我都记下来了。 나는 모두 적었다.
请你把衣服脱下来。 옷을 벗으세요.

④ **下去** : 이미 진행되던 동작이 앞으로도 계속됨을 나타낸다.

你一定要坚持下去。 너는 반드시 계속해나가야 한다.

⑤ **出来** : 인식하거나 식별해냄을 나타낸다.

我一眼就认出来他了。 나는 한눈에 그를 알아봤다.

⑥ **过来** : 비정상적인 상태에서 정상적인 상태로 회복됨을 나타낸다.

他醒过来了。 그는 깨어났다.

10 보어

⑦ 过去 : 정상적인 상태에서 비정상적인 상태로 넘어가는 것을 나타낸다.

她昏过去了。 그녀는 기절했다.

⑧ 起来 : 일부 동사 뒤에서 예상·평가 등을 나타낸다.

说起来容易，做起来难。 말하기는 쉽지만, 행동하기는 어렵다.

3 자주 틀리는 사례

① 목적어가 사람이나 사물일 경우

목적어는 방향보어 来/去의 앞이나 뒤에 모두 위치할 수 있다.

어순1: 주어 + 술어 + 방향보어1(上/下/进/出/回/过/起) + 목적어(사람/사물) + 방향보어2(来/去)

妹妹 寄 一封信 来了。 여동생이 편지 한 통을 보내왔다. [단순방향보어]
　　 술어 목적어 방향보어

她 想 出 一个办法 来。 그녀는 한 가지 방법을 생각해냈다. [복합방향보어]
　 술어 방향보어1 목적어 방향보어2

어순2: 주어 + 술어 + 방향보어1(上/下/进/出/回/过/起) + 방향보어2(来/去) + 목적어(사람/사물)

妹妹 寄 来了 一封信。 여동생이 편지 한 통을 보내왔다. [단순방향보어]
　　 술어 방향보어 목적어

她 想 出来 一个办法。 그녀는 한 가지 방법을 생각해냈다. [복합방향보어]
　 술어 방향보어 목적어

② 목적어가 장소명사일 경우

목적어는 방향보어 来/去의 앞에 나와야 한다.

어순: 주어 + 술어 + 방향보어1(上/下/进/出/回/过/起) + 목적어(장소명사) + 방향보어2(来/去)

他们 回 老家 去了。 그들은 고향으로 돌아갔다. [단순방향보어]
　　 술어 장소목적어 방향보어

老师 走 进 办公室 去了。 선생님은 사무실로 걸어 들어가셨다. [복합방향보어]
　　 술어 방향보어1 장소목적어 방향보어2

가능보어

가능 여부를 나타내는 보어다. 대부분 아직 발생하지 않았거나 일반적인 상황을 나타낸다.

1 기본 문형

가능보어를 만드는 대표적인 방법은 동사와 결과보어 사이에 得/不를 쓰거나, 동사와 방향보어 사이에 得/不를 쓰는 것이다. 그러므로 가능보어를 학습하기 전에 반드시 결과보어와 방향보어가 학습되어야 한다.

어순1: 술어 + 得/不 + 결과보어

看得完 다 볼 수 있다 / 看不完 다 볼 수 없다

어순2: 술어 + 得/不 + 방향보어

买得起 살 수 있다 (금전적 여유가 있음) / 买不起 살 수 없다

2 시험에 잘 나오는 패턴

결과보어와 방향보어를 사용한 가능보어 이외에도, 술어 뒤에 得了/不了가 붙은 형태의 가능보어가 잘 출제된다.

어순: 술어 + 得了/不了

走得了 갈 수 있다 / 走不了 갈 수 없다

3 자주 틀리는 사례

정도보어와 가능보어에 모두 구조조사 得를 쓰기 때문에 정도보어와 가능보어를 혼동하기 쉽다. 잘 비교하여 실수하지 않도록 하자.

	정도보어	가능보어
긍정형	술어 + 得 + 부사어 + 형용사 예 他汉语说得很流利。 　그는 중국어를 매우 유창하게 말한다.	술어 + 得 + 결과/방향보어 예 他看得完这本书。 　그는 이 책을 다 볼 수 있다.
부정형	술어 + 得 + 不 + 형용사 예 他汉语说得不流利。 　그는 중국어를 유창하게 말하지 못한다.	술어 + 不 + 결과/방향보어 예 他看不完这本书。 　그는 이 책을 다 볼 수 없다.
정반 의문형	술어 + 得 + 형용사 + 不 + 형용사? 예 他汉语说得流利不流利？ 　그는 중국어를 유창하게 하니?	술어 + 得 + 결과/방향보어 + 술어 + 不 + 결과/방향보어 예 他看得完看不完这本书？ 　그는 이 책을 다 볼 수 있니?

10 보어

전치사구 보어

1 기본 문형

전치사구는 대부분 장소·시간·대상 등을 나타내기 때문에 주어 뒤, 술어 앞에 오는 것이 원칙이지만, 일부 전치사구는 동사 뒤에서 보어 역할을 하기도 한다.

어순: 주어 + 술어 + 보어(전치사+목적어) = 주어 + 부사어(전치사+명사) + 술어

他来自中国。 그는 중국에서 왔다.
　　술어 보어

= 他自(从)中国来。 그는 중국에서 왔다.
　　부사어　　술어

2 시험에 잘 나오는 패턴

전치사 给/向/于/在/到/自/往은 술어의 앞과 뒤에 모두 나올 수 있으므로 주의해야 한다.

어순: 주어 + [给/向/于/在/到/自/往 + 명사] + 술어
　　　　　　　　　　부사어

我打算给他买这本书。 나는 그에게 이 책을 사주려고 한다.
　　　　부사어 술어

어순: 주어 + 술어 + [给/向/于/在/到/自/往 + 명사]
　　　　　　　　　　　보어

我要把这本书还给她。 나는 그녀에게 이 책을 돌려주어야 한다.
　　　　　　　술어 보어

3 자주 틀리는 사례

중국어에서 일반적으로 전치사는 술어 앞에 오는 것이 원칙이며, 술어 뒤에 올 수 있는 전치사는 거의 정해져 있다. 그러므로 술어 뒤에서 보어 역할을 하는 전치사구는 따로 정리하여 외워둔다.

어순: 주어 + 술어 + 보어(전치사 给/向/于/在/到/自/往 + 명사)

这个价格低于大商场。 이 가격은 큰 상점보다 싸다.
　　　　　술어

那个事故发生在韩国。 이 사고는 한국에서 발생했다.
　　　　　술어

비법 트레이닝

✻ 주어진 어휘(어구)를 배열하여 문장을 완성하세요.

예제 1   找   我   了   钥匙   已经   到

→

STEP 1 단어 해석

找 동 찾다   我 대 나   了 조 ~했다
钥匙 명 열쇠   已经 부 이미   到 동 도착하다, 이르다

STEP 2 기본 문장 만들기

我 + 找 + 到 + 钥匙。 나는 열쇠를 찾아낸다.
주어 술어 결과보어 목적어

STEP 3 살 붙이기

我 + 已经 + 找 + 到 + 钥匙 + 了。 나는 이미 열쇠를 찾아냈다.
주어 부사어 술어 결과보어 목적어 어기조사

해설 (1) 결과보어가 쓰인 문장이다. 동사 到가 결과보어로 쓰일 경우 목적 달성의 의미를 가진다. 따라서 找到는 找(찾다)라는 동작이 목적에 도달함, 즉 '찾아냄'을 나타낸다.

(2) '已经~了'는 '이미 ~했다'라는 뜻의 고정구이므로 반드시 기억해둔다. 부사 已经은 술어 앞에, 어기조사 了는 문장 끝에 배열한다.

정답 我已经找到钥匙了。 나는 이미 열쇠를 찾아냈다.

필수어휘 找 zhǎo 동 찾다 | 钥匙 yàoshi 명 열쇠 | 已经 yǐnjing 부 이미 | 到 dào 동 도달하다, 이르다

예제 2   每天晚上   学习   要   三个多   李梅   小时

→

10 보어

STEP 1 단어 해석

每天晚上 명+명 매일 저녁
要 조동 ~해야 한다
李梅 고유 리메이(사람 이름)

学习 동 공부하다
三个多 수량+수 3개 남짓
小时 명 시간

STEP 2 기본 문장 만들기

李梅 + 每天晚上 + 学习。 리메이는 매일 저녁 공부한다.
　주어　　　부사어　　술어

STEP 3 살 붙이기

李梅 + 每天晚上 + 要 + 学习 + 三个多 + 小时。
　주어　　부사어　　　　술어　　시량보어

리메이는 매일 저녁 3시간 남짓 공부해야 한다.

해설
(1) 시량보어가 쓰인 문장이다. 시량보어의 기본형식 '주어+술어+시량보어'에 맞게 배열한다.
　예 我看了三个小时的汉语书。 나는 중국어 책을 세 시간 동안 봤다.
(2) 要는 조동사로, '(습관적으로 늘) ~하곤 하다/해야 하다'라는 뜻이다.
　예 他天天要走这条路。 그는 매일 이 길을 다닌다.
(3) 반복해서 자주 일어나는 동작을 강조할 때, 시간명사는 주어 뒤에 나온다.
　예 他每天去图书馆看书。 그는 매일 도서관에 가서 책을 본다.

정답 李梅每天晚上要学习三个多小时。 리메이는 매일 저녁 3시간 남짓 공부해야 한다.

필수어휘 每天 měitiān 명 매일 | 晚上 wǎnshang 명 저녁 | 学习 xuéxí 동 배우다, 공부하다 | 多 duō 수 여남은, ~ 남짓 | 小时 xiǎoshí 명 시간

예제 3　完美　生活　不　单调的　称　肯定　上

→

STEP 1 단어 해석

完美 형 완벽하다
单调的 형+조 단조로운 (것)
上 명 위 동 오르다

生活 명 생활 동 생활하다
称 동 호칭하다

不 부 아니다
肯定 부 분명히

STEP 2 기본 문장 만들기

生活 + 称 + 不 + 上 + 完美。 생활은 완벽하다 말할 수 없다.
　주어　술어　가능보어　목적어

STEP 3 살 붙이기

单调的 + 生活 + 肯定 + 称 + 不 + 上 + 完美。
관형어 주어 부사어 술어 가능보어 목적어

단조로운 생활은 분명히 완벽하다고 말할 수 없다.

해설 가능보어가 쓰인 문장이다. 가능보어는 '동사+得/不+방향보어'의 형태로 배열한다.
예) 赶得上 따라잡을 수 있다
　　赶不上 따라잡을 수 없다

정답 单调的生活肯定称不上完美。 단조로운 생활은 분명 완벽하다고 말할 수 없다.

필수어휘 完美 wánměi 형 완벽하다 | 生活 shēnghuó 명 생활 동 생활하다 | 单调 dāndiào 형 단조롭다 | 称 chēng 동 칭하다, 일컫다 | 肯定 kěndìng 부 확실히

예제 4　打算　去　朴素珍　韩国　回

STEP 1 단어 해석

打算 동 ~할 계획이다　　去 동 가다　　朴素珍 고유 박소진(사람 이름)
韩国 명 한국　　回 동 돌아가다

STEP 2 기본 문장 만들기

朴素珍 + 回 + 韩国 + 去。 박소진은 한국으로 돌아간다.
주어 술어 목적어 방향보어

STEP 3 살 붙이기

朴素珍 + 打算 + 回 + 韩国 + 去。 박소진은 한국으로 돌아갈 계획이다.
주어 술어 목적어

해설 (1) 방향보어가 쓰인 문장이다. 방향보어가 있는 문장에서 목적어가 장소명사인 경우, 방향보어 来/去는 반드시 목적어 뒤에 두어야 한다.
예) 他走进教室来了。 그가 교실로 걸어 들어왔다.
(2) 打算은 동사구를 목적어로 취하는 동사로, 전체 문장의 술어가 된다.

정답 朴素珍打算回韩国去。 박소진은 한국으로 돌아갈 계획이다.

필수어휘 打算 dǎsuan 동 ~할 작정이다, ~할 계획이다 | 去 qù 동 가다 | 韩国 Hánguó 명 한국 | 回 huí 동 돌아가다

TEST

✽ 주어진 어휘(어구)를 배열하여 문장을 완성하세요.

1　　唱歌　　小红　　唱　　好　　很　　得

➡ _____

2　　见了　　我们俩　　一次　　高中毕业后　　只　　面

➡ _____

3　　一个神话　　取材　　这个电视剧　　于　　[기출]

➡ _____

4　　单位　　才　　经济效益　　人才　　留得住　　好的

➡ _____

5　　我　　认　　一眼　　出来　　就　　他　　了

➡ _____

6　　抽　　心烦　　起　　他　　得　　来　　烟

➡ _____

7　　中国　　我　　了　　多　　来　　一年

➡ _____

8　　回去　　我　　带些　　要　　中国邮票　　给弟弟

➡ _____

PART 2

어휘 또는 사진 보고 작문하기

Part 2 어휘 또는 사진 보고 작문하기

新HSK 5급 쓰기 영역의 제2부분은 총 2문제로, 하나는 제시된 5개의 어휘를 사용해 80자 내외의 작문을 하는 것이고, 다른 하나는 사진을 보고 80자 내외의 연관된 글을 쓰는 것이다. 두 가지 유형 모두 충분한 어휘 실력이 필요하다.

어휘는 문장을 이루는 기본 요소이자 가장 중요한 부분이다. 충분한 어휘력을 갖추지 못하면 자신의 의사를 제대로 표현할 수 없을 뿐만 아니라, 중국인들과 소통할 수도 없다. 시험에 출제되는 어휘의 뜻과 활용법을 제대로 알고 있어야만 그 어휘들을 이용해서 문장을 쓸 수가 있고, 결국에는 완전한 글을 작문할 수 있게 되는 것이다.

어휘를 보고 작문하는 문제를 풀기 위해서는 제시된 어휘들의 의미와 용법을 알고, 그것들을 자연스럽게 연결하여 하나의 스토리로 만드는 훈련이 필요하고, 사진을 보고 작문하는 문제는 단어의 제약이 없는 대신 자신의 어휘력을 최대한 활용하여 사진과 연관된 핵심 어휘를 생각해내 이야기를 만들 수 있어야 한다.

제1 유형 (어휘 문제)

 1 어휘를 파악하고, 전체 스토리를 구상한다.

문제에 제시된 어휘 중에서 자신이 아는 단어와 모르는 단어를 구분한다. 모르는 단어가 있다면 일단 아는 단어 위주로 스토리를 짜보는 것이 좋다. 생각이 정리되지 않은 상태에서 쓰다 보면 도중에 수정을 반복하게 되고, 수정을 하다 보면 답안지도 지저분해지고 시간도 부족할 수 있으므로, 글을 쓰기 전에 스토리를 확실히 구성하여 간략하게 메모해둔다.

2 어휘를 용법에 맞게 사용한다.

문제에 제시된 어휘 외에 작문에 사용하는 다른 단어들도 정확하게 알고 사용해야 한다. 간단하고 적절하며 자신이 확실히 알고 있는 단어를 선택해야만 중심 생각을 명확하게 표현할 수 있다. 내용에 어울리지 않는 단어를 사용하거나 생소한 단어를 잘못 쓰면 감점될 수 있으므로 주의한다.

제2유형 (사진 문제)

1 사진을 자세히 관찰한다.

사진을 볼 때 핵심 포인트는 관찰이다. 사진에서 많은 아이디어를 얻으려면 사진을 단계적으로 관찰해야 한다. 위에서 아래로, 왼쪽에서 오른쪽으로, 전체에서 부분으로의 단계적인 관찰을 거치면 사진에서 보여주는 내용을 면밀히 이해할 수 있다. 먼저 전체적인 시각에서 언제, 어디인지 등 배경을 관찰하고, 누가 등장하는지, 무엇을 하고 있는지 등의 육하원칙을 생각하며 사진 속 상황을 살펴본다. 이렇게 해서 기본 내용을 파악했다면, 그 다음으로 사진의 세부적인 부분을 관찰·분석하고, 사진 속 대상 간의 관계와 사진의 주요 내용을 이해하며 대략적인 스토리를 구상한다.

2 핵심을 파악하고, 적절하게 묘사한다.

작문의 핵심 포인트는 표현이다. 관찰을 통해 사진 속의 핵심을 찾은 다음, 인물의 의상·체형·동작·표정·심리활동 등을 묘사해야 한다면, 사진에 근거해 정확히 묘사한다. 사진 속의 장면은 정지되어 있으므로, 연상을 통해 사진 속 대상을 움직이거나 말하게 하여 움직이는 영화의 한 장면처럼 만들 수 있지만, 주의해야 할 점은 이 모든 것이 반드시 사진 내용과 일치해야 한다는 점이다. 핵심이 되는 몇 가지 사실을 중심으로 사진에 부합하도록 중심 문장을 만들어본다.

3 타당한 상상으로 글의 윤곽을 잡는다.

사진을 관찰하고, 스토리의 뼈대를 잡았다면, 상상력을 첨가하여 하나의 완전한 이야기를 완성한다. 중심 문장 앞뒤에 살을 붙이고, 문맥을 좀더 자연스럽고 매끄럽게 다듬기 위해서는 어느 정도의 상상력이 필요한데, 사진을 보고 작문하는 문제인 만큼 사진과 모순되지 않는 요소들로 보충하는 것이 바람직하다. 시험에 출제되는 사진은 대부분 인물 묘사, 기록, 정물 위주고, 글자 수는 80자 내외로 제한되므로, 한두 문장의 복문이나 5~7개의 단문이면 작문이 완성된다. 사진을 다각도로 관찰하고, 작은 부분까지 놓치지 않고 상상력을 발휘하면 멋진 답안을 쓸 수 있다.

NOTICE!

1. 어법에 맞는 문장을 쓴다.

어려운 단어를 선택했다고 좋은 문장이 써지는 것은 아니다. 글의 전체 흐름을 생각하고 어법에 맞게 제대로 된 문장을 써내는 것이 출제위원들이 가장 중시하는 채점 기준이다.

2. 글자와 문장부호를 정확히 쓴다.

쓰기는 '필법'이라고도 한다. 글자를 흘려 쓰거나 불분명하게 쓰면 점수에 직접적인 영향을 끼칠 수 있으므로, 평소에 중국어 글자를 바르게 쓰는 습관을 기르고, 문장부호도 소홀히 하지 말고 주의 깊게 살펴봐야 한다.

3. 글자 수에 유의한다.

쓰기 문제는 글자 수를 80자 내외로 제한한다. 따라서 평소에 연습할 때도 글자 수에 맞게 쓰는 연습을 해서 시험에서 요구하는 작문 길이에 대한 감각을 익히고 서론·본론·결론의 균형을 잡을 수 있도록 훈련하는 것이 좋다.

4. 답안지는 원고지 작성법에 맞게 깔끔하게 작성한다.

쓰기 제2부분의 답안은 원고지에 작성해야 한다. 따라서 답안지를 작성할 때는 원고지 사용법을 엄수하고, 시간 관리를 잘 하여 최대한 깔끔하게 작성한다. 깔끔하고 정확하게 쓴 글이 채점자에게 좋은 인상을 남기기 때문이다.

5. 스스로 써본다.

평소에 시험의 요구 사항에 맞게 작문하는 연습을 많이 해둔다. 여러 형태의 작문과 자료를 찾아서 읽어보거나, 좋은 문장을 암기하고 써보는 것도 좋다. 머릿속으로 생각만 하는 것보다 직접 써보는 것이 실전 적응력을 높일 수 있으며, 많이 써볼수록 글씨 쓰는 속도도 빨라지므로 시간 단축에도 유리하다.

01 어휘 보고 작문하기

비법 전수

STEP 1   어휘의 뜻과 품사를 파악하자!

제시된 어휘의 뜻과 품사를 파악하는 것은 문장을 만드는 데 중요한 열쇠가 된다. 어휘의 뜻을 모르면 스토리를 연상하거나 구성할 수 없고, 품사를 모르면 주어나 목적어로 쓸 것인지, 술어로 쓸 것인지 알 수 없어 문장을 만들기 어렵기 때문이다. 어휘의 뜻과 품사를 정확히 파악해야 서로 자연스럽게 연결될 수 있는 핵심 어휘를 선정할 수 있다.

STEP 2   핵심 어휘를 찾아 핵심 문장을 만들자!

어휘의 뜻과 품사를 파악했다면, 스토리가 자연스럽게 이어질 수 있도록 연관성 있는 핵심 어휘를 몇 개 선정한 다음, 핵심이 되는 문장을 간단하게 써보자.

| 핵심 어휘 선정 방법 |
1. 글의 주제, 또는 중심 내용이 될만한 단어를 고른다.
2. 단어끼리 연관성이 있거나 의미를 연결할 수 있는 것을 고른다.
3. 주어, 술어, 목적어가 될 수 있는 명사나 동사 위주로 고른다.

STEP 3   핵심 요소로 주요 스토리를 구상해보자!

핵심 문장을 만들었다면, 문장 간의 연관성을 살펴본 후, 다음 4요소에 맞게 사건의 주요 스토리를 생각해보자.

| 스토리 구성의 4요소 |
1. 시간   2. 장소   3. 등장인물   4. 핵심 내용

STEP 4   남겨진 어휘를 활용하자!

핵심 문장을 만들 때 사용하지 않은 남은 어휘를 글의 흐름에 맞게 글 속에 포함시킨다. 보통 남겨진 한두 개의 어휘를 해결하는 데 많은 시간을 뺏기게 되는데, 그것은 시험에서 종종 그다지 연관성이 없어 보이는 어휘가 함께 제시되기 때문이다. 하지만 이는 수험생의 논리적 사고 능력과 상상력을 테스트하려는 것이므로 비관하거나 겁낼 필요는 없다.

STEP 5 '서론 – 본론 – 결론'의 순서로 이야기를 전개해보자!

보통 80자 작문은 5~7문장 정도면 완성된다. 제시된 어휘를 사용하여 만든 문장을 구성한 스토리에 맞게 서론, 본론, 결론의 순서대로 배열한다.

 STEP 6 하나의 완성된 이야기를 80자 내외로 작문하자!

단순한 문장의 나열이 되지 않도록 살을 붙이는 과정이다. 각 문장의 자연스러운 연결에 주의하고 어법에 유의하면서 완성도 있는 글로 다듬는다. 고득점을 원한다면 적절한 접속사와 고급 어휘를 사용하는 것이 유리하지만, 잘 모르는 고급 어휘를 섣불리 사용하다가 오류를 범한다면 오히려 감점을 받을 수 있으므로, 확신이 있는 어휘만 신중하게 사용한다.

> **NOTICE!**
>
> 제시된 어휘들만 가지고 글을 쓰려고 한다면 막막할 수 있다. 제시된 어휘는 순서를 조정할 수는 있지만, 80자 내외의 글 속에 반드시 모두 포함되어야 한다. 글자 뜻에만 연연하여 보편적인 문장만 떠올리지 말고, 적당한 상상을 통해 언어 환경을 만들고 어휘를 응용하는 것이 좋다. 각 어휘의 연관성, 논리성을 종합적으로 고려하여 멋진 글을 만들어보자.

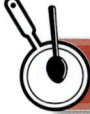
비법 트레이닝

✱ 다음 제시된 어휘를 모두 사용하여 80자 내외의 글을 완성하세요.

예제 1   结账   干脆   感谢   临时   海鲜

작문 예시

STEP 1 어휘 파악하기

结账 jiézhàng 통 장부를 결산하다, 계산하다 → **술어 가능**
干脆 gāncuì 부 아예, 차라리 형 명쾌하다, 시원스럽다 → **부사어, 술어 가능**
感谢 gǎnxiè 통 감사하다 [말이나 행동으로 고마움을 표시함] → **술어 가능**
临时 línshí 부 때가 되어서, 갑자기 형 임시의 → **부사어 가능**
海鲜 hǎixiān 명 (식품으로 쓰이는) 해산물 → **주어, 목적어 가능**

STEP 2 핵심 어휘로 핵심 문장 만들기

핵심 어휘: 结账 계산하다, 感谢 감사하다, 海鲜 해산물
结账: 同事结账。   동료가 계산한다.
感谢: 我感谢她。   나는 그녀에게 고맙다.
海鲜: 同事请我吃海鲜。   동료가 내게 해산물을 대접한다.

STEP 3 스토리 구상하기

시간: 周五 금요일
장소: 一家海鲜饭店 한 해산물 식당
등장인물: 我和同事 나와 직장 동료
핵심 내용: 在餐厅同事请我吃海鲜，我感谢她。
　　　　　 식당에서 동료가 나에게 해산물을 대접하고, 나는 그녀에게 감사한다.

01 어휘 보고 작문하기

STEP 4 남은 어휘 활용하기

临时: 她**临时**有事，先回家了。　　그녀는 갑자기 일이 생겨서 먼저 집으로 갔다.
干脆: 我**干脆**也直接回家了。　　나도 아예 바로 집으로 왔다.

STEP 5 이야기 순서대로 전개하기

서론: 사건이 시작하는 단계로, 앞에서 정리한 요소들을 중심으로 이야기를 이끌어낸다.

　　　周五下班后，同事请我吃**海鲜**。　금요일에 퇴근 후, 동료가 나에게 해산물을 대접했다.

본론: 사건이 진행되는 부분이므로, 핵심 문장을 참고하여 이야기를 만든다.

　　　我们边吃边聊，我很**感谢**她。　우리는 식사를 하며 이야기를 나눴고, 나는 그녀에게 매우 고마웠다.
　　　饭后她**结帐**，我要请她去唱歌。
　　　밥을 먹은 후 그녀가 계산을 했고, 나는 그녀에게 노래를 부르러 가자고 하려 했다.
　　　可是她接到一个电话，说她家里**临时**有事。
　　　하지만 그녀는 전화 한 통을 받고 집에 갑자기 일이 생겼다고 했다.

결론: 마지막은 한 문장으로 이야기를 마무리한다.

　　　我不想一个人去唱歌，**干脆**也……　나도 혼자 노래를 부르러 가기 싫어서, 아예 ~했다.

STEP 6 작문하기

	周	五	下	班	后	，	我	的	同	事	请	我	吃	海
鲜	。	我	们	边	吃	边	聊	，	非	常	高	兴	。	为 了
感	谢	她	，	我	打	算	饭	后	请	她	去	唱	歌	。 可
就	在	她	结	帐	时	，	接	到	一	个	电	话	，	说 她
家	里	临	时	有	事	，	要	先	回	家	。	我	不	想 自
己	一	个	人	去	唱	歌	，	干	脆	也	回	家	了	。

해석 금요일 퇴근 후, 동료가 나에게 해산물을 대접했다. 우리는 식사를 하며 이야기를 나눴고, 아주 즐거웠다. 나는 그녀에게 고마움을 표하기 위해 식사 후에 노래를 부르러 가자고 하려 했다. 그러나 그녀가 계산을 할 때 전화 한 통을 받았고, 집에 갑자기 일이 생겼다며 먼저 집에 가야 한다고 했다. 나도 혼자 노래를 부르러 가기 싫어서 아예 집으로 돌아왔다.

작문평

海鲜(해산물), 结账(계산하다), 感谢(감사하다)를 연관성 있는 단어로 보고 스토리를 만들었다. 누군가에게 感谢한다는 상황을 이끌어내기 위해 请(청하다)과 같은 단어를 쓴 것도 좋은 생각이다. 다른 단어들과 상대적으로 연관성이 적어 보이는 临时(임의로, 갑자기), 干脆(아예)는 이야기에 반전을 주는 요소로 사용했다. 글의 흐름을 유창하게 하기 위해 边A边B(A하면서 B하다)나 为了(~하기 위해서), 可(그러나) 같은 복문 구조를 사용한 것도 고득점에 도움이 된다. 동료의 성별을 她(그녀: 여자)로 정했으면 他(그: 남자)와 혼용하지 않도록 주의한다.

보충어휘 边~边~ biān~biān~ ~하면서 ~하다 | 为了 wèile 젠 ~을 위해 | 可 kě 문 그러나, 하지만 | 在~时 zài~shí ~할 때

다시 풀기

✱ 앞의 방법에 따라 다른 줄거리로 다시 작문해보세요.

结账   干脆   感谢   临时   海鲜

STEP 1 제시된 어휘의 뜻과 품사, 용법을 아는 대로 적어보세요.

结账 _____
干脆 _____
感谢 _____
临时 _____
海鲜 _____

STEP 2 핵심 어휘를 골라 핵심 문장을 만들어보세요.

핵심 어휘 : _____
　　　: _____
　　　: _____
　　　: _____

01 어휘 보고 작문하기

STEP 3 대략의 스토리 구상해보세요.

시간 : _____

장소 : _____

등장인물 : _____

핵심 내용 : _____

STEP 4 나머지 어휘를 사용해 스토리에 적합한 문장으로 만들어보세요.

▢ : _____

▢ : _____

▢ : _____

STEP 5 이야기를 순서대로 정리해보세요.

서론 (사건의 시작)
_____

본론 (사건의 진행)
_____
_____
_____

결론 (사건의 마무리)

STEP 6 전체 글을 작문하세요.

도움말

스토리 구상 힌트

① 临时决定吃海鲜。 일단은 해산물을 먹기로 결정했다.
② 刚要结账时，发现单子里多写了一道菜。
   막 계산하려고 할 때, 주문서에 요리가 하나 더 적힌 것을 발견했다.
③ 服务员得到了原谅并感谢我们给她的机会。
   종업원은 용서를 받고, 우리가 그녀에게 기회를 준 것에 감사했다.

어휘 활용 힌트

结帐： ① 他在结账时，发现没有带钱包。
   그는 계산할 때, 지갑을 가져오지 않은 것을 발견했다.
② 他们俩争相去结账。 그들 둘은 서로 계산하러 간다고 티격태격한다.
③ 一个女的去结账，然后服务员说她的百元大钞是假的。
   한 여자가 계산을 하러 갔고, 그 후 종업원은 그녀가 낸 100위엔 짜리 지폐가 가짜라고 말했다.
④ 那个人在我们饭店消费的1500多元，可是没结账就溜走了。
   그 사람은 우리 호텔에서 1500위엔을 넘게 썼는데, 한 푼도 계산하지 않고 도망갔다.
⑤ "先生，您还没有结账呢！"服务员小心翼翼地提醒道。
   "선생님, 아직 계산 안 하셨습니다!" 종업원이 조심스럽게 알려주었다.

干脆： ① 他办事很干脆，从不拖泥带水。
   그는 일 처리가 시원시원해서 질질 끌어본 적이 없다.
② 你想减肥的话，干脆不要吃饭。
   네가 다이어트를 하고 싶다면 아예 밥을 먹지 마라.
③ 你回家还要做饭，干脆和我们一起吃吧。
   네가 집에 가도 밥을 해야 하니, 아예 우리와 함께 먹자.
④ 如果你想在家吃，干脆我们自己动手做吧。
   네가 집에서 먹고 싶다면, 우리 아예 직접 만들자.
⑤ 他建议经理干脆把那个服务员炒了。
   그는 사장에게 아예 그 종업원을 해고하라고 건의했다.

01 어휘 보고 작문하기

感谢: ① 我应该感谢经理给我的照顾。
　　　　나는 사장님이 나를 돌봐주신 것에 감사해야 한다.

　　　② 我想感谢的人太多了。　나는 감사하고 싶은 분이 너무 많다.

　　　③ 我感谢他一直以来给我的照顾。
　　　　나는 그가 계속 나를 돌봐준 것에 대해 감사한다.

　　　④ 你不需要感谢我，这只是举手之劳。
　　　　나한테 고마워할 것 없어. 이건 그냥 쉬운 일이었어.

　　　⑤ 你要真心感谢帮助过你的人。
　　　　너는 너를 도와줬던 사람에게 진심으로 감사해야 한다.

临时: ① 我临时有事，不能陪你吃饭了。
　　　　나는 갑자기 일이 생겨서 너랑 같이 밥을 먹을 수가 없어.

　　　② 他们临时让我去帮忙找文件。
　　　　그들은 잠시 내게 서류 찾는 것을 도우러 가달라고 했다.

　　　③ 我没带钱包，临时向他借了五百块。
　　　　나는 지갑을 가져오지 않아서, 그에게 500 위엔을 잠시 빌렸다.

　　　④ 因为天气恶劣，约会临时取消了。
　　　　날씨가 나빠서 약속이 일단 취소되었다.

　　　⑤ 前面道路发生了交通事故，我们只好临时改变路线。
　　　　앞쪽 도로에서 교통 사고가 나서 우리는 어쩔 수 없이 임시로 길을 바꿨다.

海鲜: ① 这家做的海鲜很好吃。 이 집에서 만든 해산물 요리는 무척 맛있다.

　　　② 她一吃海鲜，就容易过敏，脸上长红痘痘。
　　　　그녀는 해산물을 먹으면 알레르기가 생기기 쉬워, 얼굴에 붉은 수포가 생긴다.

　　　③ 青岛的海鲜很有名。 칭다오의 해산물은 매우 유명하다.
　　　④ 海鲜是我最爱吃的食物。 해산물은 내가 가장 좋아하는 음식이다.
　　　⑤ 最近海鲜价格大涨。 최근 해산물 가격이 많이 올랐다.

고득점 표현

▶ **시간을 나타내는 표현**

~的时候 ~할 때	예 我上大学的时候认识了他。 나는 대학 다닐 때 그를 알게 됐다.
~以后 ~이후	예 写完作业以后我去河边散步了。 숙제를 끝낸 후 나는 강가로 산책하러 갔다.
正当~时 마침 ~할 때	예 正当我要出门时，外面下了大雨。 마침 내가 집을 나서려고 할 때 밖에 비가 내렸다.

▶ **병렬관계를 나타내는 표현**

一边~ 一边~ ~하면서 ~하다	예 他一边看电视一边吃饭。 그는 TV를 보면서 밥을 먹는다.
既~ 又~ ~하고 ~하다	예 这里的菜既好吃又便宜。 이곳의 요리는 맛있고 싸다.

▶ **자연스러운 연결을 나타내는 표현**

于是 그래서	예 我们都想吃汉堡包，于是就去了麦当劳。 우리는 모두 햄버거가 먹고 싶어서 맥도날드에 갔다.
那么 그렇다면	예 你想去外面玩，那么就去吧！ 네가 밖에 나가 놀고 싶다면 가라!
这样 이렇게	예 我们经常一起打篮球，这样渐渐就成了好朋友。 우리는 자주 함께 농구를 했고, 그렇게 점점 좋은 친구가 되었다.

▶ **전환관계를 나타내는 표현**

可是 / 但是 그러나, 하지만	예 我想去中国留学，可是妈妈不让我去。 나는 중국에 유학을 가고 싶지만, 엄마가 가지 못하게 하신다.
不过 그렇지만	예 我可以借给你我的自行车，不过你下午必须得还我。 나는 내 자전거를 네게 빌려줄 수 있지만, 오후에는 꼭 돌려줘야 해.
其实 사실은	예 大家都以为她是自然美人，其实她做了整容手术。 다들 그녀가 자연 미인이라고 생각하지만, 사실 그녀는 성형수술을 했다.

01 어휘 보고 작문하기

예제 2 　宿舍　理解　坦率　开心　帮助

• 작문 예시 •

STEP 1　어휘 파악하기

宿舍 sùshè 명 기숙사 → 주어, 목적어 가능
理解 lǐjiě 동 이해하다 → 술어 가능
坦率 tǎnshuài 형 솔직하다, 정직하다 → 부사어, 관형어, 술어 가능
开心 kāixīn 형 (기분이) 즐겁다, 유쾌하다 → 부사어, 관형어, 술어 가능
帮助 bāngzhù 동 (육체적·물질적·정신적으로) 돕다, 도와주다, 지원하다 → 술어 가능

STEP 2　핵심 어휘로 핵심 문장 만들기

핵심 어휘: 宿舍 기숙사, 理解 이해하다, 帮助 돕다
宿舍: 我们住在一个宿舍里。　우리는 한 기숙사에 산다.
理解: 互相理解 서로 이해한다
帮助: 互相帮助 서로 돕는다

STEP 3　스토리 구상하기

장소: 宿舍 기숙사
등장인물: 我和刘芳 나와 리우팡
핵심 내용: 住在一个宿舍里要互相理解、互相帮助。　한 기숙사에 살면서 서로 이해하고 도와야 한다.
▶ 특정한 시간을 정하지 않고 일상적인 이야기를 만들 수도 있다.

STEP 4　남은 어휘 활용하기

开心: 我和刘芳聊得很开心。　나와 리우팡은 즐겁게 얘기를 나눈다.
坦率: 坦率地说，我对她的第一印象并不好。　솔직히 말하면 나는 그녀에 대한 첫인상이 좋지 않았다.

STEP 5　이야기 순서대로 전개하기

서론: 사건이 시작하는 단계로, 앞에서 정리한 요소들을 중심으로 이야기를 이끌어낸다.
　　　我和新搬来的刘芳聊得很开心。　나와 새로 이사 온 리우팡은 즐겁게 얘기를 나눈다.

본론: 사건이 진행되는 부분이므로, 핵심 문장을 참고하여 이야기를 만든다.

坦率地说，我对她的第一印象并不好。 솔직히 말하면 나는 그녀에 대한 첫인상이 좋지 않았다.
后来我逐渐喜欢上了她。 나중에 나는 그녀를 좋아하게 되었다.

결론: 마지막은 한 문장으로 이야기를 마무리한다.

我觉得住在一个宿舍里要互相理解、互相帮助。
나는 한 기숙사에 살면서 서로 이해하고 도와야 한다고 생각한다.

STEP 6 작문하기

		我	和	新	搬	来	的	刘	芳	聊	得	很	开	心	。
坦	率	地	说	，	我	对	她	的	第	一	印	象	并	不	好，
可	后	来	我	逐	渐	喜	欢	了	这	个	性	格	开	朗	的
女	孩	子	。	我	觉	得	住	在	一	个	宿	舍	里	，	只
有	互	相	理	解	、	互	相	帮	助	，	才	能	和	睦	相
处	、	快	乐	地	生	活	。								

해석 나와 새로 이사 온 리우팡은 즐겁게 얘기를 나눈다. 솔직히 말하면 나는 그녀에 대한 첫인상이 결코 좋지 않았다. 하지만 나중에는 점차 이 명랑한 성격의 여자아이를 좋아하게 되었다. 나는 한 기숙사에 살면서 서로 이해하고 서로 도와야지만 화목하게 지내고 즐겁게 생활할 수 있다고 생각한다.

작문팁

宿舍(기숙사), 理解(이해하다), 帮助(돕다)를 이용해 공동생활이라는 주제를 이끌어냈다. 공동생활은 일상적인 묘사가 가능하므로 특정한 시간은 설정하지 않았다. 开心(즐겁다)과 坦率(솔직하다)는 별로 상관이 없어 보이지만, 현재의 开心한 생활에 대해 '솔직히 말해 처음에는 어땠다'는 식으로 坦率를 활용했다. 도입부에는 聊得很开心 형태의 정도보어를 썼고, 刘芳이라는 등장인물은 新搬来的(새로 이사 온)나 性格开朗的女孩子(성격이 명랑한 여자아이) 등을 사용해 생동감 있게 묘사했다. 결말 부분에 只有A才能B(A해야만 비로소 B할 수 있다)를 사용해 자신의 생각을 제시함으로써 작문의 수준을 높여주었다. 坦率地说, 快乐地生活에서 동사를 수식하는 부사어의 구조조사는 地를 썼다. 기본적인 사항이지만 평소에 잘 훈련되지 않으면 실수하기 쉽다. 둘째 줄 마지막 칸에서 쉼표(,)의 위치와 '互相理解、互相帮助'처럼 대등한 동사구의 나열에서 모점(、)을 쓴 것 등도 유의해서 본다.

보충어휘 对 duì 전 ~에 대해 | 第一印象 dì yī yìnxiàng 첫인상 | 逐渐 zhújiàn 부 점차 | 开朗 kāilǎng 형 명랑하다 | 只有~才能~ zhǐyǒu~ cái néng~ ~해야만 비로소 ~할 수 있다 | 和睦 hémù 형 화목하다

01 어휘 보고 작문하기

다시 풀기

✱ 앞의 방법에 따라 다른 줄거리로 다시 작문해보세요.

> 宿舍　理解　坦率　开心　帮助

STEP 1 제시된 어휘의 뜻과 품사, 용법을 아는 대로 적어보세요.

宿舍 _____

理解 _____

坦率 _____

开心 _____

帮助 _____

STEP 2 핵심 어휘를 골라 핵심 문장을 만들어보세요.

핵심 어휘 : _____

　　　　 : _____

　　　　 : _____

　　　　 : _____

STEP 3 대략의 스토리 구상해보세요.

시간 : _____

장소 : _____

등장인물 : _____

핵심 내용 : _____

STEP 4 나머지 어휘를 사용해 스토리에 적합한 문장으로 만들어보세요.

　　　　 : _____

　　　　 : _____

　　　　 : _____

STEP 5 　이야기를 순서대로 정리해보세요.

서론(사건의 시작)

_____

본론(사건의 진행)

_____

_____

_____

결론(사건의 마무리)

_____

STEP 6 　전체 글을 작문하세요.

도움말

스토리 구상 힌트

① 我住单身宿舍，小王是我的舍友。　나는 싱글 기숙사에 살고, 샤오왕은 내 기숙사 친구다.
② 他既坦率又热情，总会帮助有困难的人。　그는 정직하고 열정적이어서, 늘 어려운 사람을 돕는다.
③ 我认为他的爱心能使他更开心。　나는 그의 사랑하는 마음이 그를 더욱 즐겁게 만든다고 생각한다.

01 어휘 보고 작문하기

> **어휘 활용 힌트**

宿舍: ① 我在公司的单身宿舍住了六年。 나는 회사의 1인 기숙사에 6년 동안 살았다.
② 学校里的宿舍条件很好。 학교의 기숙사는 조건(환경)이 매우 좋다.
③ 工厂为员工提供宿舍。 공장은 직원에게 기숙사를 제공한다.
④ 她把自己的宿舍装修得很漂亮。 그녀는 자신의 기숙사를 매우 예쁘게 꾸몄다.
⑤ 我的宿舍在五楼。 내 기숙사는 5층에 있다.

理解: ① 我理解你一个人生活的难处。 나는 너의 혼자 사는 어려움을 이해한다.
② 在同一个空间生活要相互理解。 같은 공간에서 생활하려면 서로 이해해야 한다.
③ 他很理解我放弃这个机会。 그는 내가 이번 기회를 포기하는 것을 매우 이해해준다.
④ 我真不理解你的房间怎么总是这么乱。
나는 네 방이 어째서 항상 그렇게 어수선한지 정말 이해를 못하겠다.
⑤ 没人理解他总是跟别人作对。 그가 늘 다른 사람과 맞서는 것을 이해하는 사람은 없다.

坦率: ① 他坦率地告诉我，他不想参加同学的生日会。
그는 자신이 친구의 생일파티에 참석하고 싶지 않다고 나에게 솔직히 말했다.
② 请原谅我这么坦率。 나의 솔직함을 이해해줘.
③ 她总是坦率地对待每一个人。 그녀는 늘 진솔하게 모든 사람들을 대한다.
④ 人和人相处，最重要的是坦率和真诚。
사람과 사람이 어울릴 때 가장 중요한 것은 솔직하고 진실한 것이다.
⑤ 我们一定要坦率做人。 우리는 반드시 솔직한 사람이 되야 한다.

开心: ① 我在上海度过了开心的一天。 나는 상하이에서 즐거운 하루를 보냈다.
② 他是个乐天派，每天都很开心。 그는 낙천적인 스타일이라 매일 즐겁다.
③ 路上偶然遇见老同学，非常开心。
길에서 우연히 옛 동창을 만나서 무척 기뻤다.
④ 他开心地接过家里来的信。 그는 집에서 온 편지를 즐겁게 받았다.
⑤ 我们开心地举行了一次教师节晚会。 우리는 즐겁게 스승의 날 파티를 열었다.

帮助: ① 她经常帮助那些有困难的同学。 그녀는 어려움이 있는 친구를 자주 돕는다.
② 我很高兴可以帮助你。 나는 너를 도울 수 있어서 기뻐.
③ 如果你能帮助她，她一定会非常感谢你的。
만약 네가 그녀를 도울 수 있다면, 그녀는 분명 너에게 굉장히 고마워 할 거야.
④ 我帮助他把宿舍里收拾了一下。 나는 그를 도와 기숙사 안을 좀 정리했다.
⑤ 留学期间当他遇到危险的时候，外国朋友帮助了他。
유학 기간에 그가 위험에 부딪혔을 때, 외국 친구가 그를 도와주었다.

고득점 표현

▶ 인과관계를 나타내는 표현

因此 이 때문에, 그로 인해	예 他太爱面子了，因此对朋友说了谎话。 그는 너무 체면을 중시해서, 그로 인해 친구에게 거짓말을 했다.
因为~所以~ ~해서(~때문에) ~하다	예 因为你的帮助，所以我才顺利通过考试。 네 도움으로 나는 시험에 무사히 통과했다.
既然~就~ 이왕 ~한 바 에야(~한 이상) ~	예 既然你已经报名了，那就争取获得冠军。 기왕 네가 이미 등록을 했으니, 1등을 하도록 노력해라.

▶ 조건관계를 나타내는 표현

只要~就~ (오직) ~하기만 한다면 곧 ~	예 只要你认为对的事情，就努力去做吧。 네가 맞다고 생각하는 일이라면 열심히 해라.
只有~才~ (오직) ~해야만 ~하다	예 只有真心地付出，才能得到实在的回报。 오직 진심으로 베풀어야만 실질적인 보답을 받을 수 있다.
无论~都~ ~에도 불구하고 (관계없이/막 론하고) 모두 ~	예 无论他是工人还是经理，都应该得到你的尊重。 그가 근로자든 사장이든 막론하고 모두 너의 존중을 받아야 한다.

01 어휘 보고 작문하기

예제 3 信心 扩大 成立 服务 谦虚

● 작문 예시 ●

STEP 1 어휘 파악하기

信心 xìnxīn 몡 자신, 확신, 신념, 믿음 → **주어, 목적어 가능**
扩大 kuòdà 동 (범위·세력·영향·규모 등을) 넓히다, 늘리다, 확대하다 → **술어 가능**
成立 chénglì 동 (조직·기구를) 결성하다, 수립하다, 세우다 → **술어 가능**
服务 fúwù 동 (단체나 사람을 위해서) 봉사하다, 서비스하다 → **술어, 주어 가능**
谦虚 qiānxū 형 겸허하다, 겸손하다 → **부사어, 관형어, 술어 가능**

STEP 2 핵심 어휘로 핵심 문장 만들기

핵심 어휘 : 扩大 확대하다, 成立 설립하다, 服务 서비스하다
扩大 : 为了扩大产品的知名度…… 제품의 지명도를 확산하기 위해 ~
成立、服务 : 公司成立了产品服务中心。 회사가 제품 서비스 센터를 설립했다.

STEP 3 스토리 구상하기

등장인물 : 公司 회사
핵심 내용 : 公司成立了产品服务中心。 회사에서 제품 서비스 센터를 설립했다.
▶ 구체적인 시간과 장소를 정하지 않고 비교적 일반적인 글을 쓸 수도 있다.

STEP 4 남은 어휘 활용하기

谦虚 : 客服人员态度要谦虚。 접객 담당자의 태도는 겸손해야 한다.
信心 : 顾客对产品的信心大增。 제품에 대한 고객의 믿음이 크게 증가했다.

STEP 5 이야기 순서대로 전개하기

서론 : 사건이 시작하는 단계로, 앞에서 정리한 요소들을 중심으로 이야기를 이끌어낸다.
　　　我们公司为了扩大产品的知名度成立了产品服务中心。
　　　우리 회사는 제품의 지명도를 확산하기 위해서 제품 서비스 센터를 설립했다.

본론 : 사건이 진행되는 부분이므로, 핵심 문장을 참고하여 이야기를 만든다.

客服人员要求做到态度谦虚。 접객 담당자는 태도가 겸손할 것이 요구되었다.
顾客对产品的信心大增。 제품에 대한 고객의 믿음이 크게 증가했다.

결론 : 마지막은 한 문장으로 이야기를 마무리한다.

本月的销量超出前两个月。 이번 달 판매량은 이전 두 달을 넘어섰다.

STEP 6 작문하기

	我	们	公	司	为	了	扩	大	产	品	的	知	名	度，
专	门	成	立	了	产	品	服	务	中	心	。	客	服	人	员
要	求	做	到	：	态	度	认	真	、	谦	虚	，	用	专	业
知	识	回	答	顾	客	的	提	问	。	因	为	顾	客	对	产
品	的	信	心	大	增	，	本	月	的	销	量	已	经	超	出
前	两	个	月	的	总	和	。								

해석 우리 회사는 제품의 지명도를 확산하기 위해 특별히 제품 서비스 센터를 설립했다. 접객 담당자들은 성실하고 겸손한 태도와 전문 지식으로 고객들의 질문에 답할 것이 요구되었다. 제품에 대한 고객들의 믿음이 크게 증가했기 때문에 이번 달 판매량은 이미 이전 두 달의 합을 넘어섰다.

작문팁

扩大(확대하다), 成立(설립하다), 服务(서비스하다)에서 기업의 사업 확장이라는 주제를 연상해냈다. 기업의 일반론에 대해 쓸 수 있으므로 구체적인 시간과 장소는 정하지 않았다. 谦虚(겸손하다)와 信心(믿음)은 이 주제와 연관성이 적어 보이지만, 기업의 영업에는 기업가뿐만 아니라 근로자, 고객, 제품 등 여러 가지 참여 요소가 있으므로, 다각도에서 접근한다면 어렵지 않게 문장을 만들 수 있다. 회사는 왜 제품 서비스 센터를 설립했는지, 서비스 센터 직원들은 어떠했는지, 센터 설립의 결과는 어땠는지 등의 문맥을 생각하며 스토리를 연결해간다. 为了(~하기 위해서), 因为(~ 때문에)를 사용한 복문 구조와 专门(특별히), 已经(이미) 등의 부사, 知名度(지명도), 客服(접객), 大增(크게 증가하다), 总和(총계, 총합) 등 난이도 있는 단어가 고득점을 위해 사용됐다. 접객 담당자들이 요구받은 사항을 쌍점(:)을 이용해 제시한 것도 중국어 문장부호를 잘 활용한 예다.

보충어휘 知名度 zhīmíngdù 몡 지명도 | 专门 zhuānmén 튄 특별히, 일부러 | 客服 kèfú 고객 서비스 | 做到 zuòdào 동 이루다, 성취하다 | 用 yòng 동 사용하다 | 专业 zhuānyè 몡 전문적이다 몡 전공 | 增 zēng 동 늘다, 증가하다 | 销量 xiāoliàng 몡 판매량 | 超出 chāochū 동 초과하다, 벗어나다 | 总和 zǒnghé 몡 총계

01 어휘 보고 작문하기

다시 풀기

✱ 앞의 방법에 따라 다른 줄거리로 다시 작문해보세요.

> 信心   扩大   成立   服务   谦虚

STEP 1 제시된 어휘의 뜻과 품사, 용법을 아는 대로 적어보세요.

信心 _____

扩大 _____

成立 _____

服务 _____

谦虚 _____

STEP 2 핵심 어휘를 골라 핵심 문장을 만들어보세요.

핵심 어휘 : _____

⬜ : _____

⬜ : _____

⬜ : _____

STEP 3 대략의 스토리 구상해보세요.

시간 : _____

장소 : _____

등장인물 : _____

핵심 내용 : _____

STEP 4 나머지 어휘를 사용해 스토리에 적합한 문장으로 만들어보세요.

⬜ : _____

⬜ : _____

⬜ : _____

> **STEP 5** 이야기를 순서대로 정리해보세요.

서론(사건의 시작)

_____

본론(사건의 진행)

_____

_____

_____

결론(사건의 마무리)

_____

> **STEP 6** 전체 글을 작문하세요.

01 어휘 보고 작문하기

도움말

스토리 구상 힌트

① 受灾地区的范围扩大了。 재난 지역의 범위가 넓어졌다.
② 政府成立了救灾服务中心。 정부는 재난 구호 센터를 설립했다.
③ 成龙捐款，但他谦虚地说，这是自己应该做的。
   청룽(성룡)은 기부를 했지만 그것은 자신이 마땅히 해야 할 일이라고 겸손하게 말했다.

어휘 활용 힌트

信心： ① 我对自己设计的产品很有信心。 나는 자신이 설계한 상품에 대해 매우 확신이 있다.
② 只要有信心，你就能成功。 자신감만 있다면 당신은 성공할 수 있다.
③ 当消费者对产品提出质疑时，你要有信心处理好。
   소비자가 상품에 대해 질문을 제기할 때, 당신은 확신을 가지고 잘 처리해야 한다.
④ 如何才能提高自己的信心呢？ 어떻게 해야 스스로의 자신감을 높일 수 있을까?
⑤ 只要你有信心，我们就能赢得最后的胜利。
   만약 네가 자신만 있다면 우리는 최종적인 승리를 거둘 수 있다.

扩大： ① 今年生姜面积将进一步扩大。 올해의 생강 (재배) 면적은 한층 더 확대될 것이다.
② 负面新闻的影响范围又扩大了。 부정적인 뉴스의 영향 범위가 또 넓어졌다.
③ 利用网络可以扩大产品的知名度。 인터넷을 이용하여 상품의 지명도를 확대할 수 있다.
④ 我们工厂想扩大一下规模。 우리 공장은 규모를 좀 확대하려고 한다.
⑤ 我准备增加投资，扩大公司规模。 나는 투자를 증가시켜 회사 규모를 확장하려고 한다.

成立： ① 我想成立北京分公司。 나는 베이징 지사를 차릴 생각이다.
② 公司成立了公关危机处理小组。 회사는 공공관계 위기관리팀을 만들었다.
③ 第一个购物网站成立了。 첫 번째 쇼핑 홈페이지가 만들어졌다.
④ 设计小组刚刚成立。 디자인팀이 막 설립됐다.
⑤ 我们成立了单身女性联合会，大家经常聚会聊天。
   우리는 독신 여성 친목회를 만들었고, 모두 자주 모여 이야기를 나눈다.

服务： ① 他在一家公司服务了二十年。 그는 한 회사에서 20년간 일했다.
② 他志愿服务了2000小时。 그는 2,000시간 자원봉사를 했다.
③ 这个公司的服务很周到。 이 회사의 서비스는 매우 세심하다.
④ 我刚刚调到客户服务中心工作。 나는 막 고객 서비스 센터로 옮겨 와서 일한다.
⑤ 售后服务中心的工作并不轻松。 A/S 센터의 업무는 결코 쉽지 않다.

谦虚 : ① 他事业很成功，但却很谦虚。 그는 사업이 매우 성공했지만, 오히려 무척 겸손하다.
② 他这个人一点也不谦虚。 그는 조금도 겸손하지 않다.
③ 如果你能够谦虚一点，可能就有很多人愿与你合作了。
　　만약 네가 조금 더 겸손할 수 있다면, 아마도 많은 사람들이 너와 협조하려 할 것이다.
④ 他谦虚地接受了大家的批评。 그는 겸손하게 모두의 비판을 받아들였다.
⑤ 谦虚使人进步，骄傲使人落后。 겸손은 사람을 발전시키고, 교만은 사람을 낙후시킨다.

고득점 표현

▶ 가설관계를 나타내는 표현

如果~就~ 만약 ~라면 곧 ~	예 **如果**明天下雨，我们**就**改天再去爬山。 만약 내일 비가 온다면 우리 다음에 다시 등산을 가자.
即使~也~ 설령 ~하더라도(일지라도) ~	예 无论婴幼儿还是大人，**即使**夏天**也**要晒太阳。 영·유아든 성인이든 간에 설령 여름이라도 햇볕을 쬐야 한다.

▶ 선택관계를 나타내는 표현

宁可~也不~ 차라리 ~ 할지언정 ~하지 않다	예 他**宁可**在家玩，**也不**出去找工作。 그는 차라리 집에서 놀지언정, 나가서 일자리를 찾지 않는다.
与其~不如~ ~하기보다는 차라리(오히려) ~가 낫다	예 好时机不等人，**与其**观望着，**不如**赶快行动。 좋은 시기는 사람을 기다려 주지 않으니, 지켜보는 것보다 재빨리 행동하는 것이 낫다.

01 어휘 보고 작문하기

예제 4　效率　虚心　学期　鼓励　羡慕

● 작문 예시 ●

STEP 1　어휘 파악하기

效率 xiàolǜ 명 효율, 능률 → 주어, 목적어 가능
虚心 xūxīn 형 겸손하다, 겸허하다 → 부사어, 관형어, 술어 가능
学期 xuéqī 명 학기 → 주어, 목적어, 부사어, 관형어 가능
鼓励 gǔlì 동 격려하다, 북돋우다, 장려하다 → 술어 가능
羡慕 xiànmù 동 선망하다, 부러워하다, 동경하다 → 술어 가능

STEP 2　핵심 어휘로 핵심 문장 만들기

핵심 어휘 : 学期 학기, 效率 효율
学期 : 上学期 지난 학기, 这学期 이번 학기, 下学期 다음 학기
效率 : 学习效率提高 학습 능률이 향상되다

STEP 3　스토리 구상하기

시간 : 这学期 이번 학기
등장인물 : 我 나
핵심 내용 : 这学期，我的学习效率提高了。　이번 학기에 나는 학습 능률이 향상되었다.
▶ 어떤 장소에서 일어나는 구체적인 사건이 아니라면 장소에 대한 언급은 생략할 수도 있다.

STEP 4　남은 어휘 활용하기

鼓励 : 老师鼓励我学习。　선생님은 내가 공부하는 것을 격려하신다.
虚心 : 我虚心努力。　나는 겸허하게 노력했다.
羡慕 : 我不再羡慕别的同学学习好。　나는 다른 학생들이 공부 잘하는 것을 더는 부러워하지 않는다.

STEP 5　이야기 순서대로 전개하기

서론 : 사건이 시작하는 단계로, 앞에서 정리한 요소들을 중심으로 이야기를 이끌어낸다.
　　　在老师的鼓励下，再加上我的虚心努力，这学期我考了全班第二十名。
　　　선생님의 격려 하에, 게다가 나의 겸손한 노력으로, 이번 학기에 나는 반에서 20등을 했다.

본론: 사건이 진행되는 부분이므로, 핵심 문장을 참고하여 이야기를 만든다.

我的学习效率有所提高。 나의 학습 능률은 좀 향상되었다.

我不再羡慕别的同学考得好。 나는 다른 학생들이 시험 잘 보는 것이 더는 부럽지 않다.

我也掌握了好的学习方法。 나도 좋은 공부 방법을 갖게 되었다.

결론: 마지막은 한 문장으로 이야기를 마무리한다.

下学期，我要争取考前十名。 다음 학기에 나는 10등 안에 들도록 노력해야겠다.

STEP 6 작문하기

		在	老	师	的	鼓	励	和	帮	助	下	，	再	加	上
我	的	虚	心	努	力	，	以	前	排	名	倒	数	的	我	，
这	学	期	考	了	全	班	第	二	十	名	，	学	习	效	率
也	有	所	提	高	。	我	不	再	羡	慕	别	的	同	学	考
得	好	了	，	因	为	我	也	掌	握	了	好	的	学	习	方
法	。	下	学	期	，	我	要	争	取	考	前	十	名	。	

해석 선생님의 격려와 도움 하에, 게다가 나의 겸손한 노력이 더해져, 예전에 등수가 하위권이었던 나는 이번 학기에 반에서 20등을 했고, 학습 능률도 다소 향상되었다. 나는 다른 친구들이 시험 잘 보는 것을 더는 부러워하지 않는다. 왜냐하면 나도 좋은 공부 방법을 갖게 되었기 때문이다. 다음 학기에 나는 10등 안에 들도록 노력해야겠다.

작문팁

제시된 다섯 개의 단어 모두 학업과 연관 지어 생각할 수 있는 단어다. 学期(학기)와 效率(효율, 능률)를 이용해 이야기의 뼈대가 될 수 있는 핵심 문장을 만들고, 鼓励(격려하다), 虚心(겸손하다), 羡慕(부러워하다) 등은 그 원인이나 결과가 되는 내용을 구성하는 데 사용했다. 주인공인 我가 이번 학기에 공부를 잘하게 된 이유가 무엇이고, 원래는 공부를 얼마나 못했는데 지금은 어떻게 되었는지, 이를 계기로 갖게 된 앞으로의 포부 정도를 서술하면 된다. 在~下(~ 하에), 再加上(게다가), '有所+동사(좀 ~하다)'와 같은 표현들이 비교적 난이도 있게 쓰였다. '주어+술어+목적어' 구조의 문장만 쓰지 않고 以前排名倒数的我처럼 주술구 관형어를 사용하는 것도 글을 유창하게 만드는 효과가 있다.

보충어휘 在~下 zài ~ xià ~(라는 조건) 하에 | 排名 páimíng 통 석차를 내다, 순위를 매기다 | 倒数 dàoshǔ 통 거꾸로 세다, 뒤에서부터 세다 | 提高 tígāo 통 향상시키다 | 掌握 zhǎngwò 통 장악하다, 정복하다 | 争取 zhēngqǔ 통 쟁취하다, 얻어내다, ~하려고 노력하다

01 어휘 보고 작문하기

다시 풀기

✱ 앞의 방법에 따라 다른 줄거리로 다시 작문해보세요.

> 效率　虚心　学期　鼓励　羡慕

STEP 1 제시된 어휘의 뜻과 품사, 용법을 아는 대로 적어보세요.

效率 _____
虚心 _____
学期 _____
鼓励 _____
羡慕 _____

STEP 2 핵심 어휘를 골라 핵심 문장을 만들어보세요.

핵심 어휘 : _____

       : _____
       : _____
       : _____

STEP 3 대략의 스토리 구상해보세요.

시간 : _____
장소 : _____
등장인물 : _____
핵심 내용 : _____

STEP 4 나머지 어휘를 사용해 스토리에 적합한 문장으로 만들어보세요.

       : _____
       : _____
       : _____

STEP 5 이야기를 순서대로 정리해보세요.

서론 (사건의 시작)

_____

본론 (사건의 진행)

_____

_____

_____

결론 (사건의 마무리)

_____

STEP 6 전체 글을 작문하세요.

도움말

스토리 구상 힌트

① 我羡慕英文流利的人。 나는 영어가 유창한 사람이 부럽다.
② 老师鼓励同学们。 선생님이 학생들을 격려하신다.
③ 这个学期，我的水平提高了。 이번 학기에 내 실력이 향상되었다.

01 어휘 보고 작문하기

> **어휘 활용 힌트**

效率: ① 我的办事效率很高。 나의 일 처리 효율성은 매우 높다.
② 孩子的注意力不能集中，学习效率很差。
아이는 주의력을 집중할 수 없어서, 학습 효율이 매우 떨어진다.
③ 只有提高效率，才能在短时间内把功课复习完。
효율을 높여야만 짧은 시간 안에 학업을 모두 복습할 수 있다.
④ 学习时，不能光追求速度，不追求效率。
공부할 때 속도만 추구하고 효율을 추구하지 않아서는 안 된다.
⑤ 外面的噪音降低了我的学习效率。 바깥의 소음이 내 학습 효율을 떨어뜨렸다.

虚心: ① 他总是虚心向同学请教。 그는 늘 겸손하게 친구들에게 가르쳐달라고 부탁한다.
② 这个青年非常虚心。 이 청년은 아주 겸손하다.
③ 那个人很不虚心，根本不接受别人的意见。
그 사람은 매우 겸손하지 않아서 다른 사람의 의견을 절대로 받아들이지 않는다.
④ 虚心使人进步。 겸손은 사람을 발전시킨다.
⑤ 他虚心向英语老师学习英语发音。 그는 영어 선생님께 겸손하게 영어 발음을 배운다.

学期: ① 我是上学期转学来的。 나는 지난 학기에 전학 왔다.
② 我打算下学期上个英语培训班。 나는 다음 학기에 영어 연수반에 다닐 계획이다.
③ 这个学期，我所有的成绩都是优秀。 이번 학기에 내 모든 성적은 다 우수하다.
④ 下学期的学费涨价了。 다음 학기 등록금이 올랐다.
⑤ 还有半个学期我们就毕业了。 반 학기만 더 지나면 우리는 졸업한다.

鼓励: ① 妈妈鼓励我要勇敢面对失败。 엄마는 내가 용감하게 실패를 마주해야 한다고 격려하셨다.
② 老师鼓励大家，比赛失败不要紧，大家吸取了宝贵的经验。
선생님은 모두가 귀중한 경험을 얻었으니 시합에 진 것은 괜찮다고 모두를 격려하셨다.
③ 他总是鼓励我，相信我会成功。 그는 항상 내가 성공할 것을 믿는다고 나를 격려한다.
④ 老师鼓励同学们要培养创造力。 선생님은 학생들이 창조력을 키워야 한다고 격려하신다.
⑤ 我鼓励小明一定要克服一到考场就紧张的毛病。
나는 샤오밍이 시험장에만 가면 긴장하는 습관을 반드시 극복해야 한다고 격려했다.

羡慕: ① 我并不羡慕他当学生会会长。
나는 그가 학생회장을 하는 것을 결코 부러워하지 않는다.
② 她总是羡慕学习好的同学。 그녀는 늘 공부 잘하는 학생을 부러워한다.
③ 他的设计天分让全系的同学很羡慕。
그의 천부적인 디자인 재능은 학과의 모든 학생들의 부러움을 산다.

④ 我非常羡慕那些中文流利的人。 나는 중국어가 유창한 사람들이 굉장히 부럽다.
⑤ 不要总羡慕别人，你要努力奋斗才行。
늘 남을 부러워하지 말고, 네가 열심히 노력해야 된다.

고득점 표현

▶ 논설문의 도입부에 자주 쓰는 상용어

大家都知道~ 모두 알다시피 ~ (=众所周知)	예 **大家都知道**，网络有好处也有坏处。 모두 알다시피 인터넷은 좋은 점도 있고 나쁜 점도 있다.
最近有人说~ 최근 ~라고 말하는 사람들이 있다 (~라는 설이 있다)	예 **最近有人说**，外貌在求职时非常重要。 요즘 구직할 때 외모가 아주 중요하다고 말하는 사람도 있다.
现在 현재, 지금, 오늘날, 이제	예 **现在**，青少年追星现象越来越严重。 오늘날 청소년들이 스타를 따르는 현상은 점점 심각해지고 있다.
随着~ ~에 따라(서)	예 **随着**科技的发展，网络越来越普遍。 과학기술의 발전에 따라 인터넷은 갈수록 보편화된다.

▶ 논설문의 결말에 자주 쓰는 상용어

因此 이 때문에, 그로 인해, 그러므로	예 医生说我需要休息，**因此**我要减少上网时间。 의사가 나에게 휴식이 필요하다고 말했으니, 그러므로 나는 인터넷 사용 시간을 줄여야겠다.
总之 한마디로 말하면, 총괄하자면, 요컨대	예 **总之**，我们要有节制地使用网络。 요컨대 우리는 인터넷을 절제해서 사용해야 한다.
可见~ ~임을 알 수 있다, ~라고 볼 수 있다	예 **可见**吸烟对身体健康是百害无一利的。 흡연이 신체 건강에 백해무익함을 알 수 있다.

▶ 관점·주장을 제시할 때 자주 쓰는 상용어

我觉得~ 내 생각에 ~, 나는 ~라고 여긴다	예 **我觉得**网络里的乐趣太多了。 나는 인터넷에 재미있는 것이 너무 많다고 생각한다.
我想~ 내 생각에 ~, 나는 ~라고 생각한다	예 **我想**我们应该合理安排上网时间。 나는 우리가 인터넷 사용 시간을 합리적으로 조정해야 한다고 생각한다.
看来~ 보기에 ~이다, 보아하니 ~하다	예 **看来**我们只有团结起来才能战胜困难。 보아하니 우리는 단결해야만 어려움을 이겨낼 수 있다.

TEST

✱ 다음 제시된 어휘를 모두 사용하여 80자 내외의 글을 완성하세요.

1   加班   质量   失望   避免   严格

① 제시된 어휘의 뜻과 품사, 용법을 아는 대로 적어보세요.

加班 _____
质量 _____
失望 _____
避免 _____
严格 _____

② 핵심 어휘를 골라 핵심 문장을 만들어보세요.

☐ _____
☐ _____
☐ _____

③ 대략의 스토리 구상해보세요.

시간 _____
장소 _____
등장인물 _____
핵심 내용 _____

④ 나머지 어휘를 사용해 스토리에 적합한 문장으로 만들어보세요.

☐ _____
☐ _____
☐ _____

5 이야기를 순서대로 정리해보세요.

서론 _____

본론 _____

_____

_____

결론 _____

6 전체 글을 작문하세요.

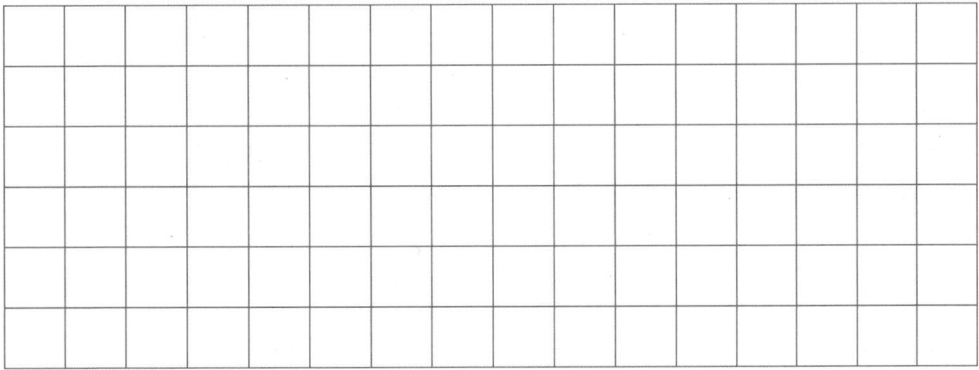

2   网络   开阔   谨慎   乐趣   上瘾

1 제시된 어휘의 뜻과 품사, 용법을 아는 대로 적어보세요.

网络 _____

开阔 _____

谨慎 _____

乐趣 _____

上瘾 _____

2 핵심 어휘를 골라 핵심 문장을 만들어보세요.

☐ _____

☐ _____

☐ _____

3 대략의 스토리 구상해보세요.

시간 _____

장소 _____

등장인물 _____

핵심 내용 _____

4 나머지 어휘를 사용해 스토리에 적합한 문장으로 만들어보세요.

☐ _____

☐ _____

☐ _____

5 이야기를 순서대로 정리해보세요.

서론 _____

본론 _____

_____

_____

_____

결론 _____

6 전체 글을 작문하세요.

3　压力　适合　缓解　乐观　偶然

1 제시된 어휘의 뜻과 품사, 용법을 아는 대로 적어보세요.

压力　_____

适合　_____

缓解　_____

乐观　_____

偶然　_____

2 핵심 어휘를 골라 핵심 문장을 만들어보세요.

▭　_____

▭　_____

▭　_____

3 내략의 스토리 구상해보세요.

시간　_____

장소　_____

등장인물　_____

핵심 내용　_____

4 나머지 어휘를 사용해 스토리에 적합한 문장으로 만들어보세요.

▭　_____

▭　_____

▭　_____

5 이야기를 순서대로 정리해보세요.

서론 _____

본론 _____

_____

_____

_____

결론 _____

6 전체 글을 작문하세요.

4 竞争　提供　分析　规模　盲目

1 제시된 어휘의 뜻과 품사, 용법을 아는 대로 적어보세요.

竞争 _____

提供 _____

分析 _____

规模 _____

盲目 _____

2 핵심 어휘를 골라 핵심 문장을 만들어보세요.

☐ _____

☐ _____

☐ _____

3 대략의 스토리 구상해보세요.

시간 _____

장소 _____

등장인물 _____

핵심 내용 _____

4 나머지 어휘를 사용해 스토리에 적합한 문장으로 만들어보세요.

☐ _____

☐ _____

☐ _____

5 이야기를 순서대로 정리해보세요.

서론 _____

본론 _____

_____

_____

_____

결론 _____

6 전체 글을 작문하세요.

02 사진 보고 작문하기

 비법 전수

 STEP 1 사진을 분석하고 관련 어휘를 연상하자!

사진의 유형에 따라 사용할 수 있는 어휘가 결정되므로 사진을 먼저 분석해야 한다. 출제자는 많은 것을 원하지 않는다. 단지 사진을 정확히 이해하고 사진과 연관된 논리적인 이야기를 중국어로 만들어낼 수 있는지를 확인한다. 사진을 보자마자 작문을 하면 자칫 처음에 생각해냈던 아이디어도 잊어버릴 수 있으므로, 사진에서 나타내고 있는 것과 연상되는 어휘들을 먼저 적어본다.

 STEP 2 핵심 요소로 주요 스토리를 구상해보자!

사진 분석을 통해 떠오른 어휘를 이용하여 자연스러운 스토리를 구상한다. 필요하다면 사건의 시간, 장소, 등장인물 등을 설정하고, 이야기의 도입부에 쓸 수 있는 간략한 배경 설명도 생각해본다.

 STEP 3 사진에 적합한 핵심 문장을 만들어 일정한 순서로 배열하자!

사진을 보면서 연상한 몇 개의 중요 단어로 핵심 문장을 만든 다음, 앞뒤 내용이 이어질 수 있게 배열한다.

 STEP 4 적절한 상상으로 공백을 보충하자!

사진에 있는 내용만 가지고 글을 완성할 수 있는 문제가 있는가 하면 그렇지 않은 문제도 있고, 때로는 사진 속의 내용만으로 작문해서는 글자 수가 모자라는 경우도 있다. 이런 경우 사진에는 나와 있지 않지만 작문하려는 상황과 연관되는 내용을 상상력을 발휘하여 첨가해야 한다.

 STEP 5 '서론 – 본론 – 결론' 순서에 맞게 80자 내외로 작문하자!

보통 80자 작문은 5~7 문장 정도면 완성된다. 연상된 어휘를 사용하여 만든 문장들을 스토리에 맞게 서론, 본론, 결론의 순서대로 배열하고, 단순한 문장의 나열이 되지 않도록 살을 붙인다. 각 구절 간의 자연스러운 연결에 주의하고 어법 오류를 범하지 않도록 유의한다. 고득점을 원한다면 적절한 접속사와 고급 어휘를 사용하는 것이 유리하지만, 잘못 사용하여 감점되지 않도록, 확신이 있는 어휘 위주로 신중하게 사용해야 한다.

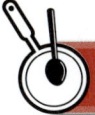 비법 트레이닝

✱ 다음 사진을 보고 80자 내외의 글을 완성하세요.

예제 1

작문 예시

STEP 1 사진 보고 어휘 연상하기

대상 관련: 男的和女的 남자와 여자, 饮水机 정수기
시간 관련: 上班 출근, 上班休息时 근무 중 휴식 시간
공간 관련: 办公楼(里) 건물(안), 茶水间 탕비실, 休息室 휴게실
상황·행위 관련: 聊天 이야기한다, 喝咖啡 커피를 마신다

STEP 2 스토리 구상하기

시간: 上班时间 근무 시간
장소: 茶水间 탕비실
등장인물: 小王和小李(同事) 샤오왕과 샤오리 (직장 동료)
배경 설명(도입부): 小王感到有点儿口渴，来到了公司的茶水间。
　　　　　　　　샤오왕은 목이 좀 말라 회사의 탕비실에 왔다.

STEP 3 핵심 문장 만들기

咖啡: 小王来到公司的茶水间，打算喝杯咖啡。
　　　샤오왕은 회사 탕비실로 와서 커피를 한 잔 마시려고 한다.
聊天: 小王遇见小李，和他聊天。 샤오왕은 샤오리를 만나 그와 얘기했다.

02 사진 보고 작문하기

STEP 4 기타 요소 보충하기

演唱会 : 星期五有周杰伦的**演唱会**。 금요일에 저우제룬 콘서트가 있다.

见面 : 星期五在体育场门口**见面**，一起去看演唱会。
금요일에 체육관 입구에서 만나, 함께 콘서트를 보러 간다.

负责 : 两个人约好，小王**负责**买票，小李**负责**拍照。
두 사람은 샤오왕이 티켓 사는 것을 책임지고, 샤오리는 사진 찍는 것을 맡기로 약속했다.

STEP 5 작문하기

		小	王	感	到	有	点	儿	口	渴	，	来	到	公	司
的	茶	水	间	，	打	算	喝	杯	咖	啡	。	正	好	小	李
也	在	，	他	俩	聊	起	了	星	期	五	的	周	杰	伦	演
唱	会	。	俩	人	约	好	，	小	王	负	责	买	票	，	小
李	负	责	拍	照	，	星	期	五	晚	上	7	点	在	体	育
场	门	口	见	面	，	一	起	去	看	演	唱	会	。		

해석 샤오왕은 목이 좀 말라 회사 탕비실에 와서 커피를 마시려고 했다. 마침 샤오리도 있어서 그 둘은 금요일에 있을 저우제룬 콘서트에 대해 이야기하기 시작했다. 둘은 샤오왕이 표 사는 일을 맡고, 샤오리가 사진 찍는 일을 맡기로 하고, 금요일 저녁 7시에 체육관 입구에서 만나 함께 콘서트를 보러 가기로 약속했다.

작문팁

사진에는 남자와 여자, 그리고 정수기가 있다. 연관된 장소로 탕비실을 생각해낼 수 있다. 사진 속 등장인물을 임의로 小王(샤오왕)과 小李(샤오리)라고 이름 짓고, 小王이 목이 말라 탕비실에 갔다가 小李를 만난다는 설정에서 이야기를 시작할 수 있다. 사진에서 보여지는 핵심적인 행동은 聊天(이야기하다)이므로, 이들의 이야기 내용이 글의 주요 내용이 된다. 부사 正好를 사용하여 두 사람이 약속되지 않은 상황에서 우연히 마주쳤다는 점을 부각시켰다. 负责를 사용하여 두 사람이 함께 콘서트에 가기 위해 각자 임무를 맡았음을 묘사한다.

보충어휘 口渴 kǒukě 형 목마르다 | 茶水间 cháshuǐjiān 명 탕비실 | 打算 dǎsuan 동 ~할 생각이다, ~하려고 하다 | 咖啡 kāfēi 명 커피 | 演唱会 yǎnchànghuì 명 콘서트, 음악회 | 约 yuē 동 약속하다 | 负责 fùzé 동 책임지다, 맡다 | 票 piào 명 표, 티켓 | 拍照 pāizhào 동 사진 찍다 | 体育场 tǐyùchǎng 명 운동장, 체육관 | 门口 ménkǒu 명 입구 | 见面 jiànmiàn 동 만나다

다시 풀기

✱ 앞의 방법에 따라 다른 줄거리로 다시 작문해보세요.

STEP 1 사진을 보고 연상되는 어휘를 적어보세요.

대상 관련: _____

시간 관련: _____

공간 관련: _____

상황·행위 관련: _____

STEP 2 연상된 어휘를 이용하여 전체적인 스토리를 구상해보세요.

시간: _____

장소: _____

등장인물: _____

배경 설명 (도입부): _____

STEP 3 핵심 문장을 만들어 자연스러운 순서대로 배열해보세요.

☐ : _____

☐ : _____

☐ : _____

02 사진 보고 작문하기

STEP 4 상상력을 동원해 스토리에 적합한 기타 문장을 보충해보세요.

☐ : _____
☐ : _____
☐ : _____

STEP 5 전체 글을 작문하세요.

예제 2

● 작문 예시 ●

STEP 1 사진 보고 어휘 연상하기

대상 관련: 一个女人 한 여자

시간 관련: 알 수 없음

공간 관련: 알 수 없음

상황·행위 관련: **接电话** 전화 받다, **激动** 흥분하다, **没想到** 뜻밖이다

STEP 2 스토리 구상하기

시간: 생략

장소: 생략

등장인물: 我 나

배경 설명(도입부): 我接到了面试电话。 나는 면접 전화를 받았다.

▶ 시간과 장소가 불필요한 경우 굳이 정하려 하지 않아도 된다.

STEP 3 핵심 문장 만들기

接电话: 我接到了一个跨国公司的面试电话。 나는 한 다국적 기업의 면접 전화를 받았다.

没想到: 真没想到自己能得到这样的机会。 내가 이런 기회를 얻을 줄은 정말 생각도 못했다.

STEP 4 기타 요소 보충하기

忘记: 我非常激动，连谢谢都忘记跟人家说了。
나는 무척 흥분해서, 상대방에게 감사의 인사를 하는 것조차 잊어버렸다.

面试: 听说面试可能很严格。 듣자니 면접은 아마도 매우 엄격할 것이라고 한다.

希望: 希望我能顺利通过。 내가 순조롭게 통과할 수 있길 바란다.

白领: 希望我能做一名精明能干的白领。 나는 똑똑하고 능력 있는 화이트 칼라가 될 수 있길 바란다.

STEP 5 작문하기

	我	接	到	了	一	个	跨	国	公	司	的	面	试	电
话	，	我	激	动	得	差	点	儿	蹦	了	起	来	，	连	谢
谢	都	忘	记	跟	人	家	说	了	。	真	没	想	到	自	己
能	得	到	这	样	的	机	会	。	不	过	，	听	说	面	试
可	能	很	严	格	。	希	望	我	能	顺	利	通	过	，	做
一	名	精	明	能	干	的	白	领	。						

해석 나는 한 다국적 기업의 면접 전화를 받고, 흥분한 나머지 펄쩍 뛰어오를 뻔했고, 상대방에게 감사의 인사를 하는 것조차 잊어버렸다. 내가 이런 기회를 얻을 줄 정말 생각도 못했다. 하지만 듣기로는 면접이 매우 엄격할 것이라고 한다. 나는 순조롭게 통과해서 똑똑하고 능력 있는 화이트 칼라가 될 수 있기를 바란다.

02 사진 보고 작문하기

작문팁

사진 속의 여자는 전화를 받고 있고, 좋은 소식을 들은 것처럼 기뻐하고 있다. 따라서 핵심 내용은 전화를 받는 것이 되고, 사진 속 연령대의 여자가 전화를 받으며 기뻐할만한 소식으로 면접 제의를 떠올릴 수 있다. 주인공 '나'는 이 면접 기회가 뜻밖이기도 하고 기쁘기도 하며, 성공한다면 멋진 앞날이 있으리라는 희망에 가득 차 있다고 상상할 수 있다. 이런 내용의 글에서는 전화를 받는 시간과 공간은 중요하지 않으므로 생략하고, 激动得差点儿蹦了起来(펄쩍 뛰어오를 정도로 흥분하다), 连谢谢都忘记……说了(감사하다고 말하는 것조차 잊어버리다), 没想到……能得到机会(기회를 얻을 수 있을 거라 생각지 못했다), 希望我能顺利通过(내가 순조롭게 통과하기를 바란다) 등을 사용하여 주인공의 심리상태를 생동감 있게 묘사하는 데 중점을 두었다.

보충어휘 跨国公司 kuàguó gōngsī 명 다국적 기업 | 面试 miànshì 명동 면접시험 (보다) | 激动 jīdòng 동 흥분하다 | 蹦 bèng 동 뛰어오르다, 펄쩍 뛰다 | 人家 rénjia 대 남, 타인 | 不过 búguò 접 하지만 | 听说 tīngshuō 동 듣자하니 ~라고 하다 | 严格 yángé 형 엄격하다 | 顺利 shùnlì 형 순조롭다 | 精明 jīngmíng 형 영리하다, 총명하다 | 能干 nénggàn 형 유능하다, 솜씨 있다 | 白领 báilǐng 명 화이트 칼라(정신노동자) 계층

다시 풀기

✱ 앞의 방법에 따라 다른 줄거리로 다시 작문해보세요.

STEP 1 사진을 보고 연상되는 어휘를 적어보세요.

대상 관련: _____

시간 관련: _____

공간 관련: _____

상황·행위 관련: _____

STEP 2 연상된 어휘를 이용하여 전체적인 스토리를 구상해보세요.

시간: _____

장소: _____

등장인물: _____

배경 설명(도입부): _____

STEP 3 핵심 문장을 만들어 자연스러운 순서대로 배열해보세요.

☐ : _____

☐ : _____

☐ : _____

STEP 4 상상력을 동원해 스토리에 적합한 기타 문장을 보충해보세요.

☐ : _____

☐ : _____

☐ : _____

STEP 5 전체 글을 작문하세요.

PART 2. 어휘 또는 사진 보고 작문하기

02 사진 보고 작문하기

예제 3

🔖 작문 예시

☕ STEP 1   사진 보고 어휘 연상하기

대상 관련: 一个人 한 사람, 路牌 도로표지판
시간 관련: 白天 낮
공간 관련: 路口 길목
상황·행위 관련: 站着 서 있다, 看 본다, 找 찾는다, 迷路 길을 잃다

☕ STEP 2   스토리 구상하기

시간: 旅行时 여행할 때
장소: 一条陌生的路边 어느 낯선 길가
등장인물: 小金 샤오진
배경 설명(도입부): 小金开始旅行。 샤오진은 여행을 시작했다.

☕ STEP 3   핵심 문장 만들기

路口: 他走到了一个路口。 그는 어느 길목에 다다랐다.
迷路: 他迷路了。 그는 길을 잃었다.

☕ STEP 4   기타 요소 보충하기

开始: 小金开始了背包旅行。 샤오진은 배낭 여행을 시작했다.
发现: 他发现自己迷路了。 그는 자신이 길을 잃었다는 것을 알았다.
想起: 他想起朋友的话：有困难，找警察。 그는 어려움이 있으면 경찰을 찾으라는 친구의 말을 떠올렸다.
朝着: 他朝着警察走了过去。 그는 경찰을 향해 걸어갔다.

STEP 5 작문하기

		小	金	终	于	如	愿	以	偿	,	开	始	了	背	包
旅	行	。	当	他	走	到	一	个	路	口	,	看	着	路	牌
上	陌	生	的	地	名	,	发	现	自	己	迷	路	了	。	但
他	也	不	会	说	英	语	。	突	然	,	他	想	起	朋	友
的	话	:	有	困	难	,	找	警	察	。	于	是	,	他	朝
着	警	察	走	了	过	去	。								

해석 샤오진은 드디어 소원대로 배낭 여행을 시작했다. 그는 어느 길목에 다다랐을 때, 도로표지판 위의 낯선 지명을 보고 자신이 길을 잃었다는 것을 알았다. 하지만 그는 영어를 할 줄도 몰랐다. 갑자기 그는 어려움이 있으면 경찰을 찾으라는 친구의 말이 떠올랐다. 그래서 그는 경찰을 향해 걸어갔다.

작문평

사진에서 한 사람이 표지판 앞에 서 있고, 표지판은 두 갈래 길을 가리키고 있다. 따라서 핵심 내용은 길을 잃은 상황이 되고, 이러한 상황을 자연스럽게 이끌어내기 위해서는 상상력을 동원해야 한다. 여기서는 배낭 여행을 갔다는 설정에서 이야기를 시작했다. 안내자 없이 여행을 떠났기 때문에 길을 잃었을 때 어찌할 바를 몰랐고, '有困难, 找警察(어려움이 있으면 경찰을 찾는다)'라는 친구의 말을 떠올려 문제를 해결한다는 결말이 가능하다. 如愿以偿(소원이 이루어지다)과 같은 성어를 적절히 사용하여 이야기를 자연스럽게 이끌어냈다. 글 전체에서 走到(걸어서 도달하다), 看着(보고 있다), 发现(발견하다), 想起(생각해서 떠오르다), 找(찾다), 朝着(~을 향하다) 등의 동사를 연관성 있게 사용하여 이야기의 흐름을 구성하고 있다.

보충어휘 终于 zhōngyú 튀 마침내 | 如愿以偿 rúyuànyǐcháng 성에 소원을 성취하다 | 背包旅行 bèibāo lǚxíng 명 배낭 여행 | 当 dāng 전 바로 ~할 때 | 陌生 mòshēng 형 낯설다, 생소하다 | 迷路 mílù 통 길을 잃다 | 突然 tūrán 튀 갑자기 형 갑작스럽다 | 警察 jǐngchá 명 경찰 | 困难 kùnnan 명 곤란, 어려움 | 于是 yúshì 접 그래서

02 사진 보고 작문하기

다시 풀기

✽ 앞의 방법에 따라 다른 줄거리로 다시 작문해보세요.

STEP 1 사진을 보고 연상되는 어휘를 적어보세요.

대상 관련: _____

시간 관련: _____

공간 관련: _____

상황 · 행위 관련: _____

STEP 2 연상된 어휘를 이용하여 전체적인 스토리를 구상해보세요.

시간: _____

장소: _____

등장인물: _____

배경 설명(도입부): _____

STEP 3 핵심 문장을 만들어 자연스러운 순서대로 배열해보세요.

     : _____

     : _____

     : _____

STEP 4 상상력을 동원해 스토리에 적합한 기타 문장을 보충해보세요.

☐ : _____

☐ : _____

☐ : _____

STEP 5 전체 글을 작문하세요.

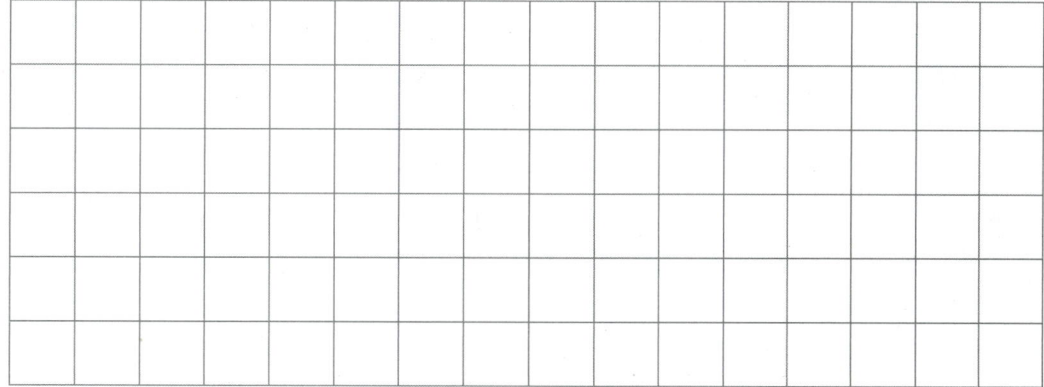

예제 4

• 작문 예시 •

STEP 1 사진 보고 어휘 연상하기

대상 관련 : 两个人 두 사람, 书 책

02 사진 보고 작문하기

시간 관련: 上班时间 근무 시간
공간 관련: 公司 회사, 办公室 사무실
상황·행위 관련: 拿着书 책을 갖고 있다, 说话 이야기한다

STEP 2 스토리 구상하기

시간: 上班的时候 근무할 때
장소: 办公室 사무실
등장인물: 张经理、我 장 사장, 나
배경 설명(도입부): 张经理把我叫到办公室。 장 사장이 나를 사무실로 불렀다.

STEP 3 핵심 문장 만들기

拿、书：这本书你拿去看看。 자네 이 책을 가져가서 좀 보게.

STEP 4 기타 요소 보충하기

介绍：书介绍了一种很新的管理方法。 책에서 매우 새로운 관리 방법을 소개했다.
看过：我已经看过了。 나는 이미 읽었다.
任务：我希望经理能把人事部搞管理的任务交给我。
나는 사장님이 인사부의 관리 임무를 내게 맡겨주길 바란다.

STEP 5 작문하기

	张	经	理	把	我	叫	到	办	公	室	。	他	对	我
说	:	"	这	本	书	你	拿	去	看	看	,	是	管	理	方
面	的	。	它	介	绍	了	一	种	很	新	的	管	理	方	法,
可	以	在	公	司	实	行	。	"	我	心	里	暗	暗	高	兴:
"	我	已	经	看	过	了	,	希	望	经	理	能	把	人	事
部	搞	管	理	的	任	务	交	给	我	。	"				

해석 장 사장님이 나를 사무실로 불렀다. 그는 나에게 "자네 이 책을 가져가서 좀 보게. 관리 분야의 책이야. 책에서 매우 새로운 관리 방법을 소개했는데, 회사에서 실행할 수 있겠어."라고 말했다. 나는 내심 기뻤다. "전 벌써 읽었어요, 사장님께서 인사부의 관리 임무를 저에게 맡겨주셨으면 합니다."

작문팁

사진에서 한 사람은 책을 보면서 말하고 있고, 다른 한 사람은 이야기를 듣고 있다. 책을 보는 것과 말을 하는 것이 연관되게 글을 써야 하므로, 사진 속 인물의 신분에 걸맞게 사장님이 직원을 불러 책을 보여주면서 책에 관해 이야기하는 상황을 상상해볼 수 있다. 이야기 속의 사장님을 '장 사장', 직원을 '나'로 설정하고, 사장님이 회사 경영에 참고하려는 책을 보여주었는데, '나'는 마침 그 책을 읽어서 그 임무를 얻어낸다는 스토리가 가능하다. 글 속에 두 명의 인물이 등장하므로 한 사람이 한 마디씩 주고받는 식으로 사건의 전개와 결말을 묘사할 수 있다. 暗暗高兴으로 주인공의 심리상태를 묘사했다. 대화문에서 직접화법을 사용할 때는 쌍점과 큰 따옴표를 쓴다는 점에 유의한다. 따옴표 안에는 인용할 말의 내용을 잘 생각한 뒤, 최대한 간결하게 요지를 적는다. 다섯째 줄 첫 칸에서처럼 시작 따옴표(")는 다른 문장부호와 달리 행의 첫 칸에 쓸 수 있다는 점도 알아둔다.

보충어휘 把 bǎ 젠 ~을/를 | 对~说 duì ~ shuō ~에게 말하다 | 管理 guǎnlǐ 동 관리하다 | 实行 shíxíng 동 실행하다 | 暗暗 àn'àn 부 몰래, 혼자 | 人事 rénshì 명 인사[직원의 임용·해임·평가에 관계된 행정 사무] | 搞 gǎo 동 하다, 처리하다, 다루다 | 任务 rènwu 명 임무

다시 풀기

✱ 앞의 방법에 따라 다른 줄거리로 다시 작문해보세요.

STEP 1 사진을 보고 연상되는 어휘를 적어보세요.

대상 관련: _____

시간 관련: _____

공간 관련: _____

상황·행위 관련: _____

02 사진 보고 작문하기

STEP 2 연상된 어휘를 이용하여 전체적인 스토리를 구상해보세요.

시간: _____

장소: _____

등장인물: _____

배경 설명(도입부): _____

STEP 3 핵심 문장을 만들어 자연스러운 순서대로 배열해보세요.

☐ : _____

☐ : _____

☐ : _____

STEP 4 상상력을 동원해 스토리에 적합한 기타 문장을 보충해보세요.

☐ : _____

☐ : _____

☐ : _____

STEP 5 전체 글을 작문하세요.

※ 다음 사진을 보고 80자 내외의 글을 완성하세요.

1

❶ 사진을 보고 연상되는 어휘를 적어보세요.

　　　대상 관련 : _____

　　　시간 관련 : _____

　　　공간 관련 : _____

　　　상황·행위 관련 : _____

❷ 연상된 어휘를 이용하여 전체적인 스토리를 구상해보세요.

　　시간 : _____

　　장소 : _____

　　등장인물 : _____

　　배경 설명(도입부) : _____

❸ 핵심 문장을 만들어 자연스러운 순서대로 배열해보세요.

❹ 상상력을 동원해 스토리에 적합한 기타 문장을 보충해보세요.

❺ 전체 글을 작문하세요.

2

1 사진을 보고 연상되는 어휘를 적어보세요.

대상 관련: _____

시간 관련: _____

공간 관련: _____

상황·행위 관련: _____

2 연상된 어휘를 이용하여 전체적인 스토리를 구상해보세요.

시간: _____

장소: _____

등장인물: _____

배경 설명(도입부): _____

3 핵심 문장을 만들어 자연스러운 순서대로 배열해보세요.

☐ _____
☐ _____
☐ _____

4 상상력을 동원해 스토리에 적합한 기타 문장을 보충해보세요.

☐ _____
☐ _____
☐ _____

5 전체 글을 작문하세요.

3

1 사진을 보고 연상되는 어휘를 적어보세요.

대상 관련 : _____

시간 관련 : _____

공간 관련 : _____

상황·행위 관련 : _____

2 연상된 어휘를 이용하여 전체적인 스토리를 구상해보세요.

시간 : _____

장소 : _____

등장인물 : _____

배경 설명(도입부) : _____

3 핵심 문장을 만들어 자연스러운 순서대로 배열해보세요.

　　　▭ _____

　　　▭ _____

　　　▭ _____

4 상상력을 동원해 스토리에 적합한 기타 문장을 보충해보세요.

　　　▭ _____

　　　▭ _____

　　　▭ _____

5 전체 글을 작문하세요.

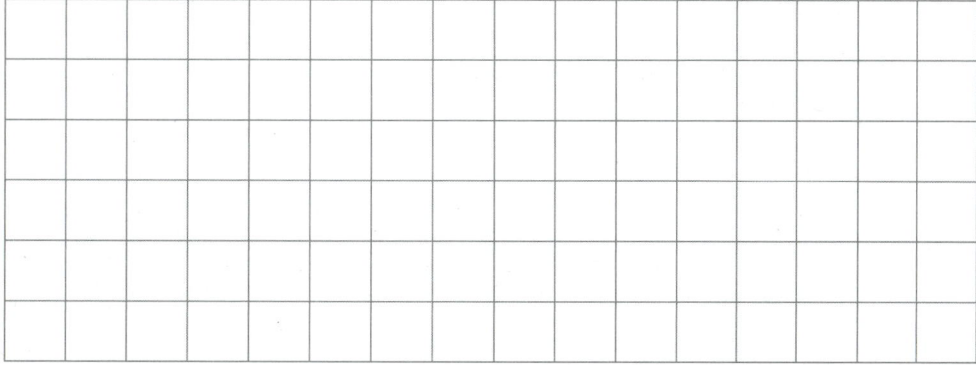

4

1 사진을 보고 연상되는 어휘를 적어보세요.

　　대상 관련 : _____

　　시간 관련 : _____

　　공간 관련 : _____

　　상황·행위 관련 : _____

2 연상된 어휘를 이용하여 전체적인 스토리를 구상해보세요.

　　시간 : _____

　　장소 : _____

　　등장인물 : _____

　　배경 설명(도입부) : _____

3 핵심 문장을 만들어 자연스러운 순서대로 배열해보세요.

　　▯ _____
　　▯ _____
　　▯ _____

4 상상력을 동원해 스토리에 적합한 기타 문장을 보충해보세요.

　　▯ _____
　　▯ _____
　　▯ _____

5 전체 글을 작문하세요.

PART 3

실전 트레이닝

제1회

第 一 部 分

第91-98题：完成句子。

> 例如： 发表　这篇论文　什么时候　是　的
>
> 这篇论文是什么时候发表的?

91. 造成　连日的　水灾　多处地区　大雨　严重的

92. 学习　要　你　工作方法　认真　他的

93. 她　坚持去　这几年　孤寡老人　一直　养老院　照顾

94. 被　泄露　商业机密　他　出去　公司的　了

95. 中国的　很大的　有了　经济　改革开放20年后　发展

96. 起来　妈妈　外面的衣服　让　把　收　你

97. 刚　听不懂　上汉语课时　老师的话　李明浩　根本

98. 面试官的问题　充满　面试时　自信地　应该　回答

第 二 部 分

第99-100题：写短文。

99. 请结合下列词语(要全部使用)，写一篇80字左右的短文。

 代替、担心、道歉、训练、及时

100. 请结合这张图片写一篇80字左右的短文。

제2회

第 一 部 分

第91-98题：完成句子。

> 例如： 发表　这篇论文　什么时候　是　的
>
> 这篇论文是什么时候发表的?

91. 新的调整　着　股票市场　面临　〔기출〕

92. 获得了　那个　设计　批准　方案

93. 再　推迟了　会议日期　不能

94. 招模特儿　墙上　的　广告　贴着

95. 他　食物　分配给了　把　每个士兵

96. 他的　佩服　勇气　很让我

97. 预订　3号桌　已经　了　被　别人

98. 重新　请　您的密码　输入　您

第 二 部 分

第99-100题：写短文。

99. 请结合下列词语(要全部使用)，写一篇80字左右的短文。

　　尤其、调皮、破坏、特意、微笑

100. 请结合这张图片写一篇80字左右的短文。

第 一 部 分

第91-98题：完成句子。

> 例如： 发表　这篇论文　什么时候　是　的
>
> 这篇论文是什么时候发表的?

91. 得　采取　措施　我们　立即

92. 小狗　朝　摇了摇　主人　尾巴

93. 很生气　说的话　她　让　人

94. 从北京　我们　去西藏　是　出发　的

95. 躺着　他　呢　看书　在床上

96. 参加高考的　心理负担　学生　有　不能　一点儿

97. 没人的地方　喊一会儿　心情郁闷时　到　可以　大声

98. 弄　让　坏　我的照相机　了　弟弟

第 二 部 分

第99-100题：写短文。

99. 请结合下列词语(要全部使用)，写一篇80字左右的短文。

 吸引、享受、京剧、业余、艺术

100. 请结合这张图片写一篇80字左右的短文。

第 一 部 分

第91-98题：完成句子。

> 例如： 发表　 这篇论文　 什么时候　 是　 的
>
> 这篇论文是什么时候发表的?

91. 是　 电视　 最便宜的　 算得上　 文化消费

92. 他　 给的　 满意　 对公司　 薪水　 不

93. 在教室里　 很多　 坐着　 书　 学生　 看

94. 总是　 留　 给学生　 很多　 李老师　 作业

95. 把　 请你　 会议的文件　 给　 快　 发　 我

96. 健康　 多吃　 眼睛的　 于　 胡萝卜　 有益

97. 她　 不比你　 灵活　 做事　 可

98. 就　 工作　 辞掉　 小丽　 了　 结完婚

第 二 部 分

第99-100题：写短文。

99. 请结合下列词语(要全部使用)，写一篇80字左右的短文。

    聚餐、迟到、气氛、丰富、告别

100. 请结合这张图片写一篇80字左右的短文。

제5회

第 一 部 分

第91-98题：完成句子。

> 例如： 发表　这篇论文　什么时候　是　的
>
> <u>这篇论文是什么时候发表的?</u>

91. 一直　班主任家的　占线　电话

92. 七大奇迹　长城　是　世界　之一

93. 中老年消费者　这种产品　针对　主要

94. 要　她　出席此次　学术讨论会　邀请专家

95. 小马　一直　在　一家酒吧　经营

96. 删除　了　文件　电脑里的　他把

97. 她的　突出　工作　表现　非常

98. 从　不同的角度　我们　要学会　观察　事物

第 二 部 分

第99-100题：写短文。

99. 请结合下列词语(要全部使用)，写一篇80字左右的短文。

    机场、送行、拥抱、向往、匆忙

100. 请结合这张图片写一篇80字左右的短文。

제6회

第 一 部 分

第91-98题：完成句子。

> 例如： 发表　这篇论文　什么时候　是　的
>
> 这篇论文是什么时候发表的?

91. 商业文化　是　中心城市　中国的　上海

92. 工作表现　老板的　受到了　肯定　他的

93. 增加　来韩国　正在　旅游的　逐年　外国人

94. 他说的话　记在　把　心里了　深深地　我

95. 一上午　她　学了　汉语　在补习班　的

96. 心旷神怡　张家界的　令人　风景　真是

97. 中国留学　要是　去　啊　该　能　多好

98. 在这张表格里　请　个人情况　您的　填写

第 二 部 分

第99-100题：写短文。

99. 请结合下列词语(要全部使用)，写一篇80字左右的短文。

考试、紧张、优秀、鼓励、加油

100. 请结合这张图片写一篇80字左右的短文。

제7회

第 一 部 分

第91-98题：完成句子。

> 例如： 发表　这篇论文　什么时候　是　的
> 这篇论文是什么时候发表的?

91. 都　各大学的　上调了　学费　很多　今年

92. 非常　有　设计作品　创意　她的

93. 开放　面向　健身中心　所有的　这个小区的　业主

94. 很多　冲塌了　叫　百姓的房屋　都　洪水

95. 吃　陪我去　想不想　中国菜　你

96. 已经　《三国演义》　看过　我　了　三遍

97. 房间　女儿　外出时　干净　把　打扫得　趁妈妈　特别

98. 信任　朋友之间　重要　什么　的　比　都

第 二 部 分

第99-100题：写短文。

99. 请结合下列词语(要全部使用)，写一篇80字左右的短文。

 运动、身材、剧烈、心情、坚持

100. 请结合这张图片写一篇80字左右的短文。

제8회

第 一 部 分

第91-98题：完成句子。

> 例如： 发表　这篇论文　什么时候　是　的
>
> <u>这篇论文是什么时候发表的?</u>

91. 困难　让孩子　吃饭　的　定时定量地　是　很

92. 都　号召　响应　社会各界人士　节能减排的　积极

93. 这次　王红　特别　期末考试的成绩　优秀

94. 希望　能　集体活动　认真　我　对待　这次的　你

95. 赵军　交给　把　昨天　经理了　就　销售总结

96. 一个朋友　一会儿　要　机场　我　到　接

97. 改过自新的　再　一次　给　请　他　机会吧

98. 想办法　先　有困难时　解决　应该　自己

第 二 部 分

第99-100题：写短文。

99. 请结合下列词语(要全部使用)，写一篇80字左右的短文。

 春节、探望、热闹、希望、和睦

100. 请结合这张图片写一篇80字左右的短文。

제9회

第 一 部 分

第91-98题：完成句子。

> 例如： 发表　这篇论文　什么时候　是　的
>
> **这篇论文是什么时候发表的?**

91. 寄来的礼物　收到了　我　从韩国　男朋友　给我

92. 唱　他　歌　怎么样　不　得

93. 她　淋湿　浑身　被　上下　都　大雨　了

94. 无心　天气　让　炎热的　工作　人

95. 学习成绩　半年的努力　提高　所　她的　有　经过

96. 一摞　厚厚的　放着　试卷　老师的桌子上

97. 去　我　中国大学　决定　留学　毕业以后

98. 再大的困难　即使　我们　任务　也要　准时　遇到　完成

第 二 部 分

第99-100题：写短文。

99. 请结合下列词语(要全部使用)，写一篇80字左右的短文。

   成功、努力、梦想、辛苦、放弃

100. 请结合这张图片写一篇80字左右的短文。

제10회

第 一 部 分

第91-98题：完成句子。

例如： 发表　　这篇论文　　什么时候　　是　　的

这篇论文是什么时候发表的?

91. 翻译　　不对　　得　　这个句子　　你

92. 要想　　是　　最重要的　　成功　　勤奋

93. 努力　　他　　好同学　　不像　　那么　　学习

94. 充满了　　总是　　孩子　　好奇　　对身边的一切事物

95. 进行着　　一直　　贸易往来　　中韩两国　　在

96. 把　　他　　护照　　在机场里　　丢了　　不小心

97. 加班　　你　　发动　　都　　应该　　来　　所有员工

98. 多好　　你　　替我　　要是　　参加考试　　啊　　能

第 二 部 分

第99-100题：写短文。

99. 请结合下列词语(要全部使用)，写一篇80字左右的短文。

 环境、地铁、快捷、拥挤、尽量

100. 请结合这张图片写一篇80字左右的短文。

memo

해설

테스트 & 실전 트레이닝

Part 1 문장 완성하기

01 문장의 기본 구조   p.27

01 吃　张丽　苹果　爱

STEP 1 단어 해석
吃 동 먹다　　张丽 고유 장리(사람 이름)　　苹果 명 사과　　爱 동 좋아하다, 사랑하다

STEP 2 기본 문장 만들기
(1) 张丽 + 吃 + 苹果。 장리는 사과를 먹는다.
　　주어　 술어　목적어
(2) 张丽 + 爱 + 苹果。 장리는 사과를 좋아한다.
　　주어　 술어　목적어

STEP 3 살 붙이기
张丽 + 爱 + 吃 + 苹果。 장리는 사과 먹기를 좋아한다.
주어　 술어　　　목적어

해설 심리동사 爱는 종종 동사구를 목적어로 취해, '爱+동사(구)'의 형태로 '~하기를 좋아하다'의 뜻을 나타낸다.
예 他爱看京剧。 그는 경극 보는 것을 좋아한다.
　　　목적어(동사구)

정답 张丽爱吃苹果。 장리는 사과 먹기를 좋아한다.

필수어휘 吃 chī 동 먹다 | 苹果 píngguǒ 명 사과 | 爱 ài 동 사랑하다, 좋아하다

02 一定　互相　你们　帮助　要

STEP 1 단어 해석
一定 부 반드시　　互相 부 서로　　你们 대 너희　　帮助 동 도와주다　　要 조동 필요하다, ~하고 싶다, ~해야 하다

STEP 2 기본 문장 만들기
你们 + 帮助。 너희는 돕는다.
주어　　술어

STEP 3 살 붙이기
你们 + 一定 + 要 + 互相 + 帮助。 너희는 반드시 서로 도와야 한다.
주어　　　부사어　　　　　술어

해설 (1) 一定要는 '반드시 ~해야 한다'라는 의미의 부사어로, 술어 앞에 자주 쓰인다.
　　　　예 你一定要走。너는 반드시 가야 한다.
(2) 互相은 일반적으로 2음절 동사나 동사성 단어를 수식한다. 따라서 수식을 받는 단어 바로 앞에 놓인다.
　　　　예 他们互相尊重。그들은 서로 존중한다.

정답 你们一定要互相帮助。 너희는 반드시 서로 도와야 한다.

필수어휘 一定 yídìng 閠 반드시 | 互相 hùxiāng 閠 서로, 상호 | 帮助 bāngzhù 동 도와주다, 돕다 | 要 yào 조동 ~해야 한다

03　我　　电话　　婚礼的　　接到　　邀请我　　一个朋友　　参加

STEP 1 단어 해석
我 대 나　　电话 명 전화　　婚礼的 명+조 결혼식의 (것)　　接到 동+[결과보어] 받았다
邀请我 동+[목적어] 나를 초대하다　　一个朋友 수량+명 친구 한 명　　参加 동 참가하다

STEP 2 기본 문장 만들기
(1) 我 + 接到 + 电话。 나는 전화를 받았다.
　　주어　술어+결과보어　목적어

(2) 겸어문 구조
　　一个朋友 + 邀请 我 + 参加 + 婚礼(的)　 한 친구가 나를 결혼식에 참가하라고 초대하다
　　주어1　　술어1+겸어　술어2　목적어2
　　　　　　목적어1/주어2

STEP 3 살 붙이기
我 + 接 到 + 一个朋友 + 邀请我 + 参加 + 婚礼的 + 电话。
주어　술어+결과보어　　　관형어(겸어문 구조)　　　　목적어
나는 한 친구가 나를 결혼식에 참가하라고 초대하는 전화를 받았다.

해설 (1) 겸어문의 기본 유형: 주어1+술어1(请/叫/让/使)+목적어1/주어2(겸어)+술어2+목적어2
　　　　예 他们邀请我们参观展览会。 그들은 우리를 전람회에 참관하도록 초청했다.
(2) 수량사의 단순한 구조뿐만 아니라, 겸어문과 같이 복잡한 구조도 관형어가 될 수 있다.

정답 我接到一个朋友邀请我参加婚礼的电话。 나는 결혼식에 와달라는 한 친구의 전화를 받았다.

필수어휘 电话 diànhuà 명 전화 | 婚礼 hūnlǐ 명 결혼식 | 接 jiē 동 받다 | 邀请 yāoqǐng 동 초청하다, 초대하다 | 朋友 péngyou 명 친구 | 参加 cānjiā 동 참가하다

04　不　　工作　　跟这么笨的　　愿意　　一个人　　一起　　我

STEP 1 단어 해석
不 閠 아니다　　工作 동 일하다 명 일　　跟这么笨的 [전치사구] 이렇게 우둔한 것과　　愿意 동 원하다
一个人 수량+명 한 사람　　一起 閠 함께　　我 대 나

해설 175

STEP 2 기본 문장 만들기
(1) 我 + 不 + 愿意 + 工作。 나는 일하기를 원하지 않는다.
　　주어　부사어　술어　목적어

(2) 고정표현
跟 这么笨的 + 一个 + 人 + 一起 이렇게 우둔한 사람과 함께
　　관형어　　　　명사　부사

STEP 3 살 붙이기
我 + 不 + 愿意 + 跟这么笨的 + 一个人 + 一起 + 工作。
주어　부사어　술어　　　　　　　　　　　　　목적어
나는 이렇게 우둔한 사람과 함께 일하는 것을 원하지 않는다.

해설 (1) 愿意는 뒤에 주로 동사(구)를 목적어로 취한다.
예 我 愿意学汉语。 나는 중국어를 배우기를 원한다.
　　　목적어(동사구)

(2) 跟~一起는 '~와 함께'라는 뜻으로 자주 함께 붙어 다니므로 꼭 암기해두자.
예 你们不要跟他们一起玩。 너희 그들과 함께 놀지 마라.

정답 我不愿意跟这么笨的一个人一起工作。 나는 이렇게 우둔한 사람과 함께 일하고 싶지 않다.

필수어휘 工作 gōngzuò 통 일하다 명 일, 직업 | 跟 gēn 전 ~와, ~에게 | 这么 zhème 대 이러한, 이렇게 | 笨 bèn 형 멍청하다, 어리석다, 우둔하다 | 愿意 yuànyì 통 바라다, 동의하다 | 一起 yìqǐ 부 함께

---

05 对　他　非常　父母的态度　礼貌　不

STEP 1 단어 해석
对 전 ~에 대해서　他 대 그　非常 부 매우　父母的态度 [관형어]+[조]+[명] 부모의 태도
礼貌 형 예의 바르다 명 예의, 예절　不 부 아니다

STEP 2 기본 문장 만들기
他 + 非常 + 礼貌。 그는 매우 예의 바르다.
주어　부사어　술어

STEP 3 살 붙이기
他 + 对 + 父母的态度 + 非常 + 不 + 礼貌。 그는 부모에 대한 태도가 매우 예의 바르지 않다.
주어　　　　　　　　　부사어　　　술어

해설 'A对B很~'는 'A는 B에 대해서 매우 ~하다'라는 뜻이다. 전치사가 있는 문장에서 부사는 전치사 앞에 위치하는 것이 원칙이지만, 이 구문에서 부사 非常은 술어의 정도를 수식하므로, 술어 앞에 놓인다는 점을 명심하자.
예 我对中国很感兴趣。 나는 중국에 대해 관심이 많다.

정답 他对父母的态度非常不礼貌。 그의 부모에 대한 태도는 매우 예의가 없다.

필수어휘 对 duì 전 ~에 대해 | 非常 fēicháng 부 대단히, 굉장히 | 父母 fùmǔ 명 부모 | 态度 tàidu 명 태도 | 礼貌 lǐmào 형 예의 바르다 명 예의, 예절

06 　精彩　　拍的　　这个导演　　非常　　连续剧

STEP 1 단어 해석
精彩 휑 재미있다　　拍的 동+조 찍은(것)　　这个导演 [관형어]+명 이 감독　　非常 부 매우　　连续剧 명 연속극

STEP 2 기본 문장 만들기
连续剧 + 非常 + 精彩。연속극이 매우 재미있다.
　주어　부사어　술어

STEP 3 살 붙이기
<u>这个导演</u> + 拍的 + <u>连续剧</u> + <u>非常</u> + <u>精彩</u>。이 감독이 찍은 연속극은 매우 재미있다.
　관형어　　　　　　주어　　　부사어　　술어

해설 주술구(주어+술어)도 관형어가 될 수 있다.
예 妈妈做的中国菜非常好吃。엄마가 만드신 중국요리는 매우 맛있다.
　관형어(주술구)

정답 <u>这个导演拍的连续剧非常精彩。</u> 이 감독이 찍은 연속극은 매우 재미있다.

필수어휘 精彩 jīngcǎi 휑 재미있다, 훌륭하다 | 拍 pāi 동 찍다, 촬영하다 | 导演 dǎoyǎn 명 감독 | 非常 fēicháng 부 매우, 대단히, 굉장히 | 连续剧 liánxùjù 명 연속극, 드라마

07 　他们　　回忆　　他　　非常珍惜　　共同的　　宝贵

STEP 1 단어 해석
他们 대 그들　　回忆 명 추억　　他 대 그　　非常珍惜 부+동 매우 아끼다　　共同的 휑+조 공동의 (것)
宝贵 휑 귀중하다

STEP 2 기본 문장 만들기
他 + 非常 珍惜 + 回忆。그는 추억을 매우 소중히 여긴다.
주어　부사어+술어　목적어

STEP 3 살 붙이기
他 + 非常 珍惜 + <u>他们</u> + <u>共同的</u> + <u>宝贵</u> + 回忆。
주어　부사어+술어　　　　　관형어　　　　　　　목적어
그는 그들 공동의 귀중한 추억을 매우 소중히 여긴다.

해설 珍惜의 목적어는 时间(시간), 友谊(우정), 人才(인재), 生命(생명) 등 주로 추상적인 것들이 온다.
예 我们应该珍惜时间。우리는 반드시 시간을 소중히 해야 한다.

정답 <u>他非常珍惜他们共同的宝贵回忆。</u> 그는 그들 공동의 귀중한 추억을 매우 소중히 여긴다.

필수어휘 回忆 huíyì 명 추억, 기억 | 非常 fēicháng 부 매우, 대단히, 굉장히 | 珍惜 zhēnxī 동 아끼다, 소중히 여기다 | 共同 gòngtóng 휑 공동의, 공통되다 | 宝贵 bǎoguì 휑 귀중하다

08 都称赞 烤鸭 餐厅的 地道 很 专家们

STEP 1 단어 해석
都称赞 (부+동) 모두 칭찬하다   烤鸭 (명) 오리구이   餐厅的 (명)+(조) 음식점의 (것)
地道 (형) 제대로다, 정통이다   很 (부) 매우   专家们 (명) 전문가들

STEP 2 기본 문장 만들기
专家们 + 都 称赞 + 烤鸭 + 很 + 地道。 전문가들은 모두 오리구이가 매우 정통이라고 칭찬한다.
 주어   부사어+술어   목적어(주술구)

STEP 3 살 붙이기
专家们 + 都 称赞 + 餐厅的 + 烤鸭 + 很 + 地道。
 주어   부사어+술어   목적어(관형어+주어+부사어+술어)
전문가들은 모두 식당의 오리구이가 매우 정통이라고 칭찬한다.

해설 명사나 대사뿐만 아니라, 주술구도 목적어 위치에 올 수 있다는 사실을 알아야 한다.

정답 专家们都称赞餐厅的烤鸭很地道。 전문가들은 모두 식당의 오리구이가 매우 정통이라고 칭찬한다.

필수어휘 都 dōu (부) 모두, 다 | 称赞 chēngzàn (동) (말로써) 칭찬하다 | 烤鸭 kǎoyā (명) 오리구이 | 餐厅 cāntīng (명) 식당 | 地道 dìdao (형) 순수하다, 진짜다, 제대로다, 정통이다 | 专家 zhuānjiā (명) 전문가

02 有자문

p.32

01 这种　有　对　减肥　很　机器　帮助

STEP 1 단어 해석
这种 [대+양] 이러한　有 [동] 있다　对 [전] ~에 대해서　减肥 [동] 다이어트하다　很 [부] 매우　机器 [명] 기계
帮助 [동] 도와주다

STEP 2 기본 문장 만들기
机器 + 有 + 帮助。기계는 도움이 된다.
　주어　술어　목적어

STEP 3 살 붙이기
这种 + 机器 + 对 + 减肥 + 很 + 有 + 帮助。이런 기계는 다이어트에 매우 도움이 된다.
관형어　주어　　부사어　술어　목적어

[해설] 'A 对 B 很有帮助'는 'A가 B에 매우 도움이 된다'라는 뜻으로, 이러한 표현은 고정격식처럼 외워두는 것이 좋다.
　　예 天天锻炼身体对健康很有帮助。매일 체력을 단련하는 것은 건강에 매우 도움이 된다.

[정답] 这种机器对减肥很有帮助。 이 기계는 다이어트에 매우 도움이 된다.

[필수어휘] 减肥 jiǎnféi [동] 살을 빼다 | 机器 jīqì [명] 기계

02 王立　有　汉语　的　了　进步　明显的

STEP 1 단어 해석
王立 [고유] 왕리(사람 이름)　有 [동] 있다　汉语 [명] 중국어　的 [조] ~의, ~한 것　了 [조] ~했다
进步 [동] 발전하다, 진보하다　明显的 [형]+[조] 뚜렷한 (것)

STEP 2 기본 문장 만들기
汉语 + 有 + 了 + 进步。중국어에 진전이 생겼다.
주어　술어 동태조사 목적어

STEP 3 살 붙이기
王立 + 的 + 汉语 + 有 + 了 + 明显的 + 进步。왕리의 중국어에는 뚜렷한 진전이 생겼다.
관형어 구조조사 주어　술어 동태조사 관형어　목적어

[해설] 'A有了进步'는 'A에 진전이 생겼다'라는 뜻으로, 'A有了很大进步(A에 많은 진전이 생겼다)'처럼 응용할 수 있다. 이러한 표현은 고정격식처럼 외워두는 것이 좋다.
　　예 他的汉语成绩有了很大进步。그의 중국어 성적은 매우 많은 진전이 있다.

[정답] 王立的汉语有了明显的进步。 왕리의 중국어는 뚜렷한 진전이 있다.

[필수어휘] 明显 míngxiǎn [형] 뚜렷하다, 분명하다

03 通过   你   有   信心   没有   考试

STEP 1 단어 해석
通过 통 통과하다   你 대 너   有 통 있다   信心 명 자신감   没有 통 없다   考试 명 시험 통 시험을 보다

STEP 2 기본 문장 만들기
你 + 有 + 没有 + 信心？ 너는 자신감이 있니 없니?
주어   술어   목적어

STEP 3 살 붙이기
你 + 有 + 没有 + 信心 + 通过 + 考试？ 너는 시험에 통과할 자신이 있니 없니?
주어 술어1   목적어1   술어2   목적어2

해설 有를 사용한 연동문에서는 有의 목적어 뒤에 오는 동사구가 有의 목적어를 보충 설명하여, '~할 ~가 있다/없다'로 해석한다.
예 我有钱还你。 나는 네게 돌려 줄 돈이 있어.
我没有话跟你说。 나는 네게 할 말이 없어.
我有一个问题请教教授。 나는 교수님께 여쭤볼 문제가 하나 있다.

정답 你有没有信心通过考试? 너는 시험에 통과할 자신이 있니 없니?

필수어휘 通过 tōngguò 통 통과하다 | 信心 xìnxīn 명 자신감

Tip 답이 의문문으로 배열된다면 문장 끝에 마침표(。)가 아니라 물음표(?)를 써준다.

04 减少   考生   有   人数   所

STEP 1 단어 해석
减少 통 감소하다   考生 명 수험생   有 통 있다   人数 명 인원수   所 조 ~하는 바

STEP 2 기본 문장 만들기
人数 + 减少。 인원수가 감소했다.
주어   술어

STEP 3 살 붙이기
考生 + 人数 + 有 + 所 + 减少。 수험생 인원수가 다소 감소했다.
관형어   주어   술어   목적어

해설 '有所+2음절 동사'는 '다소 ~하다'라는 뜻으로, 이러한 표현은 고정격식처럼 외워두는 것이 좋다.
예 商品的产量有所增加。 상품의 생산량이 다소 증가했다.

정답 考生人数有所减少。 수험생 수가 다소 감소했다.

필수어휘 减少 jiǎnshǎo 통 감소하다 | 有所 yǒusuǒ 다소 ~하다

05 这台　点儿　电脑　问题　新买的　有

STEP 1 단어 해석
这台 [대]+[양] 이 한 대의　点儿 [양] 조금　电脑 [명] 컴퓨터　问题 [명] 문제　新买的 [동사구]+[조] 새로 산 (것)
有 [동] 있다

STEP 2 기본 문장 만들기
电脑 + 有 + 问题。컴퓨터에 문제가 있다.
　주어　술어　목적어

STEP 3 살 붙이기
这台 + 新买的 + 电脑 + 有 + 点儿 + 问题。이 새로 산 컴퓨터는 문제가 조금 있다.
　관형어　　주어　술어　보어　목적어

해설 관형어의 순서를 묻는 문제다. '지시대사+양사+동사구 수식어+的'의 순서를 기억하자.
　这台 + 新买的 + 电脑
지시대사+양사　동사구 수식어　피수식어

정답 这台新买的电脑有点儿问题。이 새로 산 컴퓨터는 문제가 좀 있다.

필수어휘 台 tái [양] 대[기계를 세는 양사]

06 很多国家　往来　和世界上　都有　我们　贸易

STEP 1 단어 해석
很多国家 [형용사구]+[명] 많은 국가　往来 [동] 왕래하다　和世界上 [전치사구] 세계와　都有 [부]+[동] 모두 있다
我们 [대] 우리　贸易 [명] 무역

STEP 2 기본 문장 만들기
我们 + 都　有 + 往来。우리는 모두 왕래가 있다.
　주어　부사어+술어　목적어

STEP 3 살 붙이기
我们 + 和世界上 + 很多国家 + 都 有 + 贸易 + 往来。
　주어　　부사어　　　술어　관형어　목적어
우리는 세계의 많은 국가들과 모두 무역 왕래가 있다.

해설 和는 대상을 이끌어내는 전치사이므로 주어 뒤, 다른 부사나 술어 앞에 가장 많이 위치한다.
예 我和那位老师见过几面。나는 그 선생님과 몇 번 만난 적이 있다.

정답 我们和世界上很多国家都有贸易往来。우리는 세계의 많은 국가들과 모두 무역 교류를 한다.

필수어휘 往来 wǎnglái [동] 왕래하다 | 贸易 màoyì [명] 무역

07 明天下午　到　我　三点　没有　五点　事

STEP 1 단어 해석
明天下午 [시간명사] 내일 오후　到 [전] ~까지 [동] 도착하다　我 [대] 나　三点 [수량] 3시　没有 [동] 없다
五点 [수량] 5시　事 [명] 일, 사무

STEP 2 기본 문장 만들기
我 + 没有 + 事。나는 일이 없다.
　주어　술어　목적어

STEP 3 살 붙이기
我 + 明天下午 + 三点 + 到 + 五点 + 没有 + 事。나는 내일 오후 3시부터 5시까지 일이 없다.
주어　　부사어　　　　　　　　술어　목적어

明天下午 + 我 + 三点 + 到 + 五点 + 没有 + 事。내일 오후에 나는 3시부터 5시까지 일이 없다.
　부사어　　주어　　부사어　　　　　술어　목적어

해설 시간명사구(明天下午)는 주어의 앞뒤에 모두 올 수 있으나, 시간을 나타내는 전치사구(三点到五点)는 주어 뒤 술어 앞에 와야 한다.

정답 我明天下午三点到五点没有事。나는 내일 오후 3시에서 5시까지 일이 없다.
　　　 明天下午我三点到五点没有事。내일 오후에 나는 3시에서 5시까지 일이 없다.

필수어휘 明天 míngtiān [명] 내일

08 非常漂亮的　附近　公园　有　学校　个

STEP 1 단어 해석
非常漂亮的 [형용사구]+[조] 매우 아름다운 (것)　附近 [명] 근처　公园 [명] 공원　有 [동] 있다　学校 [명] 학교
个 [양] 개

STEP 2 기본 문장 만들기
附近 + 有 + 公园。근처에 공원이 있다.
주어　술어　목적어

STEP 3 살 붙이기
学校 + 附近 + 有 + 个 + 非常漂亮的 + 公园。학교 근처에 아름다운 공원이 하나 있다.
관형어　주어　술어　관형어　　　　　　목적어

해설 (1) 존재를 나타내는 有는 '장소/시간+有+사람/사물'의 형식으로 쓰며, 어떤 장소나 시간에 '~이 있다'라고 해석하면 된다.
　　　 [예] 银行里有很多人。은행에 많은 사람이 있다.
　　　 (2) 의미상 公园이 学校보다 漂亮과 더 잘 어울리므로, 非常漂亮的는 公园을 꾸며주는 관형어가 된다.

정답 学校附近有个非常漂亮的公园。학교 근처에 매우 아름다운 공원이 하나 있다.

필수어휘 附近 fùjìn [명] 부근

03 是자문

p.38

01 喜欢的　我　就　电视节目　是新闻　最

STEP 1 단어 해석
喜欢的 동+조 좋아하는 (것)　我 대 나　就 부 바로　电视节目 명 TV 프로그램
是新闻 동+[목적어] 뉴스다　最 부 가장

STEP 2 기본 문장 만들기
我 + 喜欢的 + 电视节目 + 是 + 新闻。 내가 좋아하는 TV 프로그램은 뉴스다.
　관형어　　　　주어　　　술어+목적어

STEP 3 살 붙이기
我 + 最 + 喜欢的 + 电视节目 + 就 + 是 + 新闻。 내가 가장 좋아하는 TV 프로그램은 바로 뉴스다.
　관형어　　　　　주어　　　부사어　술어+목적어

해설 명사, 대사뿐만 아니라, '주어+부사어+술어(我最喜欢)'와 같은 복잡한 구조도 관형어가 될 수 있다.

정답 我最喜欢的电视节目就是新闻。 내가 가장 좋아하는 TV 프로그램은 바로 뉴스다.

필수어휘 电视节目 diànshì jiémù 명 TV 프로그램 | 新闻 xīnwén 명 뉴스

02 要　不是　参加　你　书法比赛　报名　吗

STEP 1 단어 해석
要 조동 ~해야 하다, 하고 싶다　不是 부+동 아니다　参加 동 참가하다　你 대 너
书法比赛 명 서예 대회　报名 동 등록하다　吗 조 ~입니까?

STEP 2 기본 문장 만들기
(1) 报名 + 参加 + 书法比赛 서예 대회에 참가 등록을 하다
　　술어1　술어2　　목적어

(2) 你 + 不是 + 报名 + 参加 + 书法比赛 + 吗? 너는 서예 대회에 참가 등록을 하지 않니?
　주어　부사어+술어　　　　목적어　　　어기조사

STEP 3 살 붙이기
你 + 不是 + 要 + 报名 + 参加 + 书法比赛 + 吗? 너는 서예 대회에 참가 등록을 하려고 하지 않니?
주어　부사어+술어　　　　　목적어　　　어기조사

해설 '不是~吗?'는 '~ 아닌가?'라는 뜻으로, 일종의 반어문이다. 거의 맞다는 것을 확신하고 묻는 질문이다.

정답 你不是要报名参加书法比赛吗? 너는 서예 대회에 참가 등록을 하려고 하지 않니?

필수어휘 书法 shūfǎ 명 서예 | 比赛 bǐsài 명 대회

Tip 답이 의문문으로 배열된다면 문장 끝에 마침표(。)가 아니라 물음표(?)를 써준다.

03 那儿 是 不 借来 这本杂志 从同学 的

STEP 1 단어 해석
那儿 [대] 거기 是 [동] ~이다 不 [부] 아니다 借来 [동]+[보어] 빌려 오다 这本杂志 [대]+[양]+[명] 이 잡지
从同学 [전치사구] 친구한테 的 [조] ~의, ~한 것

STEP 2 기본 문장 만들기
这本杂志 + 是 + 借来 + 的。 이 잡지는 빌려 온 것이다.
　주어　　[강조]　술어+결과보어　[강조]

STEP 3 살 붙이기
这本杂志 + 不 + 是 + 从同学 + 那儿 + 借来 + 的。 이 잡지는 친구한테 빌려 온 것이 아니다.
　주어　　[강조]　　　　부사어　　　술어+결과보어　[강조]

해설 '是~的'의 부정형은 '不是~的'이다. 이 문장의 긍정형은 '这本杂志是从同学那儿借来的(이 잡지는 친구한테 빌려 온 것이다)'가 된다.

정답 这本杂志不是从同学那儿借来的。 이 잡지는 친구한테 빌려 온 것이 아니다.

필수어휘 借 jiè [동] 빌리다

---

04 辛苦 古时候 是 很 猎人捕猎 的

STEP 1 단어 해석
辛苦 [형] 수고하다 古时候 [명] 옛날 是 [동] ~이다 很 [부] 매우 猎人捕猎 [주술구] 사냥꾼이 사냥하다
的 [조] ~의, ~한 것

STEP 2 기본 문장 만들기
猎人捕猎 + 很 + 辛苦。 사냥꾼이 사냥하는 것은 매우 힘들다.
　주어　　부사어　술어

STEP 3 살 붙이기
古时候 + 猎人捕猎 + 是 + 很 + 辛苦 + 的。 옛날에 사냥꾼이 사냥을 하는 것은 매우 힘든 것이었다.
　부사어　　주어　　[강조]　부사어　술어　[강조]

해설 '是~的' 강조구문은 진술자의 견해·의견·태도 등을 나타내기도 한다. 이때 긍정적인 판단이나 어기를 강조한다.
　예) 这个问题是很难解决的。 이 문제는 해결하기가 매우 어려운 것이다.

정답 古时候猎人捕猎是很辛苦的。 옛날에 사냥꾼이 사냥을 하는 것은 매우 힘든 일이었다.

필수어휘 猎人 lièrén [명] 사냥꾼 | 捕猎 bǔliè [동] 사냥하다 | 辛苦 xīnkǔ [형] 고생스럽다

05 是　作家　我　理想　当　的

STEP 1 단어 해석
是 동~이다　作家 명 작가　我 대 나　理想 명 이상, 꿈 형 이상적이다　当 동 맡다, 담당하다
的 조 ~의, ~한 것

STEP 2 기본 문장 만들기
理想 + 是 + 当 + 作家。 꿈은 작가가 되는 것이다.
　주어　　술어　　목적어

STEP 3 살 붙이기
我 + 的 + 理想 + 是 + 当 + 作家。 내 꿈은 작가가 되는 것이다.
관형어 구조조사 주어　술어　목적어

해설　여기서 是는 동격을 의미하는 동사로, 주어와 목적어의 위치를 바꿔도 의미의 변화는 거의 없다.
예 它是我的小狗。 그것은 나의 강아지다. = 我的小狗是它。 내 강아지는 그것이다.

정답　我的理想是当作家。 내 꿈은 작가가 되는 것이다.
当作家是我的理想。 작가가 되는 것이 내 꿈이다.

필수어휘　当 dāng 동 (~가) 되다

06 在新华书店　的　是　买　这本书

STEP 1 단어 해석
在新华书店 [전치사구] 신화서점에서　的 조 ~의, ~한 것　是 동 ~이다　买 동 사다　这本书 대+양+명 이 책

STEP 2 기본 문장 만들기
这本书 + 是 + 买 + 的。 이 책은 산 것이다.
　주어　[강조] 술어 [강조]

STEP 3 살 붙이기
这本书 + 是 + 在新华书店 + 买 + 的。 이 책은 신화서점에서 산 것이다.
　주어　[강조]　부사어　　술어 [강조]

해설　'是~的' 강조구문은 이미 실현되거나 완성된 동작의 장소·대상·시간·방식 등을 강조한다. '주어+是
+동작이 일어난 시간·장소·방식·대상·원인 등+的'의 형태로 쓴다.
예 我是几年前来韩国的。 저는 몇 년 전에 한국에 왔습니다.

정답　这本书是在新华书店买的。 이 책은 신화서점에서 산 것이다.

필수어휘　书店 shūdiàn 명 서점

07 | 专门　是　画　个　中国画　画家　他　的

STEP 1 단어 해석
专门 형 전문적이다　是 동 ~이다　画 동 그리다 명 그림　个 양 개　中国画 명 중국 그림
画家 명 화가　他 대 그　的 조 ~의, ~한 것

STEP 2 기본 문장 만들기
他 + 是 + 画家。그는 화가다.
주어　술어　목적어

STEP 3 살 붙이기
他 + 是 + 个 + 专门 + 画 + 中国画 + 的 + 画家。그는 중국 그림을 전문적으로 그리는 화가다.
주어　술어　　　　관형어　　　　　구조조사 목적어

해설 是자문에서 목적어가 범위나 분야를 나타내고, 주어가 그에 속한 구성원임을 나타낼 때, 주어와 목적어의 위치는 바꿀 수 없다.
예 她是我们语言中心的进修生。그녀는 우리 어학센터의 연수생이다.
我们语言中心的进修生是她。(X)
→ 어학센터의 연수생은 그녀 한 명만이 아니기 때문에 틀린 문장이 된다.

정답 他是个专门画中国画的画家。그는 전문적으로 중국 그림을 그리는 화가다.

필수어휘 专门 zhuānmén 형 전문적이다

08 | 能　这个问题　解决　的　是　一定

STEP 1 단어 해석
能 조동 ~할 수 있다　这个问题 대+양+명 이 문제　解决 동 해결하다　的 조 ~의, ~한 것
是 동 ~이다　一定 부 반드시

STEP 2 기본 문장 만들기
这个问题 + 是 + 解决 + 的。이 문제는 해결된 것이다.
주어　　　[강조]　술어　[강조]

STEP 3 살 붙이기
这个问题 + 是 + 一定 + 能 + 解决 + 的。이 문제는 반드시 해결할 수 있는 것이다.
주어　　　[강조]　부사어　　　술어　[강조]

해설 '是~的' 강조구문은 진술자의 견해·의견·태도 등을 나타내기도 하며, 이때는 긍정적인 판단이나 어기를 강조한다.
예 他的意见是十分明确的。그의 의견은 매우 명확한 것이다.

정답 这个问题是一定能解决的。이 문제는 반드시 해결할 수 있는 것이다.

필수어휘 解决 jiějué 동 해결하다

04 연동문 / 겸어문 p.44

01 旅游时　我们　要带的　出去　物品吧　买些

STEP 1 단어 해석
旅游时 [명사구] 여행할 때　　我们 [대] 우리　　要带的 [조동]+[동]+[조] 지녀야 하는 (것)　　出去 [동] 나가다
物品吧 [명]+[조] 물품을 ~하자　　买些 [동]+[양] 좀 사다

STEP 2 기본 문장 만들기
我们 + 出去 + 买 些 + 物品 吧。 우리 나가서 물품을 조금 사자.
　주어　술어1　술어2+관형어　목적어+어기조사

STEP 3 살 붙이기
我们 + 出去 + 买 些 + 旅游时 + 要带的 + 物品 吧。
　주어　술어1　술어2　　관형어　　　　　목적어+어기조사
우리 여행할 때 가져가야 하는 물품을 좀 사러 나가자.

해설　한 문장에 동사가 2개 이상인 연동문이다. 연동문이 나타내는 의미는 여러 가지가 있는데 이 문제는 뒤의 동사(买)가 앞 동사(出去)의 목적이 되는 형태다.
예) 我去中国旅行。 나는 여행하러 중국에 간다.

정답　我们出去买些旅游时要带的物品吧。　우리 여행할 때 가져가야 할 물품을 좀 사러 나가자.

필수어휘　旅游 lǚyóu [동] 여행하다 ｜ 带 dài [동] (몸에) 지니다, 휴대하다 ｜ 物品 wùpǐn [명] 물건

02 坐地铁　公司　最好　你　去　上班

STEP 1 단어 해석
坐地铁 [동]+[목적어] 전철을 타다　　公司 [명] 회사　　最好 [부] ~하는 것이 가장 좋다　　你 [대] 너　　去 [동] 가다
上班 [동] 출근하다

STEP 2 기본 문장 만들기
你 + 坐 地铁 + 去 + 公司 + 上班。 너는 지하철을 타고 회사에 출근하러 가라.
주어　술어1+목적어1　술어2　목적어2　술어3

STEP 3 살 붙이기
你 + 最好 + 坐 地铁 + 去 + 公司 + 上班。 너는 지하철을 타고 회사에 출근하러 가는 것이 가장 좋다.
주어　부사어　술어1+목적어1　술어2　목적어2　술어3

해설　(1) 이 문제는 앞의 동사(坐)가 뒤의 동사(去/上班)를 하기 위한 수단이나 방식을 나타내는 연동문이다.
예) 我骑自行车去。 나는 자전거를 타고 간다.
(2) 제시어에 여러 개의 술어가 보일 때는 논리적인 순서에 따라 나열하고, 각각 어울리는 목적어가 있는지 살펴 연결시킨다.

정답　你最好坐地铁去公司上班。　너는 지하철을 타고 출근하러 가는 것이 가장 좋다.

필수어휘　最好 zuìhǎo [부] ~하는 것이 가장 좋다

해설 **187**

03 加班　我们公司的　总是　老板　我们　要求

STEP 1　단어 해석
加班 동 야근하다　我们公司的 대+명+조 우리 회사의 (것)　总是 부 항상　老板 명 사장
我们 대 우리　要求 동 요구하다 명 요구

STEP 2　겸어문 만들기
▶ 겸어문의 기본 구조: 주어1+술어1(请/叫/让/使/令/命令/要求/派)+목적어1/주어2+술어2+목적어2
老板 + 要求 + 我们 + 加班。사장은 우리에게 야근하기를 요구한다.
　주어1　　술어1　　목적어1/주어2　술어2

STEP 3　살 붙이기
我们公司的 + 老板 + 总是 + 要求 + 我们 + 加班。
　관형어　　　주어　　부사어　술어1　목적어1/주어2　술어2
우리 회사의 사장님은 항상 우리에게 야근하기를 요구하신다.

해설　请/叫/让/使뿐만 아니라, 令/命令/要求/派 등도 겸어문을 만들 수 있는 동사다. 이러한 동사들이 있다면 겸어문의 어순을 떠올려야 한다.
예 校长要求学生们穿学校服装。교장 선생님은 학생들에게 교복을 입기를 요구하신다.

정답　我们公司的老板总是要求我们加班。우리 회사의 사장님은 항상 우리에게 야근하기를 요구하신다.

필수어휘　总是 zǒngshì 부 늘, 줄곧 | 要求 yāoqiú 동 요구하다 명 요구 | 老板 lǎobǎn 명 사장

04 辅导一下　请　她　英语　老师　想　给她

STEP 1　단어 해석
辅导一下 동+[보어] 좀 지도하다　请 동 청하다, 부탁하다　她 대 그녀　英语 명 영어　老师 명 선생님
想 조동 ~하고 싶다 동 생각하다　给她 [전치사구] 그녀에게

STEP 2　겸어문 만들기
▶ 겸어문의 기본 구조: 주어1+술어1(请/叫/让/使/令/命令/要求/派)+목적어1/주어2+술어2+목적어2
她 + 请 + 老师 + 辅导 一下 + 英语。그녀는 선생님에게 부탁해 영어를 좀 지도해달라고 한다.
주어1　술어1　목적어1/주어2　술어2+동량보어　목적어2

STEP 3　살 붙이기
她 + 想 + 请 + 老师 + 给她 + 辅导 一下 + 英语。
주어1　부사어　술어1　목적어1/주어2　부사어　술어2+동량보어　목적어2
그녀는 선생님에게 부탁해 그녀에게 영어를 좀 지도해달라고 하려고 한다.

해설　겸어동사 请이 있으므로 겸어문을 만든다. 겸어문의 기본 어순은 '주어1+(부사어)+술어1+목적어1/주어2(겸어)+술어2+목적어2'다. 조동사는 부사어의 자리에 두면 된다.

정답　她想请老师给她辅导一下英语。그녀는 선생님에게 영어를 좀 지도해달라고 부탁하려고 한다.

필수어휘　辅导 fǔdǎo 동 (학습을) 도우며 지도하다

05 走路　去　要　他　公司

STEP 1 단어 해석
走路 [동목구] 길을 걷다　去 [동] 가다　要 [조동] ~해야 하다, ~하려고 하다　他 [대] 그　公司 [명] 회사

STEP 2 기본 문장 만들기
他 + 去 + 公司。 그는 회사에 간다.
　주어　술어　목적어

STEP 3 살 붙이기
他 + 要 + 走 路 + 去 + 公司。 그는 걸어서 회사에 가려고 한다.
주어 부사어 술어1+목적어1 술어2 목적어2

해설
(1) 앞 동사(走)가 뒤 동사(去)의 수단이나 방법을 나타내는 연동문이다.
　　예) 我明天坐船去天津。 나는 내일 배를 타고 천진에 간다.
(2) 연동문에서 부사, 조동사, 전치사구 등 부사어는 첫 번째 동사 앞에 둔다.
　　예) 我很想去中国旅游。 나는 정말로 중국에 여행 가고 싶다.

정답 他要走路去公司。 그는 걸어서 회사에 가려고 한다.

필수어휘 走 zǒu [동] 걷다, 가다

06 很　让　我　这件事　感动

STEP 1 단어 해석
很 [부] 매우　让 [동] ~하게 하다　我 [대] 나　这件事 [대]+[양]+[명] 이 일　感动 [동] 감동하다

STEP 2 겸어문 만들기
▶ 겸어문의 기본 구조: 주어1+술어1(请/叫/让/使/令/命令/要求/派)+목적어1/주어2+술어2+목적어2
这件 事 + 让 + 我 + 感动。 이 일은 나를 감동하게 했다.
관형어+주어1　술어1　목적어1/주어2　술어2

STEP 3 살 붙이기
这件 事 + 让 + 我 + 很 + 感动。 이 일은 나를 매우 감동하게 했다.
관형어+주어1　술어1　목적어1/주어2　부사어　술어2

해설
(1) 겸어동사 让이 있으므로 겸어문을 만든다. 겸어문의 기본 구조는 '주어1+(부사어)+술어1+목적어1/주어2+술어2+목적어2'이며, 술어1의 자리에는 请/叫/让/使/令/命令/要求/派와 같은 동사들이 나온다.
　　예) 老师让我来他的办公室。 선생님께서 나더러 그의 사무실로 오라고 하셨다.
(2) 겸어문의 기본 구조에 의하면 부사어 很을 让 앞에 놓아야 하지만, 여기서 很은 정도부사이므로 심리 동사인 感动 바로 앞에 두어야 한다.

정답 这件事让我很感动。 이 일은 나를 매우 감동시켰다.

필수어휘 感动 gǎndòng [동] 감동하다, 감동받다

07 | 留学生　暑假的时候　外地　学校　旅行　组织　去

STEP 1 단어 해석
留学生 [명] 유학생　　暑假的时候 [시간명사구] 여름방학 때　　外地 [명] 외지, 지방　　学校 [명] 학교
旅行 [동] 여행하다　　组织 [동] 조직하다 [명] 조직　　去 [동] 가다

STEP 2 기본 문장 만들기
学校 + 组织 + 留学生 + 去 + 外地 + 旅行。학교는 유학생을 조직해 외지에 여행 가도록 한다.
　주어　 술어1　목적어1/주어2　술어2　목적어2　술어3

STEP 3 살 붙이기
暑假的时候 + 学校 + 组织 + 留学生 + 去 + 外地 + 旅行。
　부사어　　주어　술어1　목적어1/주어2　술어2　목적어2　술어3
여름방학 때 학교는 유학생을 조직해 외지에 여행 가도록 한다.

해설 暑假的时候는 시간명사구로 부사어 역할을 한다. 시간을 강조하기 위해 주어 앞에 놓인다. 组织가 겸어문을 만들 수 있다는 것을 몰랐더라도, 주어진 동사 旅行, 组织, 去를 시간 순서대로 배열하면 자연스럽게 어순을 정리할 수 있다.

정답 暑假的时候学校组织留学生去外地旅行。여름방학 때 학교는 유학생들이 외지에 여행을 가도록 조직한다.

필수어휘 暑假 shǔjià [명] 여름방학 | 组织 zǔzhī [동] 조직하다 [명] 조직, 단체

08 | 一定　你　要　在　赶到　十点钟　请　以前

STEP 1 단어 해석
一定 [부] 반드시　　你 [대] 너　　要 [조동] ~해야 하다, ~하려고 하다　　在 [동] ~에 있다 [전] ~에서
赶到 [동]+[보어] 서둘러 도착하다　　十点钟 [수량구] 10시 정각　　请 [동] ~해주세요　　以前 [명] 이전

STEP 2 겸어문 만들기
▶ 겸어문의 기본 구조: 주어1+술어1(请/叫/让/使/令/命令/要求/派)+목적어1/주어2+술어2+목적어2
请 + 你 + 赶到。당신은 도착해주세요.
술어1 목적어1/주어2 술어2+결과보어

STEP 3 살 붙이기
请 + 你 + 一定 + 要 + 在 + 十点钟 + 以前 + 赶到。
술어1 목적어1/주어2　　　부사어　　　　　술어2+결과보어
당신은 반드시 10시 이전에 서둘러 도착해주세요.

해설 겸어동사 请이 있으므로 겸어문의 구조를 떠올린다. 겸어문의 기본 구조는 '주어1+술어1+목적어1/주어2+술어2+목적어2'이며 술어1의 자리에 请/叫/让/使/令/命令/要求/派 등의 동사가 나온다. 이 문제는 맨 앞에 我가 생략된 문장이다.
(我)请你一定要在十点钟以前赶到。(저는) 당신이 반드시 10시 이전에 서둘러 도착해줄 것을 부탁합니다.

정답 请你一定要在十点钟以前赶到。당신은 반드시 10시 이전에 서둘러 도착해주세요.

필수어휘 赶到 gǎndào 서둘러 도착하다

05 이중목적어・무주어 구문   p.49

01 教　新来的　我们　英语　班主任老师

STEP 1 단어 해석
教 [동] 가르치다　新来的 [동사구]+[조] 새로 온 (것)　我们 [대] 우리　英语 [명] 영어　班主任老师 [명] 담임 선생님

STEP 2 기본 문장 만들기
班主任老师 + 教 + 我们 + 英语。 담임 선생님께서 우리에게 영어를 가르치신다.
　　주어　　　술어　사람 목적어 사물 목적어

STEP 3 살 붙이기
新来的 + 班主任老师 + 教 + 我们 + 英语。 새로 온 담임 선생님께서 우리에게 영어를 가르치신다.
관형어　　　주어　　　술어 사람 목적어 사물 목적어

해설 教는 이중목적어를 취하는 동사다. 教를 비롯하여 问/还/找/告诉와 같이 이중목적어를 취하는 동사는 '주어+教/问/还/找/告诉+사람 목적어+사물 목적어'의 순서로 어순을 정리한다.
예) 他还了　我　汉语书。 그는 나에게 중국어 책을 돌려주었다.
　　　　사람 목적어 사물 목적어

정답 新来的班主任老师教我们英语。 새로 온 담임 선생님께서 우리에게 영어를 가르치신다.

필수어휘 班主任 bānzhǔrèn [명] 담임 교사, 학급 담임

02 送给　我过生日的时候　一束　他　玫瑰花　我

STEP 1 단어 해석
送给 [동]+[보어] ~에게 선물하다　我过生日的时候 [시간명사구] 내 생일 때　一束 [주량] 한 다발　他 [대] 그
玫瑰花 [명] 장미꽃　我 [대] 나

STEP 2 기본 문장 만들기
他 + 送给 + 我 + 玫瑰花。 그는 나에게 장미꽃을 선물한다.
주어 술어+결과보어 사람 목적어 사물 목적어

STEP 3 살 붙이기
我过生日的时候 + 他 + 送给 + 我 + 一束 + 玫瑰花。
　부사어　　　　주어 술어+결과보어 사람 목적어 관형어 사물 목적어
내 생일 때 그는 나에게 장미꽃 한 다발을 선물했다.

해설 送은 '送+我+一束玫瑰花'의 형태로 이중목적어를 취할 수도 있지만, 여기서는 결과보어 给와 붙어 있으므로 '送给+我+一束玫瑰花'가 된다. 我过生日的时候가 있으므로 꽃을 주는 사람을 他, 받는 사람을 我로 두는 것이 의미상 자연스럽다.

정답 我过生日的时候他送给我一束玫瑰花。 내 생일에 그는 나에게 장미꽃 한 다발을 선물했다.

필수어휘 过 guò [동] 지내다, 보내다 | 束 shù [양] 묶음, 다발, 단 | 玫瑰花 méiguīhuā [명] 장미꽃

해설 191

03 能看到　常常　彩虹　雨后　[기출]

STEP 1 단어 해석
能看到 [조동]+[동]+[보어] 볼 수 있다　　常常 [부] 종종, 자주　　彩虹 [명] 무지개　　雨后 [시간명사구] 비 온 후

STEP 2 기본 문장 만들기
雨后 + 能 看 到 + 彩虹。 비 온 후에 무지개를 볼 수 있다.
　　부사어　술어+결과보어　목적어

STEP 3 살 붙이기
雨后 + 常常 + 能 看 到 + 彩虹。 비 온 후에 종종 무지개를 볼 수 있다.
　　부사어　　술어+결과보어　목적어

해설 자연 현상을 묘사하는 무주어 구문이다. 무주어 구문에서 시간 부사어(雨后), 부사(常常), 조동사(能)는 대부분 술어 앞에 온다.

정답 雨后常常能看到彩虹。 비 온 후에 종종 무지개를 볼 수 있다.

필수어휘 彩虹 cǎihóng [명] 무지개

04 锻炼　才　在艰苦的环境里　人的意志　能

STEP 1 단어 해석
锻炼 [동] 단련하다　　才 [부] 비로소　　在艰苦的环境里 [전치사구] 힘든 환경에서
人的意志 [관형어]+[조]+[명] 사람의 의지　　能 [조동] ~할 수 있다

STEP 2 기본 문장 만들기
在艰苦的环境里 + 锻炼 + 人的 意志。 힘든 환경에서 사람의 의지를 단련한다.
　　부사어　　　　술어　관형어+的+목적어

STEP 3 살 붙이기
在艰苦的环境里 + 才 + 能 + 锻炼 + 人的 意志。 힘든 환경에서 비로소 사람의 의지를 단련할 수 있다.
　　부사어　　　　　　술어　관형어+的+목적어

해설 보편적인 도리를 설명하는 무주어 구문이다. 힘든 환경이라는 조건 하에 비로소 사람의 의지를 단련시킬 수 있는 것이기 때문에 조건을 나타내는 부사어 在艰苦的环境里가 才 앞에 와야 적절하다.

정답 在艰苦的环境里才能锻炼人的意志。 힘든 환경에서야 비로소 사람의 의지가 단련될 수 있다.

필수어휘 艰苦 jiānkǔ [형] 어렵고 고달프다 | 意志 yìzhì [명] 의지

05 加薪   老板   答应   只好   她

STEP 1 단어 해석
加薪 동 월급을 인상하다   老板 명 사장   答应 동 대답하다, 승낙하다   只好 부 하는 수 없이   她 대 그녀

STEP 2 기본 문장 만들기
老板 + 答应 + 她 + 加薪。사장은 그녀에게 월급 인상을 승낙했다.
　주어　　술어　사람 목적어　사물 목적어

STEP 3 살 붙이기
老板 + 只好 + 答应 + 她 + 加薪。사장은 하는 수 없이 그녀에게 월급 인상을 승낙했다.
　주어　 부사어　 술어　사람 목적어　사물 목적어

해설 答应은 이중목적어를 취할 수 있는 동사다. '주어+술어+사람 목적어+사물 목적어'의 순서로 어순을 정리한다. 只好는 부사어이므로 술어 앞에 둔다.
　예 我的自行车坏了，<u>只好</u>推着车走回去。
　　내 자전거가 고장 나서 어쩔 수 없이 자전거를 끌고 걸어서 돌아갔다.

정답 老板只好答应她加薪。사장은 하는 수 없이 그녀에게 월급을 인상해주기로 했다.

필수어휘 加薪 jiāxīn 월급을 인상하다 | 答应 dāying 동 대답하다, 허락하다 | 只好 zhǐhǎo 부 하는 수 없이

06 你的   告诉   你   电话号码   快   我

STEP 1 단어 해석
你的 대+조 너의 (것)   告诉 동 알려주다   你 대 너   电话号码 명 전화번호   快 형 빠르다   我 대 나

STEP 2 기본 문장 만들기
你 + 告诉 + 我 + 电话号码。너 나에게 전화번호를 알려줘.
주어　술어　사람 목적어　사물 목적어

STEP 3 살 붙이기
你 + 快 + 告诉 + 我 + 你的 + 电话号码。너 빨리 나에게 너의 전화번호를 알려줘.
주어　부사어　술어　사람 목적어　관형어　사물 목적어

해설
(1) 告诉는 教/问/还/找 등과 함께 이중목적어를 취하는 동사다. '주어+술어+사람 목적어+사물 목적어'의 순서로 배열한다.
　예 他<u>告诉</u>了我 真相。그는 나에게 진상을 알려주었다.
(2) 你的가 电话号码의 관형어가 되므로 전화번호를 알려줄 사람을 你, 받을 사람을 我로 두는 것이 의미상 자연스럽다.

정답 你快告诉我你的电话号码。너 빨리 나에게 너의 전화번호를 알려줘.

필수어휘 电话号码 diànhuà hàomǎ 명 전화번호

07   做   当兵前   身体检查   要

STEP 1 단어 해석
做 [동] 하다   当兵前 [시간명사구] 입대하기 전에   身体检查 [명] 신체 검사   要 [조동] ~해야 하다, ~하려고 하다

STEP 2 기본 문장 만들기
当兵前 + 做 + 身体检查。 입대하기 전에 신체검사를 한다.
　부사어　　술어　　목적어

STEP 3 살 붙이기
当兵前 + 要 + 做 + 身体检查。 입대하기 전에 신체검사를 해야 한다.
　부사어　　　술어　　목적어

해설 보편적인 사실을 설명하는 무주어 구문이다. 무주어 구문에서 시간을 나타내는 부사어는 문장 앞에 온다. 조동사 등의 부사어는 술어 앞에 둔다.

정답 当兵前要做身体检查。 입대하기 전에 신체검사를 해야 한다.

필수어휘 当兵 dāngbīng 군인이 되다, 입대하다 ｜ 检查 jiǎnchá [동] 검사하다

08   存取   凭存折   可以   现金   开帐户后

STEP 1 단어 해석
存取 [동] 저축하고 인출하다   凭存折 [전치사구] 통장에 근거하여   可以 [조동] ~할 수 있다   现金 [명] 현금
开帐户后 [시간명사구] 계좌를 개설한 후

STEP 2 기본 문장 만들기
开帐户后 + 存取 + 现金。 계좌를 개설한 후 현금을 저축하고 찾는다.
　부사어　　술어　　목적어

STEP 3 살 붙이기
开帐户后 + 可以 + 凭存折 + 存取 + 现金。 계좌를 개설한 후 통장을 근거로 현금을 넣고 찾을 수 있다.
　　　　부사어　　　　　술어　　목적어

해설 보편적인 사실을 설명하는 무주어 구문이다. 부사어의 순서를 알아야 풀 수 있는 문제이기도 하다. 무주어 구문에서 시간 부사어는 문장 앞에 나오므로, '시간 부사어+조동사+전치사구+술어+목적어'의 순서로 배열한다.

정답 开帐户后可以凭存折存取现金。 계좌를 개설한 후에 통장으로 현금을 입출금할 수 있다.

필수어휘 存取 cúnqǔ [동] 예금하거나 인출하다 ｜ 凭 píng [전] ~에 근거해서 ｜ 存折 cúnzhé [명] 통장 ｜ 现金 xiànjīn [명] 현금 ｜ 账户 zhànghù [명] 계좌, 구좌

06 把자문(처치문) p.55

01 | 打扫　把　你　一下　房间

STEP 1 단어 해석
打扫 [동]청소하다　把 [전]~을, ~를　你 [대]너　一下 [형]한 번, 좀 ~하다　房间 [명]방

STEP 2 把자문 만들기
▶ 어순: 주어+(부사어)+把+처치대상+술어+기타 성분
你 + 把 + 房间 + 打扫 + 一下。 너는 방을 좀 청소해라.
　주어　　　처치대상　술어　기타 성분(동량보어)

해설 제시된 어휘 중에 把가 있으므로 把자문 구조로 어순을 정리해야 한다. 把자문에서 기타 성분으로 동량보어가 올 수 있다.
예) 他把试卷检查两遍了。 그는 시험지를 두 번 검사했다.

정답 你把房间打扫一下。 너 방 좀 청소해라.

필수어휘 打扫 dǎsǎo [동] 청소하다

02 | 昨天晚上　叫我　妈妈　剩下的饭菜　把　扔掉

STEP 1 단어 해석
昨天晚上 [시간명사구] 어제저녁　叫我 [동]+[목적어] 나에게 시키다　妈妈 [명]엄마
剩下的饭菜 [관형어]+[조]+[명] 남은 밥과 반찬　把 [전]~을, ~를　扔掉 [동]+[보어] 버려 버리다

STEP 2 把자문 만들기
▶ 어순: 주어+(부사어)+把+처치대상+술어+기타 성분
妈妈 + 把 + 剩下的饭菜 + 扔 掉。 엄마는 남은 음식을 버리셨다.
　주어　　　처치대상　　　술어+기타 성분

STEP 3 살 붙이기
妈妈 + 叫　我 + 把 + 昨天晚上 + 剩下的饭菜 + 扔 掉。
주어1　술어1+목적어1/주어2　　　　부사어　　　　　　　술어+결과보어
엄마는 나에게 어제저녁 남은 음식을 버리라고 하셨다.

해설 把자문과 겸어문이 결합된 형태다. 이러한 문장에서는 겸어문이 앞에, 把자문이 뒤에 나온다. 따라서 '주어1+술어1+목적어1/把자문의 주어+把+처치대상+술어2+기타 성분'의 순서로 배열한다.
예) 我　叫　　爱人　把孩子　送回家。 나는 남편(아내)한테 아이를 집에 데려다주라고 했다.
　　주어　술어　목적어/把자문의 주어　처치대상　술어+기타 성분

정답 妈妈叫我把昨天晚上剩下的饭菜扔掉。 엄마는 나에게 어제저녁 남은 음식을 버리라고 하셨다.

필수어휘 剩 shèng [동] 남다, 남기다 | 饭菜 fàncài [명] 밥과 반찬, 음식 | 扔 rēng [동] 던지다, 내버리다 | 掉 diào [동] 떨어뜨리다, 해버리다

03 你　说　把　事情的真相　应该　出来

STEP 1 단어 해석
你 [대] 너　说 [동] 말하다　把 [전] ~을, ~를　事情的真相 [관형어]+[조]+[명] 사건의 진상
应该 [조동] 반드시 ~해야 하다　出来 [동] 나오다

STEP 2 把자문 만들기
▶ 어순: 주어+(부사어)+把+처치대상+술어+기타 성분
你 + 把 + 事情的真相 + 说 + 出来。 너는 사건의 진상을 말해라.
　주어　　처치대상　　　술어　기타 성분

STEP 3 살 붙이기
你 + 应该 + 把 + 事情的真相 + 说 + 出来。 너는 사건의 진상을 말해야 한다.
　주어　부사어　　　　　　　술어　방향보어

해설
(1) 把자문에서 기타 성분으로 방향보어가 온 형태.
　예) 请你把衣服脱下来。 옷을 벗어주세요.
(2) 把자문에서 부사, 조동사 등은 부사어로, 전치사 把 앞에 둔다.
　예) 我的孩子能把这些菜都吃完。 내 아이는 이 요리들을 모두 다 먹어치울 수 있다.

정답 你应该把事情的真相说出来。 너는 반드시 사건의 진실을 말해야 한다.

필수어휘 真相 zhēnxiàng [명] 진상, 진실

---

04 带到　请　把　家里来　不要　公司的事

STEP 1 단어 해석
带到 [동]+[보어] 가지고 도착하다　请 [동] 부탁하다　把 [전] ~을, ~를　家里来 [명]+[동] 집에 ~해오다
不要 [부]+[조동] ~하지 마세요　公司的事 [관형어]+[조]+[명] 회사의 일

STEP 2 把자문 만들기
▶ 어순: 주어+(부사어)+把+처치대상+술어+기타 성분
把 + 公司的事 + 带 到…… 회사일을 ~에 가지고 오다.
　처치대상　　술어+기타 성분

STEP 3 살 붙이기
请 + 不要 + 把 + 公司的事 + 带 到 + 家里 来。 회사일을 집으로 가져오지 마세요.
술어1　부사어　　　　　　　술어2+결과보어　목적어+술어3

해설 주어가 생략된 문장으로, 把자문 구조로 어순을 정리한다. 把자문이 겸어문과 결합된 유형이므로, '주어1+술어1+목적어1/把자문의 주어+把+처치대상+술어2+기타 성분'의 어순에 따라 겸어문을 앞에, 把자문을 뒤에 배열한다.
예) 经理　让　我　赶快　把业务　做完。사장은 나더러 빨리 업무를 끝마치라고 했다.
　주어　술어　목적어/把자문의 주어　　처치대상　술어+기타 성분

정답 请不要把公司的事带到家里来。 회사 일을 집으로 가져오지 마세요.

필수어휘 带 dài [동] 휴대하다

05 结婚的日子　推迟　了　小王　三天　把

STEP 1 단어 해석
结婚的日子 [관형어]+[조]+[명] 결혼하는 날　推迟 [동] 미루다, 연기하다　了 [조] ~했다
小王 [고유] 샤오왕(사람 이름)　三天 [수량] 3일　把 [전] ~을, ~를

STEP 2 把자문 만들기
▶ 어순: 주어+(부사어)+把+처치대상+술어+기타 성분
小王 + 把 + 结婚的日子 + 推迟 + 了。 샤오왕은 결혼 날짜를 미뤘다.
　주어　　　　　처치대상　　　술어 기타 성분

STEP 3 살 붙이기
小王 + 把 + 结婚的日子 + 推迟 + 了 + 三天。 샤오왕은 결혼 날짜를 3일 미뤘다.
　주어　　부사어　　　　　술어　동태조사 시량보어

해설 把자문의 기타 성분으로 동태조사와 시량보어가 연이어 나온 문장이다. 시량보어는 술어 동사가 얼마 동안 지속되는가를 나타낸다. 增加(증가하다), 延长(연장하다), 提前(앞당기다), 推迟(연기하다) 등의 동사가 자주 시량보어와 함께 쓰인다.
例 他们把开幕式推迟了三天。 그들은 개막식을 3일 미뤘다.

정답 小王把结婚的日子推迟了三天。 샤오왕은 결혼 날짜를 3일 미뤘다.

필수어휘 推迟 tuīchí [동] 미루다, 지연하다

06 把　我　想　翻译　成　早就　中文了　这本书

STEP 1 단어 해석
把 [전] ~을, ~를　我 [대] 나　想 [조동] ~하고 싶다　翻译 [동] 번역하다　成 [동] 이루다　早就 [부] 일찍이
中文了 [명]+[조] 중문(중국어)을 ~했다　这本书 [대]+[양]+[명] 이 책

STEP 2 把자문 만들기
▶ 어순: 주어+(부사어)+把+처치대상+술어+기타 성분
我 + 把 + 这本书 + 翻译 + 成…… 나는 이 책을 ~로 번역했다.
주어　　　처치대상　　술어 기타 성분

STEP 3 살 붙이기
我 + 早就 + 想 + 把 + 这本书 + 翻译 + 成 + 中文 了。 나는 일찍이 이 책을 중국어로 번역하고 싶었다.
주어　　부사어　　　　　　　　술어　결과보어 목적어

해설 (1) 把자문에서 부사와 조동사는 부사어 역할을 하며, 전치사 把 앞에 써야 한다.
例 我要把我的照片寄给爷爷。 나는 내 사진을 할아버지에게 부치려고 한다.
(2) 把자문에서 기타 성분으로 결과보어 成이 올 수 있다.
例 父母总是把女儿当成小孩儿。 부모는 항상 딸을 어린아이로 여긴다.
(3) '早就~了'는 '일찍이 ~했다'라는 뜻이다. 시험에 자주 출제되니 고정격식처럼 암기해두자.
例 我早就准备好了。 나는 일찍이 준비를 마쳤다.

정답 我早就想把这本书翻译成中文了。 나는 일찍부터 이 책을 중국어로 번역하고 싶었다.

필수어휘 早就 zǎojiù [부] 일찍이

07 她的衣服　把　划　树枝　破　了

STEP 1 단어 해석
她的衣服 [관형어]+[조]+[명] 그녀의 옷　把 [전] ~을, ~를　划 [동] 베다, 긋다　树枝 [명] 나뭇가지
破 [동] 망가지다　了 [조] ~했다

STEP 2 把자문 만들기
▶ 어순: 주어+(부사어)+把+처치대상+술어+기타 성분
树枝 + 把 + 她的衣服 + 划 + 破 + 了。 나뭇가지가 그녀의 옷을 그어 망가뜨렸다.
　주어　　처치대상　　술어　기타 성분(결과보어+동태조사)

해설 把자문의 기타 성분으로 결과보어 뒤에 동태조사 了가 올 수도 있다.
예 他把大衣脱掉了。 그는 외투를 벗어버렸다.

정답 树枝把她的衣服划破了。 나뭇가지가 그녀의 옷을 그어 망가뜨렸다.

필수어휘 划 huá [동] 베다, 긋다 | 树枝 shùzhī [명] 나뭇가지 | 破 pò [동] 망가지다, 찢어지다

08 放到了　将　楼梯拐角　他们　那儿　复印机

STEP 1 단어 해석
放到了 [동]+[보어]+[조] 놓았다, 두었다　将 [전] ~을, ~를　楼梯拐角 [장소명사구] 계단 모퉁이　他们 [대] 그들
那儿 [대] 그곳　复印机 [명] 복사기

STEP 2 把자문 만들기
▶ 어순: 주어+(부사어)+把/将+처치대상+술어+기타 성분
他们 + 将 + 复印机 + 放 到 了……. 그들은 복사기를 ~에 놓았다.
　주어　　처치대상　　술어+기타 성분

STEP 3 살 붙이기
他们 + 将 + 复印机 + 放 到 了 + 楼梯拐角 + 那儿。 그들은 복사기를 계단 모퉁이 그곳에 놓았다.
　주어　부사어　　술어+결과보어+동태조사　　목적어(장소명사구)

해설 전치사 将은 把와 같은 뜻으로, 대부분 서면어에 쓰인다. 따라서 把자문 구조로 어순을 배열하면 된다.
예 他将房间收拾好了。 그는 방을 다 정리했다.

정답 他们将复印机放到了楼梯拐角那儿。 그들은 복사기를 계단 구석 장소에 놓았다.

필수어휘 楼梯 lóutī [명] 계단 | 拐角 guǎijiǎo [명] 모퉁이, 구석

07 被자문(피동문)   p.60

01 花瓶　碎　了　被　打

STEP 1 단어 해석
花瓶 [명] 꽃병　　碎 [동] 깨지다　　了 [조] ~했다　　被 [전] ~에 의해서　　打 [동] 때리다, 부수다

STEP 2 被자문 만들기
▶ 어순: 동작의 대상+(부사어)+被+동작의 주체+술어+기타 성분
花瓶　+　被　+　打+碎。꽃병이 깨지다.
동작 대상　(동작 주체 생략)　술어　기타 성분

STEP 3 살 붙이기
花瓶 + 被 + 打 + 碎 + 了。꽃병이 깨졌다.
주어　부사어　술어　결과보어　동태조사

해설 제시된 어휘 중에 被가 있으므로 被자문 구조로 어순을 정리하면 된다. 被를 쓰는 피동문에서 동작의 주체를 알 수 없거나 동작의 주체를 밝힐 필요가 없을 경우 被 뒤의 동작 주체를 생략할 수 있다. 그러나 叫와 让을 사용하는 피동문에서는 반드시 동작의 주체를 밝혀야 한다.
例 酒被喝完了。(O) 술을 다 마셨다.
　　酒叫/让喝完了。(X) → 酒叫/让他喝完了。(O) 술을 그가 다 마셨다.

정답 花瓶被打碎了。꽃병이 깨졌다.

필수어휘 碎 suì [동] 부서지다, 깨지다

02 都　他的歌声　了　全场的　被　观众　迷住

STEP 1 단어 해석
都 [부] 모두　　他的歌声 [관형어]+[조]+[명] 그의 노랫소리　　了 [조] ~했다　　全场的 [명]+[조] 전체의, 전원의 (것)
被 [전] ~에 의해서　　观众 [명] 관중　　迷住 [동]+[보어] 미혹되다, 매료되다

STEP 2 被자문 만들기
▶ 어순: 동작의 대상+(부사어)+被+동작의 주체+술어+기타 성분
观众 + 被 + 他的歌声 + 迷住。관중은 그의 노랫소리에 매료되다.
동작 대상　　동작 주체　　술어+기타 성분

STEP 3 살 붙이기
全场的 + 观众 + 都 + 被 + 他的歌声 + 迷住 + 了。전체 관중이 모두 그의 노랫소리에 매료되었다.
관형어　주어　부사어　　　　술어+결과보어　동태조사

해설 (1) 被자문의 어순 '동작의 대상+ 被/叫/让 + 동작의 주체 + 술어 + 기타 성분'에 따라 배열한다. 이 문장은 기타 성분으로 결과보어 住가 쓰인 형태다.
例 小偷被警察捉住了。도둑은 경찰에게 붙잡혔다.
(2) 都는 범위부사이기 때문에 都가 나타내는 범위인 观众 바로 뒤에 쓴다.

정답 全场的观众都被他的歌声迷住了。 전체 관중이 모두 그의 노랫소리에 매료되었다.

필수어휘 全场 quánchǎng 몡 전체 | 迷 mí 동 매혹되다, 심취하다

---

03 书　书架上的　从来　没　任何人　被　动过

STEP 1 단어 해석
书 몡 책　书架上的 [장소명사구]+조 책꽂이 위의 (것)　从来 부 지금까지　没 부 없다
任何人 형+명 어떤 사람　被 전 ~에 의해서　动过 동+조 움직인 적이 있다, 건드린 적 있다

STEP 2 被자문 만들기
▶ 어순: 동작의 대상+(부사어)+被+동작의 주체+술어+기타 성분
书 + 被 + 任何人 + 动 过。 책은 어떤 사람에 의해서 건드려진 적이 있다.
　동작 대상　　동작 주체　　술어+기타 성분

STEP 3 살 붙이기
书架上的 + 书 + 从来 + 没 + 被 + 任何人 + 动 过。
　관형어　　주어　　　부사어　　　　　술어+동태조사
책꽂이 위의 책은 지금까지 어떤 사람도 건드린 적이 없다.

해설 (1) '从来没(有)+동사+过'는 '지금까지 ~한 적이 없다'라는 뜻이다. 자주 함께 나오는 표현이므로 고정 격식처럼 암기해두자.
예 我从来没有看过印度电影。 나는 지금까지 인도 영화를 본 적이 없다.
(2) 被자문의 기타 성분으로 동태조사 过가 나올 수 있다.
예 我从来没有被别人骗过。 나는 지금까지 다른 사람에게 속아본 적이 없다.

정답 书架上的书从来没被任何人动过。 책꽂이 위의 책은 여태까지 어떤 사람도 건드린 적이 없다.

필수어휘 任何 rènhé 형 어떠한, 아무런 | 动 dòng 동 움직이다, 바꾸다

---

04 衣服　挂在　阳台上的　叫　了　风　掉　刮

STEP 1 단어 해석
衣服 몡 옷　挂在 동+[보어] ~에 걸다　阳台上的 [장소명사구]+조 베란다의 (것)　叫 전 ~에 의해서
了 조 ~했다　风 몡 바람　掉 동 떨어지다　刮 동 불다

STEP 2 被자문 만들기
▶ 어순: 동작의 대상+(부사어)+被/叫+동작의 주체+술어+기타 성분
衣服 + 叫 + 风 + 刮 + 掉。 옷이 바람에 의해 날려 떨어지다.
　동작 대상　동작 주체　술어 기타 성분

STEP 3 살 붙이기
挂在 + 阳台上的 + 衣服 + 叫 + 风 + 刮 + 掉 + 了。 베란다에 걸어둔 옷이 바람에 날려 떨어졌다.
　관형어　　　　주어　　부사어　술어 결과보어 동태조사

해설 전치사 叫, 让은 被와 같은 뜻으로, 피동문을 만들 수 있다. 따라서 叫, 让이 전치사로 쓰였다면 被자문 구조로 어순을 배열한다. 기타 성분으로 결과보어와 동태조사가 나온 형태다.
예) 我的点心都叫我弟弟吃掉了。 내 간식은 내 남동생이 모두 먹어버렸다.

정답 挂在阳台上的衣服叫风刮掉了。 베란다에 걸어둔 옷이 바람에 날려 떨어졌다.

필수어휘 阳台 yángtái 명 발코니, 베란다 | 掉 diào 동 떨어지다, 떨어뜨리다

---

05 她   被   录取   了   那所名牌大学

STEP 1 단어 해석
她 대 그녀   被 전 ~에 의해서   录取 동 합격시키다, 뽑다   了 조 ~했다   那所名牌大学 대+양+명 그 명문 대학

STEP 2 被자문 만들기
▶ 어순: 동작의 대상 + (부사어) + 被 + 동작의 주체 + 술어 + 기타 성분
她 + 被 + 那所名牌大学 + 录取 + 了。 그녀가 그 명문 대학에 의해 뽑혔다.
　동작 대상　　동작 주체　　　술어　기타 성분(동태조사)

해설 被자문의 기타 성분으로 동태조사 了가 올 수 있다.
예) 我的自行车被妹妹弄坏了。 내 자전거가 여동생에 의해 망가졌다.

정답 她被那所名牌大学录取了。 그녀는 그 명문 대학에 합격했다.

필수어휘 录取 lùqǔ 동 합격시키다, 채용하다

---

06 领域   这个理论   被   很多   应用到

STEP 1 단어 해석
领域 명 영역   这个理论 대+양+명 이 이론   被 전 ~에 의해서   很多 부+형 매우 많다
应用到 동+[보어] ~에 응용되다

STEP 2 被자문 만들기
▶ 어순: 동작의 대상 + (부사어) + 被 + 동작의 주체 + 술어 + 기타 성분
这个理论 + 被 + 应用到…… 이 이론은 ~에 응용된다.
　동작 대상　(동작 주체 생략)　술어+기타 성분

STEP 3 살 붙이기
这个理论 + 被 + 应用到 + 很多 + 领域。 이 이론은 많은 영역에 응용된다.
관형어+주어　 부사어　 술어+결과보어 　관형어　 목적어

해설 전치사 被 뒤의 동작 주체는 생략할 수 있으므로, 의미상 被자 뒤에 바로 동사를 배열하면 된다.
예) 门被打开了。 문이 열렸다.

정답 这个理论被应用到很多领域。 이 이론은 많은 영역에 응용된다.

필수어휘 应用 yìngyòng 동 응용하다

07 被　他的意见　重视　总是　不　公司领导

STEP 1 단어 해석
被 [전] ~에 의해서　他的意见 [관형어]+[조]+[명] 그의 의견　重视 [동] 중시하다　总是 [부] 항상　不 [부] 아니다
公司领导 [관형어]+[명] 회사 상사

STEP 2 被자문 만들기
▶ 어순: 동작의 대상+(부사어)+被+동작의 주체+술어+기타 성분
他的意见 + 被 + 公司领导 + 重视。 그의 의견은 회사 상사에 의해 중시된다.
　동작 대상　　　동작 주체　　술어

STEP 3 살 붙이기
他的 意见 + 总是 + 不 + 被 + 公司领导 + 重视。 그의 의견은 항상 회사 상사에 의해 중시되지 않는다.
　관형어的+주어　　부사어　　　　술어

해설
(1) 被자문에서 부사는 전치사 被 앞에 놓인다.
　　예 我没被妈妈批评。 나는 엄마한테 혼나지 않았다.
(2) 被자문에서 欢迎(환영하다), 重视(중시하다), 忽视(소홀히 하다), 关心(관심을 갖다) 등의 동사는 기타 성분 없이 단독으로 쓸 수 있다.

정답 他的意见总是不被公司领导重视。 그의 의견은 항상 회사 상사한테 중시되지 않는다.

필수어휘 领导 lǐngdǎo [명] 지도자, 책임자, 상급자

08 受到　青年人　会　的　在选择职业上　影响　社会、家庭

STEP 1 단어 해석
受到 [동]+[보어] 받았다　青年人 [명] 청년, 젊은이　会 [조동] ~할 수 있다　的 [조] ~의, ~한 것
在选择职业上 [전치사구] 직업 선택에 있어서　影响 [동] 영향을 주다　社会、家庭 [명사구] 사회와 가정

STEP 2 기본 문장 만들기
青年人 + 受 到 + 影响。 젊은이는 영향을 받는다.
　주어　　술어+결과보어　목적어

STEP 3 살 붙이기
青年人 + 在选择职业上 + 会 + 受 到 + 社会、家庭 + 的 + 影响。
　주어　　　부사어　　　술어+결과보어　관형어　구조조사　목적어
젊은이는 직업 선택에 있어서 사회와 가정의 영향을 받을 수 있다.

해설 受到는 '~받다, ~당하다'라는 뜻으로 피동의 의미를 가진 단어다. 술어 동사가 피동의 의미를 가졌다면 전치사 被가 없어도 피동문으로 해석할 수 있어야 한다. '受到+影响'은 자주 쓰이는 동목구이므로 반드시 암기해두자.
예 他受到了爸爸的影响。 그는 아버지의 영향을 받았다.

정답 青年人在选择职业上会受到社会、家庭的影响。 젊은이들은 직업 선택에 있어서 사회와 가정의 영향을 받을 수 있다.

필수어휘 受 shòu [동] 받다

08 복문 / 고정구문 / 진행·지속형　　p.70

01　就　父母　下了课　那儿　了　去　他

STEP 1 단어 해석
就 🖲 바로　　父母 🖲 부모　　下了课 [동목구] 수업이 끝났다　　那儿 🖲 저기　　了 🖲 ~했다　　去 🖲 가다
他 🖲 그

STEP 2 기본 문장 만들기
他 + 下了课 + 去 + 那儿。 그는 수업이 끝나면 그곳에 간다.
　주어　술어1　목적어1　술어2　목적어2

STEP 3 살 붙이기
他 + 下了课 + 就 + 去 + 父母 + 那儿 + 了。 그는 수업이 끝나면 바로 부모님네로 간다.
주어　술어1　목적어1　부사어　술어2　관형어　목적어2　어기조사

해설 '동사1+了+就+동사2(~하자마자 바로 ~하다)' 형태의 긴축관계 복문이다.
　例 他喝了一杯酒就走了。 그는 술 한 잔을 마시고 바로 갔다.

정답 他下了课就去父母那儿了。 그는 수업이 끝나면 바로 부모님네로 간다.

필수어휘 父母 fùmǔ 🖲 부모

02　是因为　我　病　了　没　上班　去

STEP 1 단어 해석
是因为 🖲+🖲 ~이기 때문이다　　我 🖲 나　　病 🖲 병 🖲 병이 생기다　　了 🖲 ~했다　　没 🖲 없다, 아니다
上班 🖲 출근하다　　去 🖲 가다

STEP 2 기본 문장 만들기
(1) 我 + 病 + 了。 나는 병이 났다.
　주어　술어　어기조사

(2) 没 + 去 + 上班。 출근하러 가지 않았다.
　부사어　술어1　술어2

STEP 3 살 붙이기
我 + 没 + 去 + 上班 + 是因为 + 病 + 了。 내가 출근하러 가지 않은 것은 병이 났기 때문이다.
주어　　　술어　　　　목적어

해설 '(之所以)A是因为B(A한 것은 B 때문이다)' 형태의 인과관계 복문이다. 是因为 뒤의 절이 앞 절의 원인이 된다. 문두에 之所以가 생략된 형태라고 생각할 수 있다.
　例 我这样做是因为讨厌你。 내가 이렇게 하는 것은 너를 싫어하기 때문이다.

정답 我没去上班是因为病了。 내가 출근하지 않은 것은 병이 나서다.

필수어휘 是因为 shì yīnwèi ~이기 때문이다

03 喜欢　他　唱几句　会　既　看京剧　又

STEP 1 단어 해석
喜欢 [동] 좋아하다　　他 [대] 그　　唱几句 [동]+[보어] 몇 곡 부르다　　会 [조동] ~할 수 있다　　既 [접] ~하고도
看京剧 [동]+[목적어] 경극을 보다　　又 [부] 또

STEP 2 기본 문장 만들기
(1) 他 + 喜欢 + 看京剧。 그는 경극 보기를 좋아한다.
　　주어　술어　목적어
(2) 唱 几句。 몇 마디 부르다.
　　술어+동량보어

STEP 3 살 붙이기
他 + 既 + 喜欢 + 看京剧 + 又 + 会 + 唱 几句。
주어　술어1　목적어1　부사어　술어2+보어
그는 경극 보기를 좋아하기도 하고, 또 몇 마디 부를 줄도 안다.

해설 제시어를 보고 '既A又B(A하기도 하고 B하기도 하다)' 형태의 병렬관계 복문으로 배열할 수 있어야 한다.
　　예 既要尊重自己，又要尊重他人。 자신을 존중해야 할 뿐만 아니라 다른 사람도 존중해야 한다.

정답 他既喜欢看京剧又会唱几句。 그는 경극 보기를 좋아하고 몇 소절 부를 줄도 안다.

필수어휘 句 jù [양] 마디, 구, 편 | 既~又~ jì~yòu~ ~하고도 ~하다

04 认真地　老师　正在　讲课　听　呢　同学们

STEP 1 단어 해석
认真地 [형]+[조] 진지하게　　老师 [명] 선생님　　正在 [부] ~하는 중이다　　讲课 [동]+[목적어] 강의하다
听 [동] 듣다　　呢 [조] ~하니, ~이다　　同学们 [명] 친구들

STEP 2 기본 문장 만들기
同学们 + 听 + 老师 + 讲课。 학생들은 선생님이 강의하는 것을 듣는다.
　주어　술어　목적어

STEP 3 살 붙이기
同学们 + 正在 + 认真地 + 听 + 老师 + 讲课 + 呢。
주어　부사어　　　　술어　목적어　어기조사
학생들은 선생님이 강의하는 것을 열심히 듣고 있다.

해설 진행을 나타내는 부사 正在와 어기조사 呢를 진행형의 어순 '주어+正在/正/在+동사+(着)+목적어+呢'에 알맞게 배열한다.
　　예 我听着音乐呢。 나는 음악을 듣고 있다.
　　　　我进去时，妈妈正打电话呢。 내가 들어갔을 때 엄마는 전화를 하고 있었다.

정답 同学们正在认真地听老师讲课呢。 학생들은 열심히 선생님의 수업을 듣고 있다.

필수어휘 认真 rènzhēn [형] 진지하다, 착실하다 | 正在 zhèngzài [부] ~하고 있다, ~하는 중이다

05 | 几家公司　也没　一连　他　工作　去了　找到

STEP 1 단어 해석
几家公司 수량+명 몇 개의 회사　也没 부+부 역시 ~하지 못하다　一连 부 연속해서　他 대 그
工作 동 일하다 명 일, 직업　去了 동+조 갔다　找到 동+[보어] 찾아내다, 얻어내다

STEP 2 기본 문장 만들기
他 + 去了 + 几家 公司 + 找到 + 工作。 그는 몇 군데 회사에 가서 직업을 찾아냈다.
주어　술어1　관형어+목적어1　술어2+결과보어 목적어2

STEP 3 살 붙이기
他 + 一连 + 去了 + 几家 公司 + 也没 + 找到 + 工作。
주어　부사어　술어1　관형어+목적어1　부사어　술어2+결과보어 목적어2
그는 몇 군데 회사에 연이어 갔지만 역시 직업을 구하지 못했다.

해설 'A也没 B' 고정구문이므로, '주어+술어1+(목적어1)+也没+술어2+(목적어2)'의 어순으로 배열한다.

정답 他一连去了几家公司也没找到工作。 그는 몇 군데 회사에 연이어 갔지만 그래도 일자리를 구하지 못했다.

필수어휘 一连 yìlián 부 연이어, 계속해서

06 | 让妈妈　不可　去超市　张梅　非　跟她　一起

STEP 1 단어 해석
让妈妈 동+[목적어] 엄마한테 ~하게 하다　不可 조 ~하지 않으면 안 된다　去超市 동+[목적어] 슈퍼마켓에 가다
张梅 고유 장메이(사람 이름)　非 부 반드시 동 아니다　跟她 [전치사구] 그녀와　一起 부 같이

STEP 2 기본 문장 만들기
张梅 + 让 妈妈 + 去 超市。 장메이는 엄마를 슈퍼마켓에 가게 한다.
주어　술어1+목적어1/주어2　술어2+목적어2

STEP 3 살 붙이기
张梅 + 非 + 让 妈妈 + 跟她 + 一起 + 去 超市 + 不可。
주어　　술어1+목적어1/주어2　부사어　술어2+목적어2
장메이는 반드시 엄마를 그녀와 함께 슈퍼마켓에 가게 하지 않으면 안 된다.

해설 제시어를 보고 '非~不可(~하지 않으면 안 된다)'의 고정구문임을 알 수 있어야 한다.
예 这次非你去不可。 이번에는 반드시 네가 가지 않으면 안 된다.

정답 张梅非让妈妈跟她一起去超市不可。 장메이는 꼭 엄마와 함께 슈퍼마켓에 가야만 한다.

필수어휘 非~不可 fēi~bùkě 반드시 ~하지 않으면 안 된다(~해야 한다)

07　站着　在路边　热闹　看　很多人

STEP 1　단어 해석
站着 [동]+[조] 서 있다　　在路边 [전치사구] 길가에서　　热闹 [동] 번화하다 [명] 떠들썩한 광경　　看 [동] 보다
很多人 [관형어]+[명] 많은 사람

STEP 2　기본 문장 만들기
很多 人 + 站着 + 看 + 热闹。 많은 사람들이 서서 떠들썩한 광경을 보고 있다.
　관형어+주어　술어1　술어2　목적어

STEP 3　살 붙이기
很多 人 + 在路边 + 站着 + 看 + 热闹。 많은 사람들이 길가에 서서 떠들썩한 광경을 보고 있다.
　관형어+주어　부사어　술어1　술어2　목적어

해설　'동사1+着+동사2'는 '~한 채로 ~하다'라는 뜻으로, 동사1은 동사2가 진행되는 상태를 나타낸다. 따라서 동작의 상태를 나타내는 동사 앞에, 동작 동사가 뒤에 나온다.
예 我听着音乐做作业。 나는 음악을 들으면서 숙제를 한다.

정답　很多人在路边站着看热闹。 많은 사람들이 길가에 서서 떠들썩한 광경을 보고 있다.

필수어휘　热闹 rènao [동] 번화하다, 떠들썩하다 [명] 떠들썩한 장면, 구경거리

08　懂　这么　小孩子　都　简单的道理　连

STEP 1　단어 해석
懂 [동] 이해하다　　这么 [대] 이렇게　　小孩子 [명] 어린아이　　都 [부] 모두
简单的道理 [관형어]+[조]+[명] 간단한 이치　　连 [전] ~조차도

STEP 2　기본 문장 만들기
小孩子 + 懂 + 简单的 道理。 어린아이가 간단한 이치를 이해한다.
　주어　술어　관형어的+목적어

STEP 3　살 붙이기
连 + 小孩子 + 都 + 懂 + 这么 + 简单的 道理。 어린아이조차도 이렇게 간단한 이치는 이해한다.
　　주어　부사어　술어　관형어　목적어
这么 + 简单的 道理 + 连 + 小孩子 + 都 + 懂。 이렇게 간단한 이치는 어린아이조차도 이해한다.
　관형어　목적어　　주어　부사어　술어

해설　(1) 제시어를 보고 '连 A 都 B(A조차도 B하다)' 형태의 고정구문임을 알아채야 한다.
　　예 连十岁的孩子都参加了这次比赛。 열살짜리 아이조차도 이번 시합에 참가했다.
(2) 这么简单的道理는 목적어이므로 일반적으로 동사 뒤에 나오지만, 여기서는 동사 앞으로 도치시켜 강조할 수 있다.

정답　连小孩子都懂这么简单的道理。 어린아이조차도 이렇게 간단한 이치는 안다.
这么简单的道理连小孩子都懂。 이렇게 간단한 이치는 어린아이조차도 안다.

필수어휘　简单 jiǎndān [형] 간단하다 ｜ 道理 dàolǐ [명] 도리, 이치

09 비교문
p.79

01 | 比　汉语水平　远了　你　差　王力的

STEP 1 단어 해석
比 전 ~보다　汉语水平 명+조 중국어 수준　远了 형+조 멀다　你 대 너　差 동 떨어지다, 부족하다
王力的 고유+조 왕리(사람 이름)의 (것)

STEP 2 비교문 만들기
▶ 유형: A比B+술어(A는 B보다 ~하다)
王力的 + 比 + 你 + 差。 왕리의 것이 너보다 떨어진다.
　A　　　　B　　술어

STEP 3 살 붙이기
王力的 + 汉语 水平 + 比 + 你 + 差 + 远了。 왕리의 중국어 수준은 너보다 한참 떨어진다.
　관형어　　　주어　　　부사어　술어　수량보어

해설 제시어에 비가 있으므로 비교문을 만든다. 'A比B + 술어 + 远了'는 'A가 B보다 매우 ~하다'라는 뜻이다.
예 他的考试成绩比我差远了。 그의 시험 성적은 나보다 많이 떨어진다.

정답 王力的汉语水平比你差远了。 왕리의 중국어 실력은 너보다 많이 떨어진다.

필수어휘 差 chà 동 부족하다, 모자라다 형 나쁘다, 틀리다

02 | 想象的　我　前面的　比　更　挫折　多

STEP 1 단어 해석
想象的 동+조 상상하는 (것)　我 대 나　前面的 명+조 앞의 (것)　比 전 ~보다　更 부 더욱
挫折 명 좌절 동 좌절하다　多 형 많다

STEP 2 비교문 만들기
▶ 유형: A比B+更+술어(A는 B보다 더 ~하다)
前面的 + 比 + 想象的 + 更 + 多。 앞의 것이 상상한 것보다 더 많다.
　A　　　　B　　　　술어

STEP 3 살 붙이기
前面的 + 挫折 + 比 + 我 + 想象的 + 更 + 多。 앞의 좌절은 내가 상상한 것보다 많다.
　관형어　주어　　　부사어　　　술어

해설 更을 사용한 비교문이다. 'A比B+ 更/还 + 술어'는 'A는 B보다 더 ~하다'라는 뜻이다.
예 这个房间比那个房间还大。 이 방은 저 방보다 더 크다.

정답 前面的挫折比我想象的更多。 앞으로의 좌절이 내가 상상한 것보다 더 많다.

필수어휘 想象 xiǎngxiàng 동 상상하다 명 상상 | 挫折 cuòzhé 명 좌절, 실패 동 좌절하다

해설 **207**

03 | 她　好的　没有　我们班　了　比　学习　更

STEP 1 단어 해석
她 데 그녀　好的 형+조 좋은 (것)　没有 동 없다　我们班 데+명 우리 반　了 조 ~했다
比 전 ~보다　学习 동 배우다, 공부하다　更 부 더욱

STEP 2 비교문 만들기
▶ 유형: A没有比B更好的了(A는 B보다 더 좋은 것이 없다)
我们班 + 没有 + 比 + 她 + 好的 + 了。 우리 반에 그녀보다 좋은 것은 없다.
　　A　　　술어　　　B

STEP 3 살 붙이기
我们 班 + 没有 + 比 + 她 + 学习 + 更 + 好的 + 了。 우리 반에 그녀보다 공부를 더 잘하는 사람은 없다.
관형어+주어　술어　　　목적어　　　어기조사

해설 'A没有比B更~的了'는 'A에는 B보다 더 ~한 것은 없다'라는 뜻으로, '특정 범위 A에서 비교 대상 B의 정도가 가장 ~함'을 나타낸다.
예 家里没有比我更喜欢睡觉的了。 집에서 나보다 더 잠자는 것을 좋아하는 사람은 없다.

정답 我们班没有比她学习更好的了。 우리 반에 그녀보다 공부를 더 잘하는 사람은 없다.

필수어휘 更 gèng 부 더욱

---

04 | 跟　那件裙子　贵　这件　一样

STEP 1 단어 해석
跟 전 ~와　那件裙子 데+양+명 그 치마　贵 형 비싸다　这件 데+양 이 옷　一样 형 같다

STEP 2 비교문 만들기
▶ 유형: A跟B一样 + 술어(A는 B와 같이 ~하다)
那件裙子 + 跟 + 这件 + 一样 + 贵。 그 치마는 이것과 똑같이 비싸다.
　　A　　　　　B　　　　술어

해설 'A跟B一样 + 술어'는 'A는 B와 같이 ~하다'라는 뜻이다. 跟/和(~와) 같은 전치사가 一样/不同/相似 등의 형용사와 함께 나오면 비교문의 어순을 떠올리고, 주어와 비교 대상이 무엇인지 판단하여 알맞게 배열한다.
예 我的个子跟他一样高。 내 키는 그와 똑같이 크다.

정답 那件裙子跟这件一样贵。 그 치마는 이 옷과 똑같이 비싸다.

필수어휘 裙子 qúnzi 명 치마

---

05 | 这里的　和　风俗习惯　我们那里的　不同　完全

STEP 1 단어 해석
这里的 데+조 여기의 (것)　和 전 ~와　风俗习惯 명+명 풍속 습관
我们那里的 데+데+조 우리 그쪽의 (것)　不同 형 다르다　完全 형 완전하다 부 완전히

STEP 2 비교문 만들기

▶ 유형: A和B不同 (A는 B와 다르다)

这里的 + 和 + 我们那里的 + 不同。 이곳의 것은 우리의 그곳 것과 다르다.
  A   B   술어

我们那里的 + 和 + 这里的 + 不同。 우리 그곳의 것은 여기 것과 다르다.
    A   B   술어

STEP 3 살 붙이기

这里的 + 风俗习惯 + 和 + 我们那里的 + 完全 + 不同。
관형어   주어   부사어   술어
이곳의 풍속 습관은 우리의 그곳과 완전히 다르다.

我们那里的 + 风俗习惯 + 和 + 这里的 + 完全 + 不同。
관형어   주어   부사어   술어
우리의 그곳 풍속 습관은 여기와 완전히 다르다.

해설

(1) 和와 不同이 함께 나왔으므로 비교문의 어순으로 정리한다. 'A和B不同'은 'A는 B와 다르다'라는 뜻으로, 'A跟B不一样'과 같은 뜻이다.

예 我买的和妈妈买的完全不同。 내가 산 것과 엄마가 산 것은 완전히 다르다.

(2) 이 문장에서 비교 대상 B 뒤에는 风俗习惯이 생략된 형태로, A와 B의 위치가 서로 바뀌어도 의미가 달라지지 않는다. 따라서 주어인 风俗习惯의 관형어는 这里的가 될 수도 있고 我们那里的가 될 수도 있다.

정답
这里的风俗习惯和我们那里的完全不同。 이곳의 풍속 습관은 우리 사는 곳과는 전혀 다르다.
我们那里的风俗习惯和这里的完全不同。 우리 사는 곳의 풍속 습관은 여기와 전혀 다르다.

필수어휘 风俗习惯 fēngsú xíguàn 몡 풍속과 습관

06 你们家 好 经济条件 他们家的 不如

STEP 1 단어 해석

你们家 대+명 너희 집 好 형 좋다 经济条件 명+명 경제 조건 他们家的 대+명+조 그들 집의 (것)
不如 동 ~만 못하다

STEP 2 비교문 만들기

▶ 유형: A不如B+술어 (A는 B만큼 ~하지 못하다)

你们家 + 不如 + 他们家的 + 好。 너희 집은 그들 집의 것만큼 좋지 못하다.
  A   B   술어

STEP 3 살 붙이기

你们家 + 经济 条件 + 不如 + 他们家的 + 好。 너희 집 경제 조건은 그들 집만큼 좋지 못하다.
관형어   주어   부사어   술어

해설
(1) 'A不如B + 술어'는 'A는 B만큼 ~하지 못하다'라는 뜻이다. 不如를 사용한 비교문 어순을 떠올리고, 주어와 비교 대상이 무엇인지 판단하여 알맞게 배열한다.
예 我的听力能力不如他好。 나의 듣기 실력은 그만큼 좋지 못하다.

(2) 이 문장에서 비교 대상이 되는 他们家의 뒤에는 经济条件이 생략되어 있다. 주어와 비교 대상의 명사 부분이 같을 때 비교 대상의 명사 부분을 생략하고 관형어만 쓸 수 있지만, 관형어와 비교 대상이 종속관계일 경우 구조조사 的는 반드시 써야 한다. 따라서 你们家를 주어 经济条件의 관형어 자리에 두고, 구조조사 的와 묶여있는 他们家的를 비교 대상의 위치에 놓는다.
예 我们学校不如他们的好。 우리 학교는 그들의 것만큼 좋지 못하다.

정답 你们家经济条件不如他们家的好。 너희 집의 경제적 조건은 그들 집만큼 좋지 못하다.

필수어휘 经济 jīngjì 명 경제

---

07 公园　跟普通农舍　山坡上的　相似　茅屋

STEP 1 단어 해석
公园 명 공원　　跟普通农舍 [전치사구] 보통 농가와　　山坡上的 [장소명사구]+조 산비탈 위의 (것)
相似 형 비슷하다　　茅屋 명 초가

STEP 2 비교문 만들기
▶ 유형: A跟B相似 (A는 B와 비슷하다)
茅屋 + 跟 普通农舍 + 相似。 초가집은 보통 농가와 비슷하다.
　A　　　　B　　　　술어

STEP 3 살 붙이기
公园 + 山坡上的 + 茅屋 + 跟普通农舍 + 相似。 공원 산비탈 위의 초가집은 보통 농가와 비슷하다.
　관형어　　　　주어　　　부사어　　　술어

해설
(1) 제시어에 跟과 相似가 함께 나왔으므로 비교문의 어순으로 정리한다. 'A跟B相似'는 'A는 B와 비슷하다'라는 뜻으로, 'A跟B一样'과 같은 뜻이다.
예 他的想法跟我相似。 그의 생각은 나와 비슷하다.

(2) 비교 대상인 普通农舍와 대응되는 茅屋를 주어로, 公园은 관형어로 배열한다.

정답 公园山坡上的茅屋跟普通农舍相似。 공원 산비탈 위의 초가집은 보통 농가와 비슷하다.

필수어휘 普通 pǔtōng 형 보통이다 | 农舍 nóngshè 명 농가 | 山坡 shānpō 명 산비탈 | 相似 xiāngsì 형 비슷하다 | 茅屋 máowū 명 초가

08 妈妈　长得　那样　她　漂亮　像

STEP 1 단어 해석
妈妈 몡 엄마　　长得 동+조 ~하게 생기다　　那样 대 그렇게　　她 대 그녀　　漂亮 혱 아름답다　　像 동 ~와 같다

STEP 2 비교문 만들기
▶ 유형: A像B+那样/这样+술어 (A는 B처럼 그렇게 ~하다)
她 + 像 + 妈妈 + 那样 + 漂亮。 그녀는 엄마처럼 그렇게 예쁘다.
　A　　　　B　　　　　　술어

STEP 3 살 붙이기
她 + 长得 + 像 + 妈妈 + 那样 + 漂亮。 그녀는 생긴 것이 엄마처럼 그렇게 예쁘다.
　　주어　술어　　　　　정도보어

해설
(1) 제시어에 像과 那样이 있으므로 비교문으로 배열한다. 'A像B+那样/这样+술어'는 'A는 B처럼 그렇게 ~하다'라는 뜻이다. 여기서는 비교문이 정도보어로 쓰였다. 주어와 비교 대상이 무엇인지 판단하여 비교문의 어순에 알맞게 배열한다.
　　예 我的儿子已经像我这么高了。 내 아들은 벌써 나만큼 키가 자랐다.
(2) '그녀가 엄마처럼 예쁘다'는 것이 '엄마가 그녀처럼 예쁘다'는 것보다 의미상 자연스러우므로 她가 주어가 된다.

정답 她长得像妈妈那样漂亮。 그녀는 엄마처럼 그렇게 예쁘게 생겼다.

필수어휘 长 zhǎng 동 자라다, 생기다

10 보어 p.92

01 唱歌　小红　唱　好　很　得

STEP 1 단어 해석
唱歌 [동목구] 노래를 부르다　小红 [고유] 샤오훙(사람 이름)　唱 [동] 노래하다　好 [형] 좋다　很 [부] 매우
得 [조] (정도가) ~하게

STEP 2 기본 문장 만들기
小红 + 唱 + 得 + 很 + 好。 샤오훙은 매우 잘 노래한다.
　주어　술어　구조조사　정도보어

STEP 3 살 붙이기
小红 + 唱歌 + 唱 + 得 + 很 + 好。 샤오훙은 노래를 매우 잘 부른다.
　주어　술어+목적어　술어　구조조사　정도보어

해설 정도보어가 쓰인 문장이다. 정도보어의 기본 형식인 '주어 + 술어 + 목적어 + 술어 + 得 + 정도보어'의 어순에 맞게 배열한다.
　예) 他 跑 步 跑 得 很快。 그는 매우 빨리 뛴다.
　　　　술어 목적어 술어　정도보어

정답 小红唱歌唱得很好。 샤오훙은 노래를 매우 잘 부른다.

필수어휘 唱歌 chànggē 노래 부르다

02 见了　我们俩　一次　高中毕业后　只　面

STEP 1 단어 해석
见了 [동]+[조] 봤다　我们俩 [대]+[양] 우리 둘　一次 [수량] 한 번　高中毕业后 [시간명사구] 고등학교 졸업 후
只 [부] 단지　面 [명] 얼굴

STEP 2 기본 문장 만들기
我们俩 + 见了 + 面。 우리 둘은 얼굴을 봤다.
　주어　술어　목적어

STEP 3 살 붙이기
我们俩 + 高中毕业后 + 只 + 见了 + 一次 + 面。
　주어　부사어　술어　동량보어　목적어
우리 둘은 고등학교 졸업 후에 단 한 번 얼굴을 봤다.

해설 동량보어가 쓰인 문장이다. 동량보어의 기본 어순인 '주어 + 술어 + 동량보어 + 목적어(일반명사)'에 맞게 배열한다.
　예) 我 看过 两遍 这本小说。 나는 이 소설을 두 번 봤다.
　　　　술어 동량보어 목적어

정답 我们俩高中毕业后只见了一次面。 우리 둘은 고등학교를 졸업한 후에 딱 한 번 만났다.

필수어휘 俩 liǎ [수] 두 개, 두 사람 | 只 zhǐ [부] 단지, 오직

03 一个神话   取材   这个电视剧   于   [기출]

STEP 1 단어 해석
一个神话 [수량]+[명] 하나의 신화   取材 [동] 소재를 얻다   这个电视剧 [대]+[양]+[명] 이 연속극   于 [전] ~에서

STEP 2 기본 문장 만들기
这个 电视剧 + 取材。 이 TV 연속극은 소재를 얻는다.
관형어 + 주어   술어

STEP 3 살 붙이기
这个 电视剧 + 取材 + 于 + 一个神话。 이 TV 연속극은 한 신화에서 소재를 얻었다.
관형어 + 주어   술어   전치사구 보어

해설 전치사 于는 술어 取材의 뒤에서 보어를 이끌어, 문장에서 TV 연속극 소재의 출처를 나타낸다. 일부 전치사는 술어 동사 뒤에 놓여, 동작의 발생 시간이나 장소, 사물의 출처를 나타내는 전치사구를 이끌며, 전치사구 보어가 된다.

예) 他 来 自韩国。 그는 한국에서 왔다.
    동사 전치사구 보어

정답 这个电视剧取材于一个神话。 이 TV 연속극은 한 신화에서 소재를 얻었다.

필수어휘 神话 shénhuà [명] 신화 | 取材 qǔcái [동] 소재를 얻다(취하다) | 电视剧 diànshìjù [명] TV 연속극, 드라마 | 于 yú [전] ~에, ~에서

---

04 单位   才   经济效益   人才   留得住   好的

STEP 1 단어 해석
单位 [명] 회사, 부서   才 [부] 비로소   经济效益 [명]+[명] 경제 효율   人才 [명] 인재
留得住 [동]+[조]+[보어] 남기다   好的 [형]+[조] 좋은 (것)

STEP 2 기본 문장 만들기
单位 + 留得住 + 人才。 회사가 인재를 붙잡아둘 수 있다.
주어   술어+가능보어   목적어

STEP 3 살 붙이기
经济效益 + 好的 + 单位 + 才 + 留得住 + 人才。
관형어   주어 부사어 술어+가능보어 목적어
경제 효율이 좋은 회사가 비로소 인재를 붙잡아둘 수 있다.

해설 가능보어가 쓰인 문장이다. 가능보어의 어순 '동사+得/不+결과보어'에 따라 결과보어 住가 쓰였다. 住는 고정·정착의 의미를 가지고 있으므로 留得住는 '남겨서 잡아둘 수 있다'라는 뜻이 된다. 가능보어는 술어 뒤에 긴밀하게 연결되며, 목적어는 가능보어 뒤에 배열한다.

정답 经济效益好的单位才留得住人才。 경제 효율이 좋은 회사여야 인재를 붙잡아둘 수 있다.

필수어휘 单位 dānwèi [명] 직장, 회사 | 经济效益 jīngjì xiàoyì [명] 경제 효과, 경제 효율 | 留 liú [동] 보류하다, 머무르게 하다

05 我　认　一眼　出来　就　他　了

STEP 1 단어 해석
我 [대] 나　　认 [동] 인식하다, 식별하다　　一眼 [수량] 한눈, 첫눈　　出来 [동] 나오다　　就 [부] 바로　　他 [대] 그
了 [조] ~했다

STEP 2 기본 문장 만들기
我 + 认 + 出来 + 他 + 了。 나는 그를 알아봤다.
주어　술어　방향보어　목적어　어기조사

STEP 3 살 붙이기
我 + 一眼 + 就 + 认 + 出来 + 他 + 了。 나는 한눈에 바로 그를 알아봤다.
주어　부사어　　술어　방향보어　목적어　어기조사

해설 방향보어가 쓰인 문장이다. 방향보어가 있는 문장에서 장소명사나 이합동사의 목적어 부분은 방향보어 来/去의 앞에 놓이지만, 다른 목적어는 来/去의 앞이나 뒤에 모두 놓일 수 있다. 따라서 만일 出来가 분리되어 제시됐다면 목적어 他는 出와 来 가운데에 놓일 가능성도 있다.
예) 我认出他来了。 나는 그를 알아봤다.

정답 我一眼就认出来他了。 나는 한눈에 바로 그를 알아봤다.

필수어휘 认 rèn [동] 알아보다, 식별하다

---

06 抽　心烦　起　他　得　来　烟

STEP 1 단어 해석
抽 [동] 뽑다, 빨다, 피우다　　心烦 [형] 귀찮다, 마음이 복잡하다　　起 [동] 일어나다　　他 [대] 그
得 [조] (정도가) ~하게　　来 [동] 오다　　烟 [명] 연기, 담배

STEP 2 기본 문장 만들기
他 + 心烦。 그는 마음이 복잡하다.
주어　술어

STEP 3 살 붙이기
他 + 心烦 + 得 + 抽 + 起 + 烟 + 来。 그는 마음이 복잡해서 담배를 피우기 시작했다.
주어　술어　구조조사 정도보어 (동사 + 방향보어1 + 목적어 + 방향보어2)

해설 (1) 정도보어 속에 방향보어가 쓰인 문장이다. 抽烟은 '동사(抽)+목적어(烟)' 구조의 이합동사이므로, 烟은 방향보어 来/去 앞에 놓인다.
예) 下雨 + 起来 → 下起雨来 비가 내리기 시작하다
　　唱歌 + 起来 → 唱起歌来 노래 부르기 시작하다
(2) 抽起烟来(담배를 피우기 시작했다)라는 방향보어로 心烦(마음이 복잡하다)의 정도를 설명하는 형태가 된다.

정답 他心烦得抽起烟来。 그는 마음이 복잡해서 담배를 피우기 시작했다.

필수어휘 抽 chōu [동] 피우다 ｜ 心烦 xīnfán [형] (마음이) 답답하다, 귀찮다, 고민스럽다 ｜ 烟 yān [명] 담배

07　中国　我　了　多　来　一年

STEP 1 단어 해석
中国 명 중국　我 대 나　了 조 ~했다　多 형 많다 ㈜ ~ 남짓　来 동 오다　一年 수량 일년

STEP 2 기본 문장 만들기
我 + 来 + 中国。 나는 중국에 온다.
　주어　술어　목적어

STEP 3 살 붙이기
我 + 来 + 中国 + 一年 + 多 + 了。 나는 중국에 온 지 일 년 남짓 되었다.
　주어　술어　목적어　시량보어　어기조사

해설 시량보어가 쓰인 문장이다. 지속될 수 없는 동작을 나타내는 비지속성 동사가 나올 경우, 시량보어는 술어 뒤가 아니라 목적어 뒤에 놓인다. 이런 문형을 만드는 비지속성 동사로는 结婚(결혼하다), 毕业(졸업하다), 离开(떠나다) 등이 있다.

예) 我　离开　北京　三年　了。 내가 북경을 떠난 지 3년이 되었다.
　　　비지속성 동사　목적어　시량보어
→ 북경을 떠난 동작이 이루어진 시점으로부터 3년이 흘렀다는 것을 강조한다.

정답 我来中国一年多了。 내가 중국에 온 지 일 년 남짓 되었다.

필수어휘 多 duō ㈜ 여남은, ~ 남짓

08　回去　我　带些　要　中国邮票　给弟弟

STEP 1 단어 해석
回去 동+동 돌아가다　我 대 나　带些 동+양 좀 가지고 가다　要 조동 ~하려 하다
中国邮票 명+명 중국 우표　给弟弟 [전치사구] 남동생에게

STEP 2 기본 문장 만들기
我 + 带些 + 中国邮票 + 回去。 나는 중국 우표를 좀 가지고 돌아간다.
　주어　술어　목적어　방향보어

STEP 3 살 붙이기
我 + 要 + 给弟弟 + 带些 + 中国邮票 + 回去。 나는 남동생에게 줄 중국 우표를 좀 가지고 돌아가려 한다.
　주어　부사어　술어　목적어　방향보어

해설 방향보어가 쓰인 문장이다. 中国邮票(중국 우표)는 사물 목적어이므로, 방향보어의 앞이나 뒤에 모두 위치할 수 있지만, 여기서는 些가 中国邮票의 수량을 나타내므로, 中国邮票가 些 바로 뒤에 위치하는 것이 적절하다.

정답 我要给弟弟带些中国邮票回去。 나는 남동생에게 줄 중국 우표를 좀 가지고 돌아갈 것이다.

필수어휘 带 dài 동 지니다, 휴대하다 | 邮票 yóupiào 명 우표

Part 2 어휘 또는 사진 보고 작문하기

01 어휘 보고 작문하기
p.124~131

01 | 加班　质量　失望　避免　严格

1 어휘 파악하기
제시된 어휘의 우리말 뜻을 적어보고, 품사와 용법을 알고 있다면 아는 대로 메모해본다.
加班 동 시간 외 근무를 하다. 잔업하다 → 술어 가능
质量 명 품질 → 주어, 목적어, 관형어 가능
失望 동 실망하다, 낙심하다 → 술어, 관형어, 부사어 가능
避免 동 피하다, 모면하다 → 술어 가능
严格 형 엄격하다 동 엄하게 하다 → 관형어, 부사어, 술어 가능

2 핵심 어휘로 핵심 문장 만들기
서로 관련되어 보이는 어휘 몇 개를 핵심 어휘로 정하고, 의미가 최대한 연결되도록 대강의 문장을 만들어 본다. 글 속에서 문장의 위치는 내용에 따라 자연스럽게 배치하면 된다.
加班: 我们每天加班两个小时。 우리는 매일 2시간씩 연장 근무를 한다.
质量: 我的工作是负责公司产品的质量控制。 내 업무는 회사 제품의 품질 관리를 책임지는 것이다.
严格: 对每个产品都进行了严格的检查。 제품마다 엄격한 검사를 진행한다.

3 스토리 구상하기
핵심 문장에 근거하여 대략적인 배경과 등장인물, 주요 내용을 구상한다. 加班(잔업하다)이라는 단어가 들어가려면 직장에 관한 이야기가 되어야 함을 알 수 있다.
시간　　从星期三开始 수요일부터
장소　　公司 회사
등장인물　我 나
핵심 내용　我的工作是质量控制，我每天加班，对产品进行严格检查。
　　　　내 업무는 품질 관리로, 나는 매일 야근하며 제품에 대해 엄격한 검사를 진행한다.

4 남은 어휘 활용하기
아직 문장을 만들지 않은 나머지 어휘들을 스토리에 맞게 활용하여 글 속에 포함시킨다. 我가 맡은 업무와 야근을 연결시켜 야근을 해야 하는 이유를 넣을 수 있다. 避免(피하다)은 좋지 않은 일이 발생하지 않도록 한다는 뜻이므로, 회사 업무에 있어서 발생해서는 안 되는 일을 생각해본다. 损失(손실)를 생각해냈다면 避免损失(손실을 막다)의 형태로 문장을 만든다.
避免: 为了按时完成订单、避免损失…… 제때에 주문서 내용을 맞추고 손실을 피하기 위해 ~
失望: 不会让客户失望。 고객을 실망하게 하지 않을 것이다.

STEP 5 ❺ 이야기 순서대로 전개하기

앞에서 만든 문장들을 이야기 순서에 맞게 정리한다. 이것이 바로 이야기의 서론, 본론, 결론이 된다. 서론은 사건이 시작하는 단계로, 앞에서 정리한 요소들을 중심으로 야근을 하게 된 상황과 그 이유를 이끌어낸다. 본론은 사건이 진행되는 부분이므로, 야근하면서 我가 하는 일에 대해 설명한다. 결론은 직원들의 단합된 각오로 간결하게 이야기를 마무리한다.

서론 为了按时完成订单、避免损失，从星期三开始，我们每天加班两个小时。
　　　제때에 주문서 내용을 맞추고 손실을 피하기 위해, 수요일부터 우리는 매일 2시간씩 연장 근무를 시작했다.

본론 我的工作是负责公司产品的质量控制。내 업무는 회사 제품의 품질 관리를 책임지는 것이다.
我对每个产品都进行了严格的检查。나는 모든 제품에 엄격한 검사를 진행했다.

결론 我们不会让客户失望。우리는 고객을 실망시키지 않을 것이다.

STEP 6 ❻ 작문하기

❺번에서 정리한 개요를 참고하여 한 편의 완전한 글을 만든다. 각 문장의 연결이 자연스러워야 하고, 고득점을 위해서는 접속사와 고급 어휘를 사용하는 것이 유리하다. 글자 수는 80자 내외로 제한되므로 5~7문장 정도면 된다.

		为	了	按	时	完	成	订	单	、	避	免	损	失	，
从	星	期	三	开	始	，	我	们	每	天	加	班	两	个	小
时	。	我	的	工	作	是	负	责	公	司	产	品	的	质	量
控	制	，	对	每	个	产	品	都	进	行	了	严	格	的	检
查	，	决	不	让	不	合	格	的	产	品	出	现	。	大	家
都	很	有	信	心	，	不	会	让	客	户	失	望	。		

해석 제때에 주문서 내용을 맞추고 손실을 막기 위해, 수요일부터 우리는 매일 2시간씩 연장 근무를 시작했다. 내 업무는 회사 제품의 품질 관리를 책임지는 것으로, 모든 제품을 대상으로 엄격한 검사를 진행하여 절대로 불합격 제품이 나오지 않도록 하는 것이다. 모두가 고객을 실망시키지 않을 거라는 자신감을 가지고 있다.

필수어휘 加班 jiābān 동 시간 외 근무를 하다, 잔업하다 | 质量 zhìliàng 명 품질 | 失望 shīwàng 동 실망하다, 낙심하다 | 避免 bìmiǎn 동 피하다, 모면하다 | 严格 yángé 형 엄격하다 동 엄하게 하다

보충어휘 按时 ànshí 부 제때에 | 订单 dìngdān 명 주문서 | 损失 sǔnshī 명 손실, 손해 동 손해보다 | 从~开始 cóng~kāishǐ ~부터 시작하다 | 控制 kòngzhì 동 통제하다, 관리하다 | 检查 jiǎnchá 동 검사하다 | 决 jué 부 절대로, 기필코 | 合格 hégé 형 합격이다, 표준에 맞다

02　网络　开阔　谨慎　乐趣　上瘾

STEP 1 어휘 파악하기

제시된 어휘의 우리말 뜻을 적어보고, 품사와 용법을 알고 있다면 아는 대로 메모해본다.

网络 명 인터넷, 네트워크 → 주어, 목적어, 관형어 가능
开阔 형 (면적·범위 등이) 넓다, 광활하다 동 넓히다 → 술어, 관형어 가능
谨慎 형 신중하다, 조심스럽다 → 술어, 부사어, 관형어 가능
乐趣 명 즐거움, 재미 → 주어, 목적어 가능
上瘾 동 (너무 좋아하여) 중독되다, 인이 박이다 → 술어 가능

STEP 2 ❷ 핵심 어휘로 핵심 문장 만들기

서로 관련되어 보이는 어휘 몇 개를 핵심 어휘로 정하고, 의미가 최대한 연결되도록 대강의 문장을 만들어 본다. 글 속에서 문장의 위치는 내용에 따라 자연스럽게 배치하면 된다. 网络(인터넷)라는 단어를 사용하려면 인터넷과 관련된 이야기가 될 것임을 판단할 수 있다.

网络: 现在网络越来越普遍。 현재 인터넷은 갈수록 보편화되고 있다.
开阔: 网络开阔了我们的视野。 인터넷은 우리의 시야를 넓혀주었다.
乐趣: 网络给人们的生活带来乐趣。 인터넷은 사람들의 생활에 즐거움을 가져다준다.

STEP 3 ❸ 스토리 구상하기

핵심 문장에 근거하여 대략적인 배경과 등장인물, 주요 내용을 구상한다. 제시된 단어로 인터넷에 관한 논설문을 작문할 수 있으므로, 사건을 묘사하는 문장처럼 시간과 장소를 정할 필요가 없다. 등장 인물 역시 광범위하게 사람들(사람들)으로 둔다.

시간   생략
장소   생략
등장인물   人们 사람들
핵심 내용   网络有好处，也有坏处。 인터넷은 좋은 점도 있고, 나쁜 점도 있다.

STEP 4 ❹ 남은 어휘 활용하기

아직 문장을 만들지 않은 나머지 어휘들을 스토리에 맞게 활용하여 글 속에 포함시킨다. 乐趣(즐거움)와 开阔(넓히다)를 통해 인터넷의 장점에 대해 썼다면, 上瘾(중독되다)과 谨慎(신중하다)에서 인터넷의 부정적인 영향을 생각할 수 있다. 인터넷에 중독될 수 있으므로 谨慎해야 한다는 등의 내용을 쓴다.

上瘾: 有不少人对网络上瘾。 적지 않은 사람들이 인터넷에 중독된다.
谨慎: 网民们要谨慎对待网络。 네티즌들은 신중하게 인터넷을 해야 한다.

STEP 5 ❺ 이야기 순서대로 전개하기

앞에서 만든 문장들을 이야기 순서에 맞게 정리한다. 이것이 바로 이야기의 서론, 본론, 결론이 된다. 서론은 글이 시작하는 단계로, 앞에서 정리한 요소들을 중심으로 인터넷의 보편화라는 화제를 이끌어낸다. 본론은 논제가 전개되는 부분이므로, 인터넷 보급의 장단점에 대해 서술한다. 결론에서는 바람직한 인터넷 사용법에 대한 자신의 생각을 간결하게 제시한다.

서론   现在网络越来越普遍。 현재 인터넷은 갈수록 보편화되고 있다.
본론   网络开阔了我们的视野。 인터넷은 우리의 시야를 넓혀주었다.
        给人们的生活带来乐趣。 사람들의 생활에 즐거움을 가져다준다.
        但也有不少人对网络上瘾。 하지만 적지 않은 사람들이 인터넷에 중독되기도 한다.
결론   网民们要谨慎对待网络。 네티즌들은 신중하게 인터넷을 해야 한다.
        不要成为网络的奴隶。 인터넷의 노예가 되어서는 안 된다.

STEP 6 ❻ 작문하기

❺번에서 정리한 개요를 참고하여 한 편의 완전한 글을 만든다. 각 문장의 연결이 자연스러워야 하고, 고득점을 위해서는 접속사와 고급 어휘를 사용하는 것이 유리하다. 글자 수는 80자 내외로 제한되므로 5~7문장 정도면 된다.

		现	在	网	络	越	来	越	普	遍	。	通	过	网	络
我	们	可	以	查	信	息	、	购	物	、	玩	游	戏	等	。
网	络	开	阔	了	我	们	的	视	野	，	给	人	们	的	生
活	带	来	乐	趣	。	但	也	有	不	少	人	对	网	络	上
瘾	，	影	响	正	常	生	活	。	因	此	网	民	们	要	谨
慎	对	待	网	络	，	不	要	成	为	网	络	的	奴	隶	。

해석 현재 인터넷은 갈수록 보편화되고 있다. 인터넷을 통해 우리는 정보를 찾고, 쇼핑을 하고, 게임 등을 할 수도 있다. 인터넷은 우리의 시야를 넓혀주었고, 사람들의 생활에 즐거움을 가져다준다. 하지만 적지 않은 사람들이 인터넷에 중독되어 정상적인 생활에 지장을 주기도 한다. 그러므로 네티즌은 인터넷을 신중하게 해서 인터넷의 노예가 되지 말아야 한다.

필수어휘 网络 wǎngluò 몡 인터넷, 네트워크 | 开阔 kāikuò 혱 (면적·범위 등이) 넓다, 광활하다 통 넓히다 | 谨慎 jǐnshèn 혱 신중하다, 조심스럽다 | 乐趣 lèqù 몡 즐거움, 재미 | 上瘾 shàngyǐn 통 (너무 좋아하여) 중독되다, 인이 박이다

보충어휘 越来越~ yuèláiyuè ~ 점점 ~해지다 | 普遍 pǔbiàn 혱 보편적이다, 일반적이다 | 通过 tōngguò 통 통과하다 젠 ~을 통해 | 可以 kěyǐ 조동 ~할 수 있다, ~해도 된다 | 视野 shìyě 몡 시야 | 也有 yě yǒu ~도 있다 | 因此 yīncǐ 젭 이로 인해, 이 때문에 | 成为 chéngwéi 통 ~가 되다 | 奴隶 núlì 몡 노예

03 压力   适合   缓解   乐观   偶然

1 어휘 파악하기
제시된 어휘의 우리말 뜻을 적어보고, 품사와 용법을 알고 있다면 아는 대로 메모해본다.
压力 몡 압력, 부담, 스트레스 → 주어, 목적어 가능
适合 통 적절하다, 적합하다, 알맞다 → 술어 가능
缓解 통 느슨해지다, 완화시키다, 풀어지다 → 술어 가능
乐观 혱 낙관적이다 → 부사어, 관형어, 술어 가능
偶然 혱 우연하다, 공교롭다 튀 우연히, 이따금 → 부사어, 관형어, 술어 가능

2 핵심 어휘로 핵심 문장 만들기
서로 관련되어 보이는 어휘 몇 개를 핵심 어휘로 정하고, 의미가 최대한 연결되도록 대강의 문장을 만들어 본다. 글 속에서 문장의 위치는 내용에 따라 자연스럽게 배치하면 된다.
压力: 压力很大。 스트레스가 매우 심하다.
缓解: 缓解压力的方法 스트레스를 완화시키는 방법
乐观: 最好的方法是保持乐观的心态。 가장 좋은 방법은 낙관적인 마음가짐을 유지하는 것이다.

3 스토리 구상하기
핵심 문장에 근거하여 대략적인 배경과 등장인물, 주요 내용을 구상한다. 특정한 상황에 직면했을 때의 일상적인 습관에 대해 쓴다면, 장소는 지정하지 않고 생략할 수 있다.
시간   求职时 구직할 때
장소   생략
등장인물 我 나
핵심 내용 缓解压力的最好的方法是保持乐观的心态。
          스트레스 완화에 가장 좋은 방법은 낙관적인 마음가짐을 유지하는 것이다.

4 남은 어휘 활용하기
아직 문장을 만들지 않은 나머지 어휘들을 스토리에 맞게 활용하여 글 속에 포함시킨다. 适合(적합하다)와 偶然(우연히)은 앞에서 정한 3개의 핵심 어휘와 의미상 그다지 어울리지 않는다. 그렇다면 스트레스가 발생하는 이유를 '적합한 직장을 찾으려고 한다'라고 연상해보자. 그리고 '우연한 기회'에 착안해볼 수 있다.
适合: 我想找个适合自己发展的工作。 나는 자신의 발전에 적합한 직업을 찾고 싶다.
偶然: 一个偶然的机会，我做了一名老师。 한 우연한 기회에 나는 선생님이 되었다.

STEP 5 📝 이야기 순서대로 전개하기

앞에서 만든 문장들을 이야기 순서에 맞게 정리한다. 이것이 바로 이야기의 서론, 본론, 결론이 된다. 서론은 사건이 시작하는 단계로, 앞에서 정리한 요소들을 중심으로 구직이라는 상황적 배경을 이끌어낸다. 본론은 사건이 진행되는 부분이므로, 我가 구직을 하면서 바라는 것과 실제로 겪게 되는 현실에 대한 이야기를 만든다. 결론은 이런 스트레스를 극복하고 어떤 직업을 갖게 되었는지로 마무리한다.

서론 　求职之路充满艰辛。구직의 길은 어려움이 가득하다.

본론 　我想找个适合自己发展的工作。나는 자신의 발전에 적합한 직업을 찾고 싶다.
　　　我已经32岁了，压力很大。나는 이미 32세라서, 스트레스가 매우 심하다.
　　　妈妈常说：缓解压力的最好的方法是保持乐观的心态。
　　　엄마는 늘 스트레스 완화에 가장 좋은 방법은 낙관적인 마음가짐을 유지하는 것이라고 말씀하신다.

결론 　一个偶然的机会，我遇到了小学老师。한 우연한 기회에 나는 초등학교 선생님을 만났다.
　　　在她的介绍下，我做了一名老师。그녀의 소개로 나는 선생님이 되었다.

STEP 6 📝 작문하기

5번에서 정리한 개요를 참고하여 한 편의 완전한 글을 만든다. 각 문장의 연결이 자연스러워야 하고, 고득점을 위해서는 접속사와 고급 어휘를 사용하는 것이 유리하다. 글자 수는 80자 내외로 제한되므로 5~7문장 정도면 된다.

		求	职	之	路	充	满	艰	辛	。	我	想	找	个	适
合	自	己	发	展	的	工	作	，	已	经	32	岁	的	我	，
压	力	很	大	。	妈	妈	常	说	：	缓	解	压	力	的	最
好	的	方	法	是	保	持	乐	观	的	心	态	。	后	来	，
一	个	偶	然	的	机	会	，	我	遇	到	了	小	学	老	师 ，
在	她	的	介	绍	下	，	我	做	了	一	名	老	师	。	

해석 구직의 길은 어려움으로 가득하다. 나는 자신의 발전에 적합한 일자리를 찾고 싶지만, 이미 32살인 나로서는 스트레스가 매우 심하다. 엄마는 늘 스트레스 완화에 가장 좋은 방법은 낙관적인 마음가짐을 유지하는 것이라고 말씀하신다. 나중에 한 우연한 기회에 나는 초등학교 선생님을 만났고, 그녀의 소개로 나는 선생님이 되었다.

필수어휘 压力 yālì 명 압력, 부담, 스트레스 | 适合 shìhé 동 적절하다, 적합하다, 알맞다 | 缓解 huǎnjiě 동 느슨해지다, 완화시키다, 풀어지다 | 乐观 lèguān 형 낙관적이다 | 偶然 ǒurán 형 우연하다, 공교롭다, 갑작스럽다, 뜻밖이다 부 우연히, 이따금, 가끔, 때때로, 왕왕

보충어휘 求职 qiúzhí 동 구직하다 | 充满 chōngmǎn 동 가득 차다 | 艰辛 jiānxīn 형 고생스럽다 | 方法 fāngfǎ 명 방법, 방식 | 保持 bǎochí 동 유지하다, 지속하다 | 心态 xīntài 명 마음가짐, 심리 상태 | 后来 hòulái 명 나중, 그 후 | 机会 jīhuì 명 기회 | 遇到 yùdào 동 만나다, 마주치다 | 介绍 jièshào 동 소개하다, 추천하다

04　竞争　提供　分析　规模　盲目

STEP 1 ❶ 어휘 파악하기

제시된 어휘의 우리말 뜻을 적어보고, 품사와 용법을 알고 있다면 아는 대로 메모해본다.
竞争 图 경쟁하다 → 술어, 주어, 목적어 가능
提供 图 제공하다 → 술어, 관형어 가능
分析 图 분석하다 → 술어, 주어, 목적어 가능
规模 图 규모 → 주어, 목적어 가능
盲目 图 맹목적이다 → 술어, 부사어 가능

STEP 2 ❷ 핵심 어휘로 핵심 문장 만들기

서로 관련되어 보이는 어휘 몇 개를 핵심 어휘로 정하고, 의미가 최대한 연결되도록 대강의 문장을 만들어 본다. 글 속에서 문장의 위치는 내용에 따라 자연스럽게 배치하면 된다.
竞争： 企业间的竞争越来越激烈。기업 간의 경쟁은 갈수록 치열해진다.
提供： 市场提供信息。시장에서 정보를 제공한다.
规模： 企业确定生产规模。기업은 생산 규모를 확정한다.

STEP 3 ❸ 스토리 구상하기

핵심 문장에 근거하여 대략적인 배경과 등장인물, 주요 내용을 구상한다. 제시된 단어 간의 직접적인 연관성이 바로 드러나지 않기 때문에 핵심 내용을 재빨리 떠올리기가 쉽지 않지만, 이 문제에서 规模(규모)는 기업, 학교, 혹은 어떤 활동의 범위를 가리키고, 竞争(경쟁하다)은 경쟁과 발전을 연상시키므로, 기업과 산업 전반에 관한 내용으로 만들어볼 수 있다. 추상적인 설명문이 될 수 있으므로, 굳이 시간과 장소를 정하지 않아도 된다.
시간　　생략
장소　　생략
등장 인물　企业 기업
핵심 내용　企业要合理发展。기업은 합리적으로 발전해야 한다.

STEP 4 ❹ 남은 어휘 활용하기

아직 문장을 만들지 않은 나머지 어휘들을 스토리에 맞게 활용하여 글 속에 포함시킨다. 기업의 경쟁이라는 화제에 관해 盲目(맹목적이다)라는 단어를 쓰고자 한다면, 기업이 생산을 발전시키려고 할 때 일부 맹목적인 상황이 생길 수 있음을 생각할 수 있다. 그리고 盲目에 대한 기업의 대안으로 分析(분석하다)를 써서, 시장 상황을 분석한 후 생산을 진행해야 한다는 내용으로 확장하여 쓸 수 있다.
分析： 对市场信息进行综合分析。시장 정보에 대해 종합적인 분석을 하다.
盲目： 不能盲目扩大生产。맹목적으로 생산을 확대해서는 안 된다.

STEP 5 ❺ 이야기 순서대로 전개하기

앞에서 만든 문장들을 이야기 순서에 맞게 정리한다. 이것이 바로 이야기의 서론, 본론, 결론이 된다. 서론은 사건이 시작하는 단계로, 앞에서 정리한 요소들을 중심으로 기업이 처한 현실 상황을 이끌어낸다. 본론은 사건이 진행되는 부분이므로, 핵심 문장을 참고하여 기업이 나아가야 할 합리적인 길을 제시한다. 결론은 기업이 합리적인 노선을 선택했을 때 얻게 되는 결과를 간결한 문장으로 정리한다.
서론　随着经济的发展，企业间的竞争越来越激烈。
　　　　경제가 발전함에 따라 기업 간의 경쟁이 갈수록 치열해진다.
본론　然而，企业不能盲目扩大生产。그렇다 해도 기업은 맹목적으로 생산을 확대해서는 안 된다.
　　　企业应该对市场提供的信息进行综合分析。기업은 시장이 제공하는 정보에 대해 종합적인 분석을 해야 한다.
　　　最终确定生产规模。최종적으로 생산 규모를 확정한다.
결론　这样企业才会在竞争中获胜。이렇게 해야만 기업이 경쟁 속에서 이길 수 있다.

STEP 6

6 작문하기

5번에서 정리한 개요를 참고하여 한 편의 완전한 글을 만든다. 각 문장의 연결이 자연스러워야 하고, 고득점을 위해서는 접속사와 고급 어휘를 사용하는 것이 유리하다. 글자 수는 80자 내외로 제한되므로 5~7문장 정도면 된다.

	随	着	经	济	的	发	展	，	企	业	间	的	竞	争
越	来	越	激	烈	。	然	而	，	企	业	不	能	为	了	盈
利	盲	目	扩	大	生	产	，	应	该	对	市	场	提	供	的
各	种	信	息	进	行	综	合	分	析	，	最	终	确	定	生
产	规	模	。	这	样	企	业	才	会	在	对	手	如	林	的
市	场	竞	争	中	获	胜	并	蓬	勃	发	展	。

해석 경제가 발전함에 따라 기업 간의 경쟁이 갈수록 치열해진다. 그렇다 해도 기업은 영리를 위해 맹목적으로 생산을 확대해서는 안 되고, 시장이 제공하는 각종 정보에 대해 종합적인 분석을 해서 최종적으로 생산 규모를 확정해야 한다. 이렇게 해야만 상대가 무수히 존재하는 시장 경쟁 속에서 이기고 왕성하게 발전할 수 있다.

필수어휘 竞争 jìngzhēng 동 경쟁하다 | 提供 tígōng 동 제공하다 | 分析 fēnxī 동 분석하다 | 规模 guīmó 명 규모 | 盲目 mángmù 형 맹목적이다, 계획이 없다

보충어휘 企业 qǐyè 명 기업 | 然而 rán'ér 접 그러나, 그렇지만 | 盈利 yínglì 명 이윤, 이익 동 이윤을 얻다 | 应该 yīnggāi 조동 마땅히 ~해야 한다 | 综合 zōnghé 동 종합하다 | 最终 zuìzhōng 명 최종의, 최후의 | 确定 quèdìng 동 확정하다 | 这样 zhèyàng 대 이러한 | 对手如林 duìshǒu rúlín 상대가 숲을 이루다(무수히 많다) | 获胜 huòshèng 동 이기다, 승리하다 | 并 bìng 부 함께, 동시에 | 蓬勃 péngbó 형 번영하다, 크게 발전하다

02 사진 보고 작문하기

p.147~150

01

STEP 1

❶ 사진 보고 어휘 연상하기

사진을 위에서 아래로, 왼쪽에서 오른쪽으로, 전체에서 부분으로 단계적으로 관찰하고, '누가, 언제, 어디서, 무엇을, 어떻게, 왜'의 육하원칙을 생각하며 연상되는 어휘를 적어본다.

대상 관련	礼盒 선물 상자 / 礼物 선물
시간 관련	生日 생일 / 纪念日 기념일
공간 관련	家里 집 안
상황·행위 관련	放 놓다 / 看到 보았다 / 受到 받다

STEP 2

❷ 스토리 구상하기

연상된 어휘를 이용하여 전체적인 스토리를 떠올려보고, 그에 어울리는 배경을 설정한다. 어딘가에 놓여진 선물을 바라보는 사람이 我라고 생각하고 이야기를 만들어보자.

시간	早上 아침
장소	家里 집 안
등장인물	我 나
배경 설명(도입부)	早上我起来时，老公已经上班去了。 내가 아침에 일어났을 때, 남편은 이미 출근했다.

STEP 3

❸ 핵심 문장 만들기

사진에 적합한 중요 단어 몇 개로 핵심 문장을 만든 다음, 자연스러운 순서대로 배열한다. 사진을 보고 연상한 生日, 看到, 礼盒를 사용해 문장을 만들어보자.

生日 : 今天是我的生日。 오늘은 내 생일이다.
看到 : 我看到一个礼盒。 나는 선물 상자 하나를 보았다.
礼盒 : 包装精美的礼盒 예쁘게 포장된 선물 상자

STEP 4

❹ 기타 요소 보충하기

사진에서 주어진 것 이외에, 스토리 전개에 필요한 요소를 상상력을 동원해 보충한다. 누군가에게 선물을 받는 것이 아니라 놓여 있는 선물을 발견하는 것이므로, 선물을 주는 사람이 직접 줄 수 없는 이유를 생각해내야 한다.

上班 : 老公已经上班去了。 남편은 이미 출근하러 갔다.
准备 : 他早做好准备了。 그는 일찌감치 다 준비해두었다.

STEP 5

❺ 작문하기

앞의 내용을 참고하여 한 편의 완전한 글을 만든다. 문장의 연결이 자연스러워야 하고, 고득점을 위해서는 접속사와 고급 어휘를 사용하는 것이 유리하다. 글자 수는 80자 내외로 제한되므로 5~7문장 정도면 된다.

	早	上	我	起	来	时	，	老	公	已	经	上	班	去
了	。	他	的	公	司	很	远	，	他	每	天	早	上	六	点
就	出	发	。	可	今	天	是	我	的	生	日	啊	。	他	应
该	跟	我	说	一	声	"	生	日	快	乐	"	再	上	班	。
突	然	，	我	看	到	一	个	包	装	精	美	的	礼	盒	。
原	来	他	早	做	好	准	备	了	。						

해석 아침에 내가 일어났을 때 남편은 이미 출근하러 갔다. 그는 회사가 멀어서 매일 아침 6시면 출발한다. 하지만 오늘은 내 생일이다. 그는 나에게 "생일 축하한다"는 한 마디는 하고 출근했어야 하는 것이다. 문득 나는 예쁘게 포장된 선물 상자 하나를 보았다. 알고 보니 그는 일찌감치 준비를 다 해둔 것이었다.

보충어휘 啊 a 조 문장 끝에 쓰여 긍정을 나타냄 | 一声 yì shēng (말, 소리) 한 마디 | 突然 tūrán 부 갑자기, 문득 | 精美 jīngměi 형 정교하고 아름답다 | 盒 hé 명 통, 함, 상자 | 原来 yuánlái 부 원래, 알고 보니

Tip 접속사를 정확하고 능숙하게 사용하자.
작문을 할 때 접속사를 사용하여 다른 의미를 표현할 수 있다. 사진을 묘사하는 작문에서 순서를 분명히 하고 의미를 명확하게 하기 위해 비교적 많이 쓰이는 것은 전환관계 접속사다. 문장의 의미를 잘 살리는 유용한 접속사들을 평소에 많이 습득해야 한다.

02

STEP 1 ① 사진 보고 어휘 연상하기

사진을 위에서 아래로, 왼쪽에서 오른쪽으로, 전체에서 부분으로 단계적으로 관찰하고, '누가, 언제, 어디서, 무엇을, 어떻게, 왜'의 육하원칙을 생각하며 연상되는 어휘를 적어본다.

대상 관련	牌子 표지판 / 宠物 애완동물
시간 관련	알 수 없음
공간 관련	商场 쇼핑센터 / 公共场所 공공장소
상황·행위 관련	禁止 금지

STEP 2 ② 스토리 구상하기

연상된 어휘를 이용하여 전체적인 스토리를 떠올려보고, 그에 어울리는 배경을 설정한다. 금지 표지가 주어졌으므로 이에 대해 찬성하는 입장이나 반대하는 입장을 생각해볼 수 있다. 이야기 속 인물을 설정하고 그가 이 표지로 인해 겪는 에피소드와 생각을 작문해보자.

시간	一个闷热的夏日 어느 무더운 여름날
장소	商场 쇼핑센터
등장인물	小王 샤오왕
배경 설명(도입부)	一个闷热的夏日，小王带着小狗去逛商场。
	어느 무더운 여름날, 샤오왕은 강아지를 데리고 쇼핑센터에 구경을 갔다.

STEP 3 ❸ 핵심 문장 만들기

사진에 적합한 중요 단어 몇 개로 핵심 문장을 만든 다음, 자연스러운 순서대로 배열한다. 사진을 보고 연상한 商场, 牌子, 宠物, 禁止를 사용해 문장을 만들어보자.

商场: 小王到了**商场**。 샤오왕은 쇼핑센터에 도착했다.
牌子: 小王看到一个**牌子**。 샤오왕은 한 표지를 보았다.
宠物、禁止: 牌子上面表示: **宠物禁止**入内。 표지판은 '애완동물 출입금지'를 뜻했다.

STEP 4 ❹ 기타 요소 보충하기

사진에서 주어진 것 이외에, 스토리 전개에 필요한 요소를 상상력을 동원해 보충한다. 小王이 강아지를 데리고 쇼핑센터에 간 것은 날씨가 더워서 시원한 곳을 찾아 간 것이라고 설정하고, 표지판을 보고 그냥 돌아와야 했을 때 느꼈을 감정에 대해 보충해준다.

凉快: 商场又**凉快**又舒服。 쇼핑센터는 시원하고 쾌적하다.
不高兴: 小王心里**不太高兴**。 샤오왕은 마음속으로 별로 기분이 좋지 않았다.
影响: 不应该**影响**别人购物。 다른 사람의 쇼핑에 피해를 주지 말아야 한다.

STEP 5 ❺ 작문하기

앞의 내용을 참고하여 한 편의 완전한 글을 만든다. 문장의 연결이 자연스러워야 하고, 고득점을 위해서는 접속사와 고급 어휘를 사용하는 것이 유리하다. 글자 수는 80자 내외로 제한되므로 5~7문장 정도면 된다.

		一	个	闷	热	的	夏	日	,	小	王	带	着	小	狗
去	逛	商	场	,	那	里	又	凉	快	又	舒	服	。	到	了
商	场	,	她	看	到	一	个	牌	子	,	上	面	有	一	只
身	上	画	了	一	道	红	线	的	小	狗	,	表	示	宠	物
禁	止	入	内	。	虽	然	她	心	里	不	太	高	兴	,	但
为	了	不	影	响	别	人	购	物	,	只	好	回	家	了	。

해석 어느 무더운 여름날, 샤오왕은 강아지를 데리고 쇼핑센터에 구경을 갔다. 그곳은 시원하고 쾌적했다. 쇼핑센터에 도착했을 때 그녀는 표지판 하나를 보았는데, 위에는 몸에 붉은색 선이 그어진 강아지 한 마리가 그려 있었고, 그것은 '애완동물 출입금지'를 의미했다. 그녀는 마음속으로 별로 기분이 좋지 않았지만, 다른 사람에게 피해를 주지 않기 위해 집으로 돌아올 수밖에 없었다.

보충어휘 闷热 mēnrè 혱 무덥다, 찌는 듯하다 | 又~又~ yòu~yòu~ ~하기도 하고 ~하기도 하다 | 上面 shàngmian 몡 위, 겉 | 禁止 jìnzhǐ 통 금지하다 | 宠物 chǒngwù 몡 애완동물 | 虽然~但 suīrán~dàn 비록 ~일지라도 | 影响 yǐngxiǎng 몡 영향 통 영향을 주다 | 只好 zhǐhǎo 튀 부득이, ~할 수밖에 없다

Tip 사진 속에 사물만 있을 때는 포인트를 잡아야 한다.
사진 속에 사물만 있다면 이 사물이 왜 있는지, 어떤 용도인지, 또 그것과 관련된 사건이 어떻게 일어날 것인지에 대해서 연상해야 한다. 묘사를 할 때는 사진에서 벗어나지 않는 선에서 사건을 말해야 한다.

03

STEP 1 ■ 사진 보고 어휘 연상하기

사진을 위에서 아래로, 왼쪽에서 오른쪽으로, 전체에서 부분으로 단계적으로 관찰하고, '누가, 언제, 어디서, 무엇을, 어떻게, 왜'의 육하원칙을 생각하며 연상되는 어휘를 적어본다.

대상 관련	人们 사람들 / 跑步机 러닝머신
시간 관련	알 수 없음
공간 관련	健身房 헬스클럽
상황·행위 관련	运动 운동하다 / 锻炼 단련하다 / 健康 건강

STEP 2 ■ 스토리 구상하기

연상된 어휘를 이용하여 전체적인 스토리를 떠올려보고, 그에 어울리는 배경을 설정한다. 사진 속 여러 명의 인물 중 가상의 인물을 설정하고, 헬스클럽에서 운동할만한 계층으로 白领(사무직 근로자)을 생각해본다.

시간	下班后 퇴근 후
장소	健身房 헬스클럽
등장인물	小李 샤오리
배경 설명(도입부)	白领们意识到健康的重要性。 사무직 근로자들이 건강의 중요성을 인식했다.

STEP 3 ■ 핵심 문장 만들기

사진에 적합한 중요 단어 몇 개로 핵심 문장을 만든 다음, 자연스러운 순서대로 배열한다. 사진을 보고 연상한 运动, 健身房, 锻炼을 사용해 문장을 만들어보자.

运动: 生命在于运动。 삶은 운동에 달려있다.

健身房、锻炼: 小李每天到健身房锻炼两个小时。
샤오리는 매일 헬스클럽에 가서 2시간씩 운동을 한다.

STEP 4 ■ 기타 요소 보충하기

사진에서 주어진 것 이외에, 스토리 전개에 필요한 요소를 상상력을 동원해 보충한다. 사무직 근로자들이 왜 건강하지 못한 생활을 하게 되는지, 또 헬스클럽 활동을 통해 건강 이외에 얻게 되는 것이 무엇인지 보충해 준다.

办公室: 小李在办公室一坐就是一天。 샤오리는 사무실에 한 번 앉았다 하면 온종일 앉아 있다.

喝酒: 每天下班后就跟同事去酒店喝酒，结果得了肝病。
매일 퇴근 후면 동료와 함께 술집에 가서 술을 마시니, 그 결과 간질환에 걸렸다.

朋友: 小李认识了新朋友。 샤오리는 새로운 친구를 알게 되었다.

STEP 5 ■ 작문하기

앞의 내용을 참고하여 한 편의 완전한 글을 만든다. 문장의 연결이 자연스러워야 하고, 고득점을 위해서는 접속사와 고급 어휘를 사용하는 것이 유리하다. 글자 수는 80자 내외로 제한되므로 5~7문장 정도면 된다.

		生	命	在	于	运	动	，	越	来	越	多	的	白	领
们	意	识	到	健	康	的	重	要	性	。	以	前	，	小	李
在	办	公	室	一	坐	就	是	一	天	，	每	天	下	班	后
就	跟	同	事	去	酒	店	喝	酒	，	结	果	得	了	肝	病。
现	在	他	每	天	到	健	身	房	锻	炼	两	个	小	时	，
而	且	还	认	识	了	新	朋	友	，	身	体	也	好	多	了。

해석 삶은 운동에 달려있다. 갈수록 많은 사무직 근로자들이 건강의 중요성을 인식하고 있다. 예전에 샤오리는 사무실에 한 번 앉았다 하면 온종일 앉아 있고, 매일 퇴근 후면 동료와 함께 술집에 가서 술을 마셔서, 간질환이 생겼다. 지금 그는 매일 헬스클럽에 가서 2시간씩 단련을 하며, 게다가 새로운 친구들도 알게 되었고, 건장도 많이 좋아졌다.

보충어휘 在于 zàiyú 통 ~에 달려 있다 | 白领 báilǐng 명 화이트칼라, 사무직 근로자 | 意识 yìshi 통 의식하다, 깨닫다 | 健康 jiànkāng 명 건강 형 건강하다 | 以前 yǐqián 명 이전 | 一~就~ yī~jiù~ ~하기만 하면 ~하다 | 酒店 jiǔdiàn 명 술집, 식당 | 肝病 gānbìng 명 간질환 | 锻炼 duànliàn 통 단련하다 | 而且 érqiě 접 게다가

Tip 사진 속에 인물이 여러 명 등장할 때는 주인공을 정하자.
사진 속에 인물이 여러 명 등장할 때, 인물의 크기만 보고 글 속에 등장시킬 것인지 여부를 결정해서는 안 된다. 머릿속에서 주인공을 선택하고, 그와 다른 인물들 사이의 관계가 어떤지 상상해보는 것도 글을 쉽게 풀어갈 수 있는 방법이다.

04

STEP 1
1 사진 보고 어휘 연상하기

사진을 위에서 아래로, 왼쪽에서 오른쪽으로, 전체에서 부분으로 단계적으로 관찰하고, '누가, 언제, 어디서, 무엇을, 어떻게, 왜'의 육하원칙을 생각하며 연상되는 어휘를 적어본다.

대상 관련	两个老人 노인 두 명 / 自行车 자전거
시간 관련	白天 낮 / 晚年 노년
공간 관련	户外 야외 / 小镇 소도시
상황·행위 관련	坐着 앉아 있다 / 休息 쉬다 / 旅游 여행하다 / 骑自行车 자전거를 타다

STEP 2
2 스토리 구상하기

연상된 어휘를 이용하여 전체적인 스토리를 떠올려보고, 그에 어울리는 배경을 설정한다. 사진 속의 노인이 젊었을 때 열심히 일했고, 지금은 삶을 즐기며 여유롭게 살고 있다고 생각해볼 수 있다.

시간	退休后 퇴직 후
장소	景色优美的小镇 풍경이 아름다운 작은 마을
등장인물	汤姆 톰
배경 설명(도입부)	汤姆工作很忙，几乎没时间和家人在一起度假。 톰은 일이 너무 바빠, 가족과 함께 휴가를 보내는 시간이 거의 없었다.

STEP 3 ❸ 핵심 문장 만들기

사진에 적합한 중요 단어 몇 개로 핵심 문장을 만든 다음, 자연스러운 순서대로 배열한다. 사진을 보고 연상한 旅游, 小镇, 骑自行车, 白天을 사용해 문장을 만들어보자.

旅游: 退休后，他终于可以和妻子一起去旅游了。
　　　　퇴직 후에 그는 드디어 아내와 함께 여행을 갈 수 있게 되었다.
小镇: 他们在一个景色优美的小镇里居住。 그들은 경치가 아름다운 한 작은 마을에 산다.
骑自行车、白天: 他们白天骑自行车买水果、蔬菜。그들은 낮에는 자전거를 타고 과일과 채소를 산다.

STEP 4 ❹ 기타 요소 보충하기

사진에서 주어진 것 이외에, 스토리 전개에 필요한 요소를 상상력을 동원해 보충한다. 汤姆가 퇴직 전에 바빴던 이유로 그의 직업을 생각해보고, 퇴직 후의 생활이 어떤지 보충해준다.

银行家: 汤姆是个银行家。톰은 은행가였다.
生活: 他们过着悠闲的生活。 그들은 한가로운 생활을 하고 있다.
羡慕: 让人非常羡慕。(보는) 사람들을 대단히 부럽게 한다.

STEP 5 ❺ 작문하기

앞의 내용을 참고하여 한 편의 완전한 글을 만든다. 문장의 연결이 자연스러워야 하고, 고득점을 위해서는 접속사와 고급 어휘를 사용하는 것이 유리하다. 글자 수는 80자 내외로 제한되므로 5~7문장 정도면 된다.

			汤	姆	是	个	银	行	家	，	工	作	很	忙	，	几
乎	没	时	间	和	家	人	在	一	起	度	假	。	退	休	后，
他	终	于	可	以	和	妻	子	一	起	旅	游	了	，	他	们
在	一	个	景	色	优	美	的	小	镇	里	居	住	，	白	天
骑	自	行	车	买	水	果	、	蔬	菜	，	过	着	悠	闲	的
生	活	，	让	人	非	常	羡	慕	。						

해석 톰은 은행가였는데, 일이 너무 바빠 가족과 함께 휴가를 보낼 시간이 거의 없었다. 퇴직 후에 그는 드디어 아내와 함께 여행을 갈 수 있게 되었다. 그들은 경치가 아름다운 한 작은 마을에 살면서 낮에는 자전거를 타고 과일과 채소를 사러 다니며 한가로운 생활을 했고, 사람들의 많은 부러움을 샀다.

보충어휘 几乎 jīhū 🖲 거의 | 度假 dùjià 🖲 휴가를 보내다 | 景色 jǐngsè 🖲 풍경, 경치 | 优美 yōuměi 🖲 아름답다 | 镇 zhèn 🖲 읍, 마을 | 居住 jūzhù 🖲 거주하다 | 悠闲 yōuxián 🖲 여유롭다, 한가하다 | 让 ràng 🖲 ~하게 하다 | 羡慕 xiànmù 🖲 부러워하다, 선망하다

Tip 사진을 보고 연상할 때 비교법을 이용하자.
사진의 내용이 간단하다면 연상을 해야 한다. 사진에 보이는 장면 전이나 후의 상황을 연상하면서 사진 속 상황과 비교하여 이야기를 만드는 것이다. 이런 글은 구조가 깔끔하고 순서가 분명하며 생동감이 넘친다.

Part 3 실전 트레이닝

제1회
p.152~153

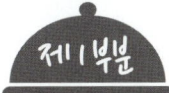

91

造成	连日的	水灾	多处地区	大雨	严重的
조성하다	연일의	수재	많은 지역	큰비	심각한

기본문장 大雨 + 造成 + 水灾。 큰비가 수재를 일으킨다.
주어 　 술어 　 목적어

살붙이기 连日的 + 大雨 + 造成 + 多处地区 + 严重的 + 水灾。
관형어 　 주어 　 술어 　 관형어 　 관형어 　 목적어
연이은 큰비가 많은 지역의 심각한 수재를 일으켰다.

해설 (1) 造成은 '조성하다, 일으키다'라는 뜻으로 대부분 부정적인 뜻의 목적어를 동반한다.
　　 예 西部地区的火灾造成了巨大经济损失。 서부지역의 화재는 거대한 경제적 손실을 일으켰다.
(2) 水灾가 大雨를 일으켰는지, 大雨가 水灾를 일으켰는지 의미를 생각해보면 주어와 목적어를 정할 수 있다. 그후 주어와 목적어에 각각 어울리는 관형어를 어순에 맞게 쓰면 된다.

정답 连日的大雨造成多处地区严重的水灾。 연이은 큰비가 많은 지역의 심각한 수재를 일으켰다.

필수어휘 造成 zàochéng 통 조성하다, 야기하다, 발생시키다 | 连日 liánrì 명 연일, 여러 날 | 水灾 shuǐzāi 명 수재 | 严重 yánzhòng 형 심각하다

92

学习	要	你	工作方法	认真	他的
배우다	~해야 한다	너	작업 방법	열심히 하다	그의

기본문장 你 + 学习 + 工作方法。 너는 작업 방법을 배운다.
주어 　 술어 　 목적어

살붙이기 你 + 要 + 认真 + 学习 + 他的 + 工作方法。 너는 그의 작업 방법을 열심히 배워야 한다.
주어 　 부사어 　 술어 　 관형어 　 목적어

해설 认真은 学习를 직접적으로 꾸며주는 부사어가 되고, 의미상 '열심히 공부해야 한다'라는 뜻이므로 조동사 要가 认真学习 앞에 나온다. 他的는 工作方法를 꾸며주는 관형어로 적절하다.

정답 你要认真学习他的工作方法。 너는 그의 작업 방법을 열심히 배워야 한다.

필수어휘 学习 xuéxí 통 공부하다, 배우다 | 要 yào 조동 ~해야 한다 | 工作 gōngzuò 명 일, 작업 통 일하다 | 方法 fāngfǎ 명 방법 | 认真 rènzhēn 형 진지하다, 열심이다 통 진짜로 여기다

해설 **229**

93

她	坚持去	这几年	孤寡老人	一直	养老院	照顾
그녀	계속해나가다	요 몇 년	외로운 노인	줄곧	양로원	돌보다

기본 문장
她 + 坚持 去 + 养老院 + 照顾 + 孤寡 老人。그녀는 계속해서 양로원에 가서 외로운 노인을 돌본다.
주어 부사어+술어1 목적어1 술어2 관형어+목적어2

살 붙이기
她 + 这几年 + 一直 + 坚持 去 + 养老院 + 照顾 + 孤寡 老人。
주어 부사어 술어1 목적어1 술어2 관형어+목적어2
그녀는 요 몇 년 동안 줄곧 계속해서 양로원에 가서 외로운 노인을 돌본다.

해설 연동문 중에서 뒤의 동사(照顾)가 앞 동사(去)의 목적이 되는 유형이다. 去와 照顾 중 무엇이 무엇의 목적이 될 것인지 의미를 파악해야 한다.
예 我要去机场接朋友。나는 공항에 가서 친구를 마중한다(친구를 마중하러 공항에 간다).

정답 她这几年一直坚持去养老院照顾孤寡老人。그녀는 요 몇 년 동안 줄곧 외로운 노인을 돌보러 계속해서 양로원에 갔다.

필수어휘 坚持 jiānchí 통 견지하다, 계속하다 | 去 qù 통 가다 | 几 jǐ 수 몇 | 孤寡 gūguǎ 형 외롭다, 쓸쓸하다 | 养老院 yǎnglǎoyuàn 명 양로원 | 一直 yìzhí 부 줄곧, 계속 | 照顾 zhàogù 통 돌보다

94

被	泄露	商业机密	他	出去	公司的	了
~에 의해서	새다	상업 기밀	그	나가다	회사의	~했다

被자문 만들기
▶ 어순: 동작의 대상+(부사어)+被+동작의 주체+술어+기타 성분
商业机密 + 被 + 他 + 泄露 + 出去。상업 기밀이 그에 의해 새나간다.
동작 대상 동작 주체 술어 기타 성분

살 붙이기
公司的 + 商业 机密 + 被 + 他 + 泄露 + 出去 + 了。
관형어 주어 부사어 술어 방향보어 어기조사
회사의 상업 기밀이 그에 의해 새나갔다.

해설 제시된 어휘 중에 被가 있으므로 被자문으로 배열한다. 기타 성분으로 방향보어가 나왔다. 어기조사는 문장 맨 뒤에 둔다.
예 我的钱包被小偷拿走了。내 지갑은 도둑이 가져갔다.

정답 公司的商业机密被他泄露出去了。회사의 상업 기밀이 그에 의해서 새나갔다.

필수어휘 被 bèi 전 ~에 의해 | 泄露 xièlòu 통 새다, 누설되다, 유출되다 | 商业 shāngyè 명 상업 | 机密 jīmì 명 기밀 | 出去 chūqù 통 나가다 | 公司 gōngsī 명 회사

95

中国的	很大的	有了	经济	改革开放20年后	发展
중국의	매우 큰	생겼다	경제	개혁 개방 20년 후	발전하다

기본 문장
经济 + 有了 + 发展。경제에 발전이 있었다.
주어 술어 목적어

살 붙이기
改革开放20年后 + 中国的 + 经济 + 有了 + 很大的 + 发展。
부사어 관형어 주어 술어 관형어 목적어
개혁 개방 20년 후 중국 경제에는 매우 큰 발전이 있었다.

해설 시간 부사어는 문장 맨 앞에 둔다. 中国的는 经济의 관형어, 很大的는 发展의 관형어가 된다. '有了+发展'은 '발전이 생기다'라는 뜻으로, 자주 함께 쓰이는 동목구다.
예 最近几年韩中两国关系有了很大发展。 최근 몇 년간 한중 양국 관계는 매우 큰 진전이 있었다.

정답 改革开放20年后中国的经济有了很大的发展。 개혁 개방 20년 후 중국의 경제는 매우 많이 발전했다.

필수어휘 经济 jīngjì 명 경제 | 改革 gǎigé 통 개혁하다 | 开放 kāifàng 통 개방하다 | 发展 fāzhǎn 통 발전하다

96

起来	妈妈	外面的衣服	让	把	收	你
일어나다	엄마	바깥의 옷	~하게 하다	~을	거두다	너

把자문 만들기
▶ 어순: 주어+(부사어)+把+처치대상+술어+기타 성분
你 + 把 + 外面的衣服 + 收 + 起来。 너는 바깥의 옷을 거둬들여라.
  주어   처치대상   술어   기타성분

살 붙이기
妈妈 + 让 + 你 + 把 + 外面的衣服 + 收 + 起来。
주어   술어 목적어1/주어2   부사어   술어2 방향보어
엄마가 네게 바깥의 옷을 거둬들이게 했다.

해설
(1) 제시된 어휘 중에 把가 있으므로 把자문의 어순을 떠올린다. 겸어문과 把자문이 같이 쓰이는 경우, 겸어 구조가 앞에 오고 把자문이 항상 뒤에 온다.
예 妈妈让儿子把作业做完。 엄마는 아들한테 숙제를 다 하게 했다.
(2) 의미상 你가 妈妈에게 시키는 것보다 妈妈가 你에게 시키는 것이 자연스러우므로, 妈妈가 전체 문장의 주어, 你가 사역을 당하는 목적어가 된다.

정답 妈妈让你把外面的衣服收起来。 엄마가 네게 바깥의 옷을 걷으라고 시키셨어.

필수어휘 起来 qǐlái 통 일어나다 | 外面 wàimian 명 바깥, 밖 | 衣服 yīfu 명 옷 | 让 ràng 통 ~하게 하다, 시키다 | 把 bǎ 전 ~을 | 收 shōu 통 받다, 얻다, 거두다

97

刚	听不懂	上汉语课时	老师的话	李明浩	根本
막	알아듣지 못하다	중국어 수업을 할 때	선생님의 말	이명호(사람 이름)	전혀

기본 문장
李明浩 + 听不懂 + 老师的 话。 이명호는 선생님의 말을 알아듣지 못한다.
 주어   술어+가능보어 관형어+목적어

살 붙이기
李明浩 + 刚 + 上汉语课时 + 根本 + 听不懂 + 老师的 话。
 주어   부사어   술어+가능보어 관형어+목적어
이명호는 막 중국어 수업을 할 때 선생님의 말을 전혀 알아듣지 못했다.

해설 기본 문장을 만든 후 부사어의 순서를 정리하면 된다. 시간 부사어가 앞, 범위·정도부사가 뒤에 놓이며, 刚은 上汉语课时를 꾸며주므로 그 앞에 놓인다. '동사+不+결과보어'가 가능보어로 쓰였다. 여기서 懂은 '~함으로써 이해하다'라는 뜻이다.
예 我看不懂老师写的字。 나는 선생님이 쓰신 글자를 못 알아보겠다.

정답 李明浩刚上汉语课时根本听不懂老师的话。 이명호는 막 중국어 수업을 할 때 선생님의 말을 전혀 알아듣지 못했다.

필수어휘 刚 gāng 부 막, 방금 | 听不懂 tīngbudǒng 알아듣지 못하다 | 上课 shàngkè 통 수업하다 | 汉语 Hànyǔ 명 중국어 | 话 huà 명 말 | 根本 gēnběn 부 전혀, 아예

98

面试官的问题	充满	面试时	自信地	应该	回答
면접관의 질문	가득 차다	면접 때	자신 있게	~해야 한다	대답하다

기본문장 面试时 + 回答 + 面试官的 问题。 면접 때 면접관의 질문에 대답한다.
시간 부사어   술어   관형어的 + 목적어

살 붙이기 面试时 + 应该 + 充满 + 自信地 + 回答 + 面试官的 问题。
부사어   술어   관형어的 + 목적어
면접 때는 반드시 자신감에 차서 면접관의 질문에 대답해야 한다.

해설 주어가 없는 무주어 구문이다. 시간 부사어를 문장 앞에 두고 조동사, 구조조사 地로 만든 기타 제한성 수식어는 순서대로 술어 앞에 둔다.

정답 面试时应该充满自信地回答面试官的问题。 면접 때는 자신감 있게 면접관의 질문에 대답해야 한다.

필수어휘 面试官 miànshìguān 명 면접관 | 问题 wèntí 명 문제 | 充满 chōngmǎn 동 충만하다, 가득 차다 | 面试 miànshì 명 면접 동 면접하다 | 自信 zìxìn 형 자신감 있다 | 应该 yīnggāi 조동 ~해야 한다 | 回答 huídá 동 대답하다

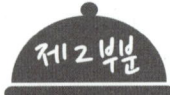

99

代替、	担心、	道歉、	训练、	及时
대신하다	걱정하다	사과하다	훈련하다	곧바로

핵심어휘 선정 핵심 어휘를 정하고, 의미가 최대한 연결되도록 대강의 문장을 만든다.
训练： 在训练的时候，我不小心把他撞倒在地上。
　　　훈련할 때 나는 부주의해서 그를 부딪쳐 땅에 넘어뜨렸다.
道歉： 我向他道歉。 나는 그에게 사과했다.
担心： 我担心他不原谅我。 나는 그가 나를 용서해주지 않을까 봐 걱정되었다.

스토리 구상 대략적인 배경과 등장인물, 주요 내용을 구상한다. 训练(훈련하다), 担心(걱정하다), 道歉(사과하다) 등의 단어로 보아 운동과 관련된 실수나 사고를 떠올릴 수 있다.
시간　　在训练的时候 훈련할 때
장소　　在训练的地方 훈련하는 장소에서
등장인물　我、刘杰 나, 리우제
핵심 내용 训练时，刘杰因为我受伤，我向他道歉，但我还担心他不原谅我。
　　　　훈련할 때 리우제가 나 때문에 다쳐서 나는 그에게 사과했지만, 그래도 그가 용서해주지 않을까 봐 걱정이다.

남은어휘 활용 나머지 어휘들을 스토리에 맞게 글 속에 포함시킨다. 代替(대신하다)와 及时(곧바로)를 사용하여 我의 미안한 심정과 태도를 묘사하는 문장을 만들 수 있다.
代替： 我真希望自己能代替他受伤。 나는 정말 내가 그를 대신해서 다칠 수 있었기를 바란다.
及时： 我及时向他道歉。 나는 곧바로 그에게 사과했다.

순서 배열	자연스러운 순서로 배열한다.
서론	在训练的时候，我不小心把刘杰撞倒在地上，他的腿因伤不能参加决赛了。 훈련할 때 나는 부주의해서 리우제를 부딪쳐 땅에 넘어뜨렸고, 그의 다리가 다쳐서 결승전에 참가하지 못하게 되었다.
본론	我真希望自己能代替他受伤。 나는 정말 내가 그를 대신해서 다칠 수 있었기를 바랐다. 我及时向他道歉。 나는 곧바로 그에게 사과했다.
결론	我担心他不原谅我，没想到他给我加油。 나는 그가 나를 용서해주지 않을까 봐 걱정했는데, 그는 뜻밖에도 나를 응원해주었다.

작문 글자 수와 원고지 작성법에 유의하며 보충·정리한다.

	在	训	练	的	时	候	，	我	不	小	心	把	刘	杰
撞	倒	在	地	上	，	结	果	他	的	腿	因	伤	不	能	参
加	决	赛	了	。	我	真	希	望	自	己	能	代	替	他	受
伤	。	虽	然	我	及	时	向	他	道	歉	，	但	还	是	担
心	他	不	原	谅	我	。	没	想	到	，	他	说	：	"	加
油	！	没	有	我	，	你	们	也	能	得	冠	军	。	"	

해석 훈련할 때 나는 잘못해서 리우제를 부딪쳐 넘어뜨렸고, 그 결과 그의 다리가 다쳐서 결승전에 참가할 수 없게 되었다. 나는 정말로 내가 그를 대신해서 다쳤기를 바랐다. 비록 나는 곧바로 그에게 사과했지만, 그래도 그가 나를 용서해주지 않을까 봐 걱정되었다. 뜻밖에도 그는 "힘내! 내가 없어도 너희는 우승할 수 있을 거야."라고 말했다.

필수어휘 代替 dàitì 동 대체하다, 대신하다 | 担心 dānxīn 동 염려하다, 걱정하다 | 道歉 dàoqiàn 동 사과하다, 사죄하다 | 训练 xùnliàn 동 훈련하다, 연습하다 | 及时 jíshí 형 시기 적절하다 부 즉시, 곧바로

보충어휘 撞倒 zhuàngdǎo 치어 넘어뜨리다 | 结果 jiéguǒ 명 결과 | 腿 tuǐ 명 다리 | 伤 shāng 동 다치다 명 상처 | 决赛 juésài 명 결승전 | 原谅 yuánliàng 동 양해하다, 용서하다 | 加油 jiāyóu 동 격려하다, 응원하다, 힘내다 | 冠军 guànjūn 명 챔피언, 우승(자)

연상어휘 메모 육하원칙을 생각하며 사진을 보고 연상되는 어휘를 적어본다.
대상 관련　　女孩 여자아이 / 雪人 눈사람 / 帽子 모자 / 围巾 목도리
시간 관련　　白天 낮
공간 관련　　户外 야외
상황·행위 관련　下雪 눈이 내리다 / 扫 쓸다 / 滚雪球 눈덩이를 굴리다 / 堆雪人 눈사람을 만들다

스토리 구상	연상된 어휘를 이용하여 스토리를 구상한다. 사진 속의 여자아이를 贝贝라고 이름 짓고 시간과 장소를 좀 더 구체화시켜 이야기를 만들어보자. 시간　　　　　　早晨 아침 장소　　　　　　门外 문 밖 등장인물　　　　贝贝 베이베이 배경 설명(도입부)　早晨，雪已经停了。아침에 눈이 이미 그쳤다.
핵심문장 구성	중요 단어를 뽑아 핵심 문장을 만든다. 사진을 보고 연상한 행위 관련 동사들로 눈사람을 만드는 과정을 묘사할 수 있다. 扫：贝贝把雪扫成一堆，做成雪人的身子。베이베이는 눈을 한 무더기로 쓸어 눈사람의 몸통을 만들었다. 滚：贝贝滚了一个很大的雪球放在身子上面。 　　　베이베이는 아주 커다란 눈덩이를 하나 굴려 몸통 위에 얹었다. 帽子、围巾：贝贝回家拿出自己的帽子和围巾给雪人带上。 　　　베이베이는 집으로 돌아가 자기의 모자와 목도리를 가져와서 눈사람에게 씌워주었다.
기타요소 보충	스토리 전개에 필요한 요소를 상상력을 동원해 보충한다. 눈사람에게 모자와 목도리를 씌워준 이유를 주인공 아이의 눈높이에서 생각해본다. 担心：贝贝担心雪人冷。베이베이는 눈사람이 추울까 봐 걱정되었다.
작문	자연스러운 흐름에 유의하며 내용을 보충·정리하고, 글자 수와 원고지 작성법에 맞게 작성한다.

	早	晨	，	雪	已	经	停	了	。	贝	贝	看	到	家
门	外	白	茫	茫	的	，	高	兴	极	了	。	她	先	把	雪
扫	成	一	堆	，	做	成	雪	人	的	身	子	，	然	后	她
滚	了	一	个	很	大	的	雪	球	放	在	身	子	上	面	。
贝	贝	担	心	雪	人	冷	，	就	回	家	拿	出	自	己	的
帽	子	和	围	巾	给	雪	人	带	上	。					

해석 아침에 눈이 이미 그쳤다. 베이베이는 집 밖이 온통 새하얀 것을 보고 무척 기뻤다. 그녀는 먼저 눈을 한 무더기로 쓸어 눈사람의 몸통을 만들고, 그 다음 그녀는 아주 커다란 눈덩이를 하나 굴려 몸통 위에 얹었다. 베이베이는 눈사람이 추울까 봐 걱정돼서 집으로 돌아가 자기의 모자와 목도리를 가져와서 눈사람에게 씌워주었다.

보충어휘 早晨 zǎochén 명 아침 | 雪 xuě 명 눈 | 停 tíng 통 멎다, 그치다 | 白茫茫 báimángmáng 형 온통 끝없이 새하얗다 | 扫 sǎo 통 쓸다 | 堆 duī 양 더미, 무더기 명 쌓여 있다 | 雪人 xuěrén 명 눈사람 | 担心 dānxīn 통 걱정하다 | 帽子 màozi 명 모자 | 围巾 wéijīn 명 목도리 | 带 dài 통 지니다, 걸치다

제2회

p.154~155

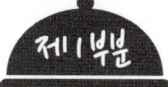

91
新的调整	着	股票市场	面临	기출
새로운 조정	~하고 있다	주식시장	직면하다	

기본문장 股票 市场 + 面临 + 新的 调整。 주식시장은 새로운 조정에 직면했다.
관형어+주어 술어 관형어+목적어

살 붙이기 股票 市场 + 面临 + 着 + 新的 调整。 주식시장은 새로운 조정에 직면해 있다.
관형어+주어 술어 동태조사 관형어+목적어

해설 여기서 동태조사 着는 상태·상황의 지속을 나타낸다. 동사 面临을 술어로 하여 '주어+동사+着'의 어순으로 배열한다.

정답 股票市场面临着新的调整。 주식시장은 새로운 조정에 직면하고 있다.

필수어휘 新 xīn 혱 새롭다 | 调整 tiáozhěng 동 조정하다 | 股票 gǔpiào 명 주식 | 市场 shìchǎng 명 시장 | 面临 miànlín 동 직면하다

92
获得了	那个	设计	批准	方案
획득했다	그것	설계	비준하다	방안

기본문장 方案 + 获得了 + 批准。 방안이 비준을 획득했다.
주어 술어 목적어

살 붙이기 那个 + 设计 + 方案 + 获得了 + 批准。 그 설계 방안은 비준을 획득했다.
관형어 주어 술어 목적어

해설 '获得+批准'은 '비준(동의)를 얻다'라는 뜻으로, 자주 함께 쓰이는 동목구다. 고정격식처럼 암기하자.
예) 他们已经获得了国家的批准。 그들은 이미 국가의 동의를 얻었다.

정답 那个设计方案获得了批准。 그 설계 방안은 동의를 얻었다.

필수어휘 获得 huòdé 동 획득하다 | 设计 shèjì 명 설계 | 批准 pīzhǔn 동 비준하다, 동의하다 | 方案 fāng'àn 명 방안

93
再	推迟了	会议日期	不能
다시	연기했다	회의 날짜	~할 수 없다

기본문장 会议 日期 + 推迟了。 회의 날짜가 연기되었다.
관형어+주어 술어

해설 **235**

| 살
붙이기 | 会议 日期 + 不能 + 再 + 推迟了。 회의 날짜는 더 이상 연기할 수 없다.
　관형어+주어　　　부사어　　술어 |

| 해설 | '不能再~了'는 '더는 ~할 수 없다(해서는 안 된다)'는 뜻이므로 고정격식처럼 암기해두자.
例 你们不能再迟到了。 너희는 더 이상 지각해서는 안 된다. |

| 정답 | 会议日期不能再推迟了。 회의 날짜는 더 이상 연기해서는 안 된다. |
| 필수어휘 | 再 zài 圖 다시, 또 | 推迟 tuīchí 圄 연기하다, 지연시키다 | 会议 huìyì 圄 회의 | 日期 rìqī 圄 날짜 | 能 néng 조동 ~할 수 있다, ~해도 된다 |

94 招模特儿　　墙上　　　的　　　广告　　　贴着
　　　모델을 모집하다　벽 (위)　　~한　　광고　　　붙어 있다

| 기본
문장 | 墙上 + 贴着 + 广告。 벽에 광고가 붙어 있다.
　주어　술어　　목적어 |

| 살
붙이기 | 墙上 + 贴着 + 招模特儿 + 的 + 广告。 벽에 모델을 모집하는 광고가 붙어 있다.
　주어　술어　　관형어　　구조조사　목적어 |

| 해설 | 여기서 동태조사 着는 '~해 있다, ~되어 있다'의 뜻으로, 상태·상황의 지속을 나타낸다. '시간/장소 주어+동사+着'의 존현문이 된다.
例 门上挂着"请勿吸烟"的牌子。 문에 '담배를 피우지 마세요'라는 팻말이 걸려 있다. |

| 정답 | 墙上贴着招模特儿的广告。 벽에 모델을 모집하는 광고가 붙어 있다. |
| 필수어휘 | 招 zhāo 圄 모집하다 | 模特儿 mótèr 圄 모델 | 墙 qiáng 圄 벽, 담 | 广告 guǎnggào 圄 광고, 선전 | 贴 tiē 圄 붙이다, 붙다 |

95 他　　食物　　　分配给了　　把　　每个士兵
　　　그　 음식물　　 ~에게 나눠주었다　~을　사병마다

| 把자문
만들기 | ▶ 어순: 주어+(부사어)+把+처치대상+술어+기타 성분
他 + 把 + 食物 + 分配 给了…… 그는 음식물을 ~에게 나눠주었다.
주어　　　처치대상　술어+기타 성분 |

| 살
붙이기 | 他 + 把 + 食物 + 分配 给 了 + 每个 士兵。 그는 음식물을 사병마다 나눠주었다.
주어　부사어　　술어+결과보어+동태조사　관형어+목적어 |

| 해설 | 제시된 어휘 중에 把가 있으므로 把자문 어순으로 배열한다. 기타 성분으로 결과보어가 나왔다. 동태조사는 결과보어 뒤에 위치한다. |

| 정답 | 他把食物分配给了每个士兵。 그는 음식물을 모든 사병에게 나눠주었다. |
| 필수어휘 | 食物 shíwù 圄 음식물 | 分配 fēnpèi 圄 분배하다, 나누다 | 给 gěi 圄 주다 | 把 bǎ 젠 ~을 | 每个 měi ge ~마다, 매 ~ | 士兵 shìbīng 圄 사병, 병사 |

96

他的	佩服	勇气	很让我
그의	탄복하다	용기	나를 매우 ~하게 하다

겸어문 만들기
▶ 겸어문 어순: 주어1+술어1(请/叫/让/使/要求/命令/派)+목적어1/주어2(겸어)+술어2+목적어2
勇气 + 很 让 我 + 佩服。 용기는 나를 매우 탄복하게 한다.
주어   부사어+술어1+목적어1/주어2 술어2

살 붙이기
他的 + 勇气 + 很 让 我 + 佩服。 그의 용기는 나를 매우 탄복하게 한다.
관형어 주어   부사어+술어1+목적어1/주어2 술어2

해설
겸어문을 만드는 동사 让이 보이므로, 겸어문을 만든다. 겸어문에서 부사, 조동사, 전치사구는 첫 번째 술어 (겸어동사) 앞에 놓는다.
예) 爸爸不让我吃饭。 아빠는 내가 밥을 먹지 못하게 한다.

정답
他的勇气很让我佩服。 그의 용기가 나를 매우 탄복시켰다.

필수어휘
佩服 pèifú 통 탄복하다, 감탄하다 | 勇气 yǒngqì 명 용기 | 让 ràng 통 ~하게 하다

97

预订	3号桌	已经	了	被	别人
예약하다	3번 테이블	이미	~했다	~에 의해서	다른 사람

被자문 만들기
▶ 어순: 동작의 대상+(부사어)+被+동작의 주체+술어+기타 성분
3号桌 + 被 + 别人 + 预订 + 了。 3번 테이블은 다른 사람에 의해 예약되었다.
동작 대상   동작 주체   술어   기타 성분

살 붙이기
3号桌 + 已经 + 被 + 别人 + 预订 + 了。 3번 테이블은 이미 다른 사람에 의해 예약되었다.
주어   부사어   술어 동태조사

해설
제시된 어휘 중에 被가 있으므로 被자문 어순으로 정리한다. 被자문에서 부사, 조동사는 전치사 被 앞에 온다.
예) 他的汽车已经被别人开走了。 그의 자동차는 이미 다른 사람이 몰고 갔다.

정답
3号桌已经被别人预订了。 3번 테이블은 이미 다른 사람이 예약했습니다.

필수어휘
预订 yùdìng 통 예약하다 | 号 hào 명 번호 | 桌 zhuō 명 탁자, 테이블 | 已经 yǐjīng 부 이미, 벌써 | 被 bèi 전 ~에 의해 | 别人 biéren 명 다른 사람

98

重新	请	您的密码	输入	您
다시	부탁하다	당신의 비밀번호	입력하다	당신

겸어문 만들기
▶ 겸어문 어순: 주어1+술어1(请/叫/让/使/要求/命令/派)+목적어1/주어2(겸어)+술어2+목적어2
请 + 您 + 输入 + 您的 密码。 당신이 당신의 비밀번호를 입력할 것을 부탁합니다.
술어1 목적어1/주어2 술어2   관형어的+목적어2

살 붙이기
请 + 您 + 重新 + 输入 + 您的 密码。 당신이 당신의 비밀번호를 다시 입력할 것을 부탁합니다.
술어1 목적어1/주어2 부사어   술어2   관형어的+목적어2

해설	겸어문을 만드는 동사 请이 보이므로, 겸어문을 만든다. 첫 번째 동사 请의 주어는 생략된 형태다. 겸어문에서 부사는 첫 번째 동사(겸어동사) 앞에 놓이지만, 重新은 '다시'라는 뜻으로 의미상 '입력하다'라는 뜻의 동사를 꾸며주기 때문에 输入 앞에 넣는 것이 적절하다.
정답	请您重新输入您的密码。 당신의 비밀번호를 다시 입력해주세요.
필수어휘	重新 chóngxīn 튀 다시, 새로 ㅣ 请 qǐng 동 부탁하다, 청하다 ㅣ 密码 mìmǎ 명 비밀번호 ㅣ 输入 shūrù 동 입력하다

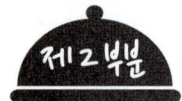

99 尤其、 调皮、 破坏、 特意、 微笑
특히   장난이 심하다 부수다 일부러 미소 짓다

핵심어휘 선정
핵심 어휘를 정하고, 의미가 최대한 연결되도록 대강의 문장을 만든다.
调皮: 我很调皮。 나는 장난이 매우 심하다.
特意: 我特意把胶水放进门锁孔里。 나는 일부러 접착제를 문의 열쇠 구멍 속에 집어넣었다.
破坏: 爸爸的钥匙被粘住了，他请人把锁破坏了，才打开门。
　　　아빠의 열쇠가 달라붙어서 사람을 불러 자물쇠를 부수고서야 문을 열었다.

스토리 구상
대략적인 배경과 등장인물, 주요 내용을 구상한다. 调皮(장난이 심하다)라는 단어를 중심으로 이야기를 만들어본다.
시간　　생략
장소　　家里 집
등장인물　我、爸爸 나와 아빠
핵심 내용　我很调皮，但我承认错误，爸爸总是原谅我。
　　　　　나는 장난이 매우 심하지만, 내가 잘못을 인정하면 아빠는 항상 나를 용서해주신다.

남은어휘 활용
나머지 어휘들을 스토리에 맞게 글 속에 포함시킨다. 尤其(특히)는 이미 설명한 사실에 대해 부연설명을 할 때, 微笑(미소 짓다)는 용서의 의미로 사용할 수 있다.
尤其: 我很调皮，尤其喜欢捉弄人。 나는 장난이 매우 심하고, 특히 다른 사람을 놀리는 것을 좋아한다.
微笑: 爸爸脸上露出原谅我的微笑。 아빠의 얼굴에 나를 용서하는 미소가 보였다.

순서 배열
자연스러운 순서로 배열한다.
서론　我很调皮，尤其喜欢捉弄人。 나는 장난이 매우 심하고, 특히 다른 사람을 놀리는 것을 좋아한다.
본론　我特意把胶水放进门锁孔里。 나는 일부러 접착제를 문의 열쇠 구멍 속에 집어넣었다.
　　　爸爸请人把锁破坏才打开门。 아빠는 사람을 불러 자물쇠를 부수고서야 문을 열었다.
결론　我主动向爸爸承认错误，当他脸上露出原谅我的微笑时，我又琢磨下一个恶作剧了。
　　　나는 주동적으로 아빠께 잘못을 인정했고, 아빠의 얼굴에 나를 용서하는 미소가 보일 때, 나는 다시 다음 장난을 구상했다.

작문 글자 수와 원고지 작성법에 유의하며 보충·정리한다.

		我	很	调	皮	,	尤	其	喜	欢	捉	弄	人	。	我
特	意	把	胶	水	放	进	门	锁	孔	里	,	爸	爸	的	钥
匙	被	粘	住	了	。	他	只	好	请	人	把	锁	破	坏	了
才	打	开	门	。	为	了	免	遭	责	备	,	我	主	动	向
爸	爸	承	认	错	误	,	当	他	脸	上	露	出	原	谅	我
的	微	笑	时	,	我	又	琢	磨	下	一	个	恶	作	剧	了

해석 나는 장난이 매우 심하고, 특히 다른 사람을 놀리는 것을 좋아한다. 나는 일부러 접착제를 문의 열쇠 구멍 속에 넣었고, 아빠의 열쇠가 달라붙었다. 아빠는 사람을 불러 자물쇠를 부수고 문을 열 수밖에 없었다. 꾸중을 듣지 않기 위해서 나는 주동적으로 아빠께 잘못을 인정했고, 아빠의 얼굴에 나를 용서하는 미소가 보일 때, 나는 다시 다음 장난을 구상했다.

필수어휘 尤其 yóuqí 튀 특히, 더욱이 | 调皮 tiáopí 톙 장난스럽다, 짓궂다 | 破坏 pòhuài 툉 파괴하다, 훼손시키다 | 特意 tèyì 튀 특별히, 일부러 | 微笑 wēixiào 툉 미소 짓다

보충어휘 捉弄 zhuōnòng 툉 조롱하다, 놀리다 | 胶水 jiāoshuǐ 똉 풀, 접착제 | 锁孔 suǒkǒng 똉 열쇠 구멍 | 钥匙 yàoshi 똉 열쇠 | 粘 zhān 툉 붙이다, 들어붙다 | 免遭 miǎnzāo 툉 받지 않다, 당하지 않다 | 责备 zébèi 툉 책망하다, 꾸짖다 | 主动 zhǔdòng 톙 주동적이다, 자발적이다 | 承认 chéngrèn 툉 인정하다, 시인하다 | 错误 cuòwù 똉 잘못 | 露出 lòuchū 툉 드러내다, 노출시키다 | 琢磨 zuómo 툉 사색하다, 궁리하다 | 恶作剧 èzuòjù (못된) 장난

100

연상어휘 메모 육하원칙을 생각하며 사진을 보고 연상되는 어휘를 적어본다.
대상 관련　　女人 여자 / 安全带 안전벨트 / 手提包 핸드백 / 保温瓶 보온병
시간 관련　　早晨 아침
공간 관련　　车里 차 안
상황·행위 관련　上车 차에 타다 / 开车 운전하다 / 系上 메다 / 解开 풀다 / 放 놓다

스토리 구상 연상된 어휘를 이용하여 스토리를 구상한다. 사진 속의 인물을 露丝(루시)라고 가정하고 그녀의 출근길 이야기를 만들어보자.
시간　　　　今天早晨 오늘 아침
장소　　　　车里 차 안
등장인물　　露丝 루시
배경 설명(도입부)　露丝当上了销售部经理，每天都很忙。
　　　　　　　루시는 마케팅 부서 팀장이 되어 매일 몹시 바쁘다.

해설 239

핵심문장 구성

중요 단어를 뽑아 핵심 문장을 만든다.
开车: 她开车到公司。 그녀는 차를 몰고 회사에 간다.
解开、安全带: 她准备解开安全带。 그녀는 안전벨트를 풀려고 한다.
保温瓶: 妈妈把热牛奶放在保温瓶里。 엄마가 따뜻한 우유를 보온병에 넣어주셨다.

기타요소 보충

스토리 전개에 필요한 요소를 상상력을 동원해 보충한다. 여기서는 루시의 엄마가 루시에게 보온병을 챙겨 준 이유와, 루시가 보온병을 발견하고 느꼈을 감동에 대해 보충할 수 있다.
压力: 露丝的压力比较大, 每天都很忙。 루시는 스트레스가 많고, 매일 몹시 바쁘다.
充满: 看着保温瓶, 她心里充满了浓浓的暖意。
보온병을 보며 그녀는 마음속 깊이 따스함으로 가득 찼다.

작문

자연스러운 흐름에 유의하며 내용을 보충·정리하고, 글자 수와 원고지 작성법에 맞게 작성한다.

		露	丝	当	上	了	销	售	部	经	理	,	但	是	她
的	压	力	比	较	大	,	每	天	都	很	忙	。	今	天	早
晨	,	妈	妈	把	热	牛	奶	放	在	保	温	瓶	里	,	让
她	带	着	。	当	她	开	车	到	公	司	,	准	备	解	开
安	全	带	下	车	时	,	看	着	保	温	瓶	,	心	里	充
满	了	浓	浓	的	暖	意	。								

해석

루시는 마케팅 부서 팀장이 되었지만, 스트레스가 많고 매일 몹시 바쁘다. 오늘 아침, 엄마는 따뜻한 우유를 보온병에 넣어 그녀에게 가져가게 하셨다. 그녀는 차를 몰고 회사에 도착해서 안전벨트를 풀고 차에서 내리려 할 때, 보온병을 보면서 마음 깊이 따스함을 느꼈다.

보충어휘

销售部 xiāoshòubù 圐 판매부서 | 经理 jīnglǐ 圐 관리자, 팀장 | 压力 yālì 圐 스트레스 | 保温瓶 bǎowēnpíng 圐 보온병 | 解开 jiěkāi 圄 풀다 | 安全带 ānquándài 圐 안전벨트 | 充满 chōngmǎn 圄 가득 차다, 넘치다 | 浓 nóng 圄 진하다, 깊다, 심하다 | 暖意 nuǎnyì 圐 따뜻한 느낌

Tip

사진 속의 인물이 외국인이라면 등장인물에게 외국 이름을 짓는 것도 좋다. 하지만 획이 복잡하여 글자를 틀릴 경우에는 감점될 수 있으므로, 小张(샤오장), 老李(라오리), 小金(샤오진), 老王(라오왕) 등의 무난한 이름을 사용하거나, 我, 他(她)와 같은 인칭대사를 쓰는 것이 안전하다.

※ 외워두면 좋은 외국 인명
남자 이름: 杰克(잭), 汤姆(톰), 彼得(피터)
여자 이름: 露丝(루시), 凯西(캐시), 珍妮(제니)

제3회

p.156~157

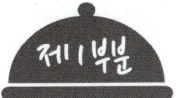

91

得	采取	措施	我们	立即
~해야 한다	취하다	조치	우리	즉시

기본문장
我们 + 采取 + 措施。 우리는 조치를 취한다.
　주어　술어　목적어

살 붙이기
我们 + 得 + 立即 + 采取 + 措施。 우리는 즉시 조치를 취해야 한다.
　주어　부사어　　　술어　목적어

해설 '采取+措施'는 '조치를 취하다'라는 뜻으로, 자주 함께 쓰이는 동목구이므로, 반드시 암기해두자.
예 由于经济状况越来越不好，政府采取了特别措施。
경제 상황이 갈수록 나빠져서 정부가 특별 조치를 취했다.

정답 我们得立即采取措施。 우리는 즉시 조치를 취해야 한다.

필수어휘 得 děi 조동 ~해야 한다 | 采取 cǎiqǔ 동 취하다, 채택하다 | 措施 cuòshī 명 조치 | 立即 lìjí 부 바로, 즉시

92

小狗	朝	摇了摇	主人	尾巴
강아지	~을 향해서	흔들었다	주인	꼬리

기본문장
小狗 + 摇了摇 + 尾巴。 강아지는 꼬리를 흔들었다.
　주어　술어+동태조사+술어　목적어

살 붙이기
小狗 + 朝 + 主人 + 摇了摇 + 尾巴。 강아지는 주인을 향해 꼬리를 흔들었다.
　주어　부사어　　술어+동태조사+술어　목적어

해설 술어로 '동사+了+동사'의 중첩 형식이 쓰였다. 동작의 완료를 의미한다.
예 他点了点头就走了。 그는 고개를 끄덕이고 갔다.

정답 小狗朝主人摇了摇尾巴。 강아지는 주인을 향해 꼬리를 흔들었다.

필수어휘 小狗 xiǎogǒu 명 강아지 | 朝 cháo 전 ~을 향해 | 摇 yáo 동 흔들다 | 主人 zhǔrén 명 주인 | 尾巴 wěiba 명 꼬리

93

很生气	说的话	她	让	人
매우 화나다	한 말	그녀	~하게 하다	사람

겸어문 만들기
▶ 겸어문 어순: 주어1+술어1(请/叫/让/使/要求/命令/派)+목적어1/주어2(겸어)+술어2+목적어2
说的话 + 让 + 人 + 很生气。 한 말은 사람을 매우 화나게 한다.
관형어的+주어1　술어1　목적어1/주어2　부사어+술어2

해설 241

살 붙이기	她 + 说的 话 + 让 + 人 + 很 生气。 관형어　주어　술어　목적어1/주어2　부사어+술어2 그녀가 한 말은 사람들로 하여금 매우 화나게 한다.
해설	겸어문을 만드는 동사 让이 있으므로, 겸어문의 어순으로 배열한다. 'A让人生气'는 의역하면 '사람들이 A에 화나다', 'A는 사람들을 화나게 만든다'라는 뜻이다. 여기서 인칭대사 她는 주어가 아니라 话의 관형어로 쓰였다. 이렇게 주어가 될 수 있는 품사가 여러 개라면 의미를 잘 파악해서 어순을 정리해야 한다.
정답	她说的话让人很生气。 그녀가 한 말은 사람들을 매우 화나게 만든다.
필수어휘	生气 shēngqì 图 화내다, 성나다	说 shuō 图 말하다	话 huà 图 말, 이야기	让 ràng 图 ~하게 하다

94

从北京	我们	去西藏	是	出发	的
베이징에서	우리	티베트로 가다	~이다	출발하다	~한 것

기본 문장	我们 + 去 西藏。 우리는 티베트로 간다. 주어　술어+목적어
살 붙이기	我们 + 是 + 从北京 + 出发 + 去 西藏 + 的。 우리는 베이징에서 출발하여 티베트로 갔다. 주어　[강조]　부사어　술어+목적어 [강조]
해설	'是~的' 강조구문은 이미 일어났던 일에 대해서 시간·장소·이유·목적·원인 등을 강조할 때 사용하며, 강조하고자 하는 내용을 是와 的 사이에 배열하면 된다. 예 这是在上海买的。이것은 상하이에서 산 것이다.
정답	我们是从北京出发去西藏的。 우리는 베이징에서 출발하여 티베트로 갔다.
필수어휘	北京 Běijīng 图 베이징	去 qù 图 가다	西藏 Xīzàng 图 티베트, 시짱	出发 chūfā 图 출발하다

95

躺着	他	呢	看书	在床上
누워 있다	그	(어기조사)	책을 보다	침대 위에서

기본 문장	他 + 躺着 + 看 书。 그는 누워서 책을 본다. 주어　술어1　술어2+목적어
살 붙이기	他 + 在床上 + 躺着 + 看书 + 呢。 그는 침대 위에 누워서 책을 보고 있다. 주어　부사어　술어1　술어2+목적어 어기조사
해설	'동사1+着+동사2'는 '~한 채로 ~하다'라는 뜻으로, 연동문의 일종이다. 앞의 동사(躺)는 뒤의 동사(看)가 진행되는 상태를 나타낸다. 예 爸爸、妈妈都在沙发上坐着看电视呢。아빠, 엄마는 모두 소파에 앉아서 TV를 보고 계신다.
정답	他在床上躺着看书呢。 그는 침대에 누워서 책을 보고 있다.
필수어휘	躺 tǎng 图 눕다	看 kàn 图 보다	书 shū 图 책	床 chuáng 图 침대

96

参加高考的	心理负担	学生	有	不能	一点儿
대학입시에 참가하는	심리적 부담	학생	있다	~할 수 없다	조금

기본문장
学生 + 有 + 心理 负担。 학생은 심리적 부담을 가진다.
주어   술어   관형어+목적어

살 붙이기
参加高考的 + 学生 + 不能 + 有 + 一点儿 + 心理 负担。
관형어   주어   부사어 술어   보어   관형어+목적어
대학입시에 참가하는 학생은 조금의 심리적인 부담도 가져서는 안 된다.

해설
(1) '부담을 갖다'라는 말이 '有+负担'이라는 것을 알면 쉽게 목적어를 찾을 수 있다.
   예 父母怕我有心理负担。 부모님은 내가 심리적 부담을 가질까 봐 염려하신다.
(2) 参加高考的는 学生의 범위를 제한해주는 관형어로, 一点儿은 보어로 쓰는 것이 적합하다.

정답 参加高考的学生不能有一点儿心理负担。 대학입학시험에 참가하는 학생은 조금의 심적 부담도 가져서는 안 된다.

필수어휘 参加 cānjiā 동 참가하다 | 高考 gāokǎo 명 대학입학시험 | 心理 xīnlǐ 명 심리 | 负担 fùdān 명 부담 | 能 néng 조동 ~할 수 있다, ~해도 된다 | 一点儿 yìdiǎnr 주량 조금, 약간

97

没人的地方	喊一会儿	心情郁闷时	到	可以	大声
사람이 없는 곳	좀 소리치다	마음이 답답할 때	가다	~해도 좋다	큰 소리

기본문장
心情郁闷时 + 到 + 没人的 地方 + 喊 一会儿。
시간 부사어 술어1 관형어+的+목적어1   술어2+시량보어
마음이 답답할 때 사람이 없는 곳으로 가서 좀 소리치다.

살 붙이기
心情郁闷时 + 可以 + 到 + 没人的 地方 + 大声 + 喊 一会儿。
부사어   조동   술어1 관형어+的+목적어1 부사어   술어2+시량보어
마음이 답답할 때 사람이 없는 곳에 가서 좀 크게 소리쳐도 좋다.

해설 주어가 생략되고 시간을 나타내는 부사어(心情郁闷时)가 문장 앞에 나오는 무주어 구문이다. 到와 喊 2개의 술어가 있으므로 연동문 구조로 볼 수 있다. 의미상 '가서(到) 소리치는(喊)' 것이 자연스러우므로 순서대로 동사를 배열하고, 전체 행동의 허가를 나타내는 조동사 可以는 첫 번째 동사 앞에, 묘사성 부사어 大声은 어울리는 동사 喊 앞에 놓는다.

정답 心情郁闷时可以到没人的地方大声喊一会儿。
마음이 답답할 때는 사람이 없는 곳에 가서 크게 소리를 좀 치는 것도 좋다.

필수어휘 地方 dìfang 명 장소, 곳 | 喊 hǎn 동 외치다, 소리치다 | 一会儿 yíhuìr 주량 짧은 시간, 잠시, 좀 | 心情 xīnqíng 명 마음, 기분 | 郁闷 yùmèn 형 답답하다 | 时 shí 명 때, 시기, 시간 | 可以 kěyǐ 조동 ~해도 된다, ~해도 좋다 | 大声 dàshēng 명 큰 소리

해설 243

98	弄	让	坏	我的照相机	了	弟弟
	만지다	~에 의해	고장 나다	내 사진기	~했다	남동생

被자문 만들기
▶ 어순: 동작의 대상 + (부사어) + 被(让) + 동작의 주체 + 술어 + 기타 성분
我的照相机 + 让 + 弟弟 + 弄 + 坏。 내 사진기가 남동생에 의해 만져서 고장 나다.
　동작 대상　　　동작 주체　술어 기타 성분

살 붙이기
我的 照相机 + 让 + 弟弟 + 弄 + 坏 + 了。 내 사진기는 남동생이 만져서 고장 났다.
　관형어的 + 주어　　부사어　　　술어　결과보어 동태조사

해설 让은 동사일 때 겸어문 구조를 만들지만, 전치사로 쓰이면 被와 같은 뜻으로, 피동문을 만들 수 있다. 술어 동사로 보아 我的照相机와 弟弟 중에서 주어가 될 수 있는 것은 我的照相机이며, 이는 술어 동작을 받는 대상이 되므로, 이 문장은 피동문이 될 것임을 알 수 있다. 피동문의 기타 성분 자리에 결과보어와 동태조사를 차례대로 배열하면 된다.

정답 我的照相机让弟弟弄坏了。 내 사진기는 남동생이 만져서 고장 냈다.

필수어휘 弄 nòng 통 만지다, 다루다 | 让 ràng 전 ~에 의해 통 ~하게 하다 | 坏 huài 통 고장 나다, 망가지다 형 나쁘다 | 照相机 zhàoxiàngjī 명 사진기 | 弟弟 dìdi 명 남동생

Tip 让의 여러 가지 의미
① 동사: 양보하다
　예 我已经让着父母了。 나는 이미 부모님께 양보하고 있다.
② 동사: ~하게 하다 [사역]
　예 妈妈让我出去。 엄마는 나한테 나가라고 하셨다.
③ 전치사: ~에 의해서 [피동]
　예 我的手机让孩子弄坏了。 내 휴대전화는 아이가 망가뜨렸다.

99	吸引、	享受、	京剧、	业余、	艺术
	매료시키다	즐기다	경극	여가	예술

핵심어휘 선정
핵심 어휘를 정하고, 의미가 최대한 연결되도록 대강의 문장을 만든다.
京剧、艺术: 他酷爱京剧艺术。 그는 경극 예술을 몹시 사랑한다.
吸引: 大家被他的表演吸引着。 모두 그의 공연에 매료되어 있다.
享受: 大家享受京剧带来的美妙感觉。 모두 경극이 가져다주는 아름다움을 즐긴다.

스토리 구상	대략적인 배경과 등장인물, 주요 내용을 구상한다. 京剧(경극)라는 단어가 들어가려면 경극에 관한 이야기가 되어야 한다. 경극에 대한 추상적인 서술이 힘들다면, 등장인물을 정해 구체적인 에피소드를 만들어도 된다.
	시간　　周末 주말
	장소　　公园 공원
	등장인물　老张、听众 라오장, 청중
	핵심 내용　老张酷爱京剧艺术，每到周末给大家表演京剧。
	라오장은 경극 예술을 몹시 사랑해서, 주말마다 모두에게 경극을 공연해준다.

남은어휘 활용	나머지 어휘를 스토리에 맞게 글 속에 포함시킨다. '라오장'이 단순히 경극을 좋아하기만 해서는 청중을 사로잡을 수 없으므로, 吸引(매료시키다), 享受(즐기다)와 어울리도록 경극을 잘 부르기 위한 그의 노력을 业余(여가)를 사용해 표현한다.
	业余：他利用业余时间学习京剧。 그는 여가시간을 활용해 경극을 배운다.

순서 배열	자연스러운 순서로 배열한다.
	서론　老张酷爱京剧艺术。 라오장은 경극 예술을 몹시 사랑한다.
	본론　他利用业余时间学习京剧。 그는 여가시간을 활용해 경극을 배운다.
	大家周末听他演唱，看他表演。 모두 주말이면 그의 경극을 듣고, 본다.
	결론　大家被他的表演吸引着，享受京剧带来的美妙感觉。
	모두 그의 공연에 매료되고, 경극이 가져다주는 아름다움을 즐긴다.

작문　글자 수와 원고지 작성법에 유의하며 보충·정리한다.

		老	张	酷	爱	京	剧	艺	术	，	十	年	来	，	他
利	用	业	余	时	间	学	习	京	剧	。	他	现	在	已	经
有	了	十	几	个	固	定	的	听	众	。	周	末	，	大	家
就	聚	在	公	园	里	，	听	他	演	唱	，	看	他	表	演，
大	家	总	是	被	他 的	表	演	吸	引	着	，	享	受	京
剧	带	来	的	美	妙	感	觉	。							

해석　라오장은 경극 예술을 몹시 사랑해서, 10년 이래로 여가시간을 활용해 경극을 배웠다. 지금 그에게는 이미 십여 명의 고정적인 청중이 생겼다. 주말에는 모두 공원에 모여 그의 노래를 듣고 그의 연기를 본다. 모두 그의 공연에 매료되어 경극이 가져다주는 아름다움을 만끽한다.

필수어휘　吸引 xīyǐn 통 끌어당기다, 매료시키다 | 享受 xiǎngshòu 통 누리다, 즐기다 | 京剧 jīngjù 명 경극 | 业余 yèyú 형 비전문적인, 아마추어의 | 艺术 yìshù 명 예술

보충어휘　酷爱 kù'ài 통 몹시 사랑하다 | 固定 gùdìng 형 고정되다, 불변하다 통 고정하다 | 听众 tīngzhòng 명 청중 | 聚 jù 통 모이다, 집합하다 | 演唱 yǎnchàng 통 공연하다, 노래를 부르다 | 表演 biǎoyǎn 통 공연하다, 연기하다 | 总是 zǒngshì 부 늘, 줄곧, 결국 | 带来 dàilái 통 가져오다, 일으키다 | 美妙 měimiào 형 아름답다, 훌륭하다 | 感觉 gǎnjué 명 느낌, 감각 통 느끼다, 생각하다

100

연상어휘 메모	육하원칙을 생각하며 사진을 보고 연상되는 어휘를 적어본다.
	대상 관련　　人们 사람들 / 照相机 사진기
	시간 관련　　알 수 없음
	공간 관련　　屋里 실내
	상황·행위 관련　看 보다 / 笑 웃다 / 拍到 찍었다

스토리 구상	연상된 어휘를 이용하여 스토리를 구상한다. 등장인물들이 보고 있는 사진기 액정의 내용이 이야기의 핵심이 될 것이므로, 모두가 웃으며 즐겁게 회상할만한 상황을 떠올리는 것이 관건이다.
	시간　　圣诞晚会后 성탄절 파티 후
	장소　　생략
	등장인물　杰克、凯西和同学们 잭, 캐시와 친구들
	배경 설명(도입부)　杰克把圣诞晚会的照片拿给大家看。
	잭은 성탄절 파티의 사진을 모두에게 가져와서 보여준다.

핵심문장 구성	중요 단어를 뽑아 핵심 문장을 만든다.
	笑: 大家笑得合不拢嘴。 모두 웃느라 입을 다물지 못한다.
	拍到: 杰克拍到了每个精彩的瞬间。 잭은 멋진 순간들을 모두 찍었다.

기타요소 보충	스토리 전개에 필요한 요소를 상상력을 동원해 보충한다. 사진기 액정의 내용을 상상하여 보충한다.
	扮成: 凯西和同学们扮成小丑表演。 캐시와 친구들은 광대로 분장하고 연기했다.
	吸引: 他们滑稽的表情，笨拙的动作，吸引了全场观众。
	그들의 익살스러운 표정과 우스꽝스런 동작은 현장의 모든 관중을 매료시켰다.

 작문　자연스러운 흐름에 유의하며 내용을 보충·정리하고, 글자 수와 원고지 작성법에 맞게 작성한다.

			杰	克	把	圣	诞	晚	会	的	照	片	拿	给	大	家
看	，	大	家	看	着	照	片	，	笑	得	合	不	拢	嘴	。	
原	来	在	圣	诞	晚	会	上	，	凯	西	和	同	学	们	扮	
成	小	丑	表	演	。	他	们	滑	稽	的	表	情	，	笨	拙	
的	动	作	，	吸	引	了	全	场	观	众	。	杰	克	拍	到	
了	每	个	精	彩	的	瞬	间	。								

해석　잭은 성탄절 파티의 사진을 모두에게 가져와서 보여주었다. 모두 사진을 보면서 웃느라 입을 다물지 못했다. 성탄절 파티에서 캐시와 친구들이 광대로 분장하고 연기했던 것이다. 그들의 익살스러운 표정과 우스꽝스런 동작은 현장의 모든 관중을 매료시켰고, 잭은 멋진 순간들을 모두 찍었다.

보충어휘　圣诞晚会 Shèngdàn wǎnhuì 명 성탄절 파티 | 照片 zhàopiàn 명 사진 | 合不拢 hébulǒng 동 다물지 못하다 | 嘴 zuǐ 명 입 | 扮成 bànchéng ~으로 분장하다 | 小丑 xiǎochǒu 어릿광대, 익살꾼 | 表演 biǎoyǎn 동 공연하다, 연기하다 | 滑稽 huájī 익살스럽다 | 表情 biǎoqíng 명 표정 | 笨拙 bènzhuō 형 우둔하다, 굼뜨다, 서툴다 | 动作 dòngzuò 명 동작 | 全场 quánchǎng 명 전원, 모든 사람 | 观众 guānzhòng 명 관중 | 拍 pāi 동 찍다, 촬영하다 | 精彩 jīngcǎi 형 근사하다, 멋지다 | 瞬间 shùnjiān 명 순간

제4회

p.158~159

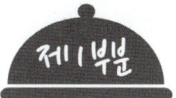

91

是	电视	最便宜的	算得上	文化消费
~이다	TV	가장 저렴한	~라고 할 수 있다	문화 소비

기본문장 电视 + 是 + 文化 消费。 TV는 문화 소비다.
　　　　　주어　술어　관형어+목적어

살붙이기 电视 + 算得上 + 是 + 最便宜的 + 文化 消费。 TV는 가장 저렴한 문화 소비라 할 수 있다.
　　　　　주어　부사어　술어　관형어　목적어

해설 算得上는 '~라 할 만하다, ~라 할 수 있다'라는 뜻으로, 자주 함께 쓰이는 고정격식이다.
　　예 事情办得还算得上顺利。 일의 진행이 순조롭다고 할 수 있다.

정답 电视算得上是最便宜的文化消费。 TV는 가장 저렴한 문화 소비라 할 수 있다.

필수어휘 电视 diànshì 명 TV | 最 zuì 부 가장, 제일 | 便宜 piányi 형 값이 싸다, 저렴하다 | 算得上 suàndeshàng ~라고 할 수 있다 | 文化 wénhuà 명 문화 | 消费 xiāofèi 명 소비하다

92

他	给的	满意	对公司	薪水	不
그	준 것	만족하다	회사에 대해	월급	아니다

기본문장 他 + 满意。 그는 만족한다.
　　　　　주어 술어

살붙이기 他 + 对公司 + 给的 + 薪水 + 不 + 满意。 그는 회사가 준 월급에 대해 만족하지 않는다.
　　　　　주어　　부사어　　　　　　술어

해설 부사어의 순서를 배열하는 문제다. 对가 이끄는 전치사구 전체는 부사어가 되고, 公司给的라는 주술구 관형어가 薪水를 꾸며주는 형태다. 'A对B满意'는 'A는 B에 대해 만족한다'는 뜻으로, 满意 앞에 부정부사 不를 쓰면 반대의 뜻이 된다.
　　예 我对他的态度很满意。 나는 그의 태도에 대해 매우 만족한다.
　　　 我对他的态度不满意。 나는 그의 태도에 대해 불만이다.

정답 他对公司给的薪水不满意。 그는 회사가 준 월급에 대해 만족하지 않는다.

필수어휘 给 gěi 동 주다 | 满意 mǎnyì 동 만족하다 | 对 duì 전 ~에 대해 | 公司 gōngsī 명 회사 | 薪水 xīnshui 명 월급

93

在教室里	很多	坐着	书	学生	看
교실 안에서	매우 많다	앉아 있다	책	학생	보다

기본문장
学生 + 坐着 + 看 + 书。학생이 앉아서 책을 본다.
　주어　술어1　술어2　목적어

살 붙이기
很多 + 学生 + 在教室里 + 坐着 + 看 + 书。매우 많은 학생이 교실에 앉아서 책을 본다.
관형어　주어　부사어　술어1　술어2　목적어

해설 '동사1+着+동사2'의 구조로 '~한 채로 ~하다'라는 뜻의 연동문이다. 앞의 동사(坐)는 뒤의 동사(看)가 진행되는 상태를 나타낸다.
　예 他天天在床上躺着学习。그는 매일 침대에 누워서 공부한다.

정답 很多学生在教室里坐着看书。매우 많은 학생들이 교실에서 앉아서 책을 본다.

필수어휘 教室 jiàoshì 명 교실 | 坐 zuò 동 앉다 | 书 shū 명 책 | 学生 xuésheng 명 학생 | 看 kàn 동 보다

94

总是	留	给学生	很多	李老师	作业
항상	남기다	학생에게	매우 많다	리 선생님	숙제

기본문장
李老师 + 留 + 作业。리 선생님은 숙제를 내신다.
　주어　술어　목적어

살 붙이기
李老师 + 总是 + 给学生 + 留 + 很多 + 作业。
　주어　부사어　술어　관형어　목적어
리 선생님은 항상 학생에게 많은 숙제를 내주신다.

해설 'A给B留作业'는 'A가 B에게 숙제를 내준다'라는 뜻으로, 자주 쓰이는 표현이니 고정격식처럼 외워두자.
　예 老师天天给我们留做不完的作业。선생님은 매일 우리에게 끝도 없는 숙제를 내주신다.

정답 李老师总是给学生留很多作业。리 선생님은 항상 학생에게 많은 숙제를 내주신다.

필수어휘 总是 zǒngshì 부 항상 | 留 liú 동 남기다, 물려주다, 전하다 | 给 gěi 전 ~에게 동 주다 | 作业 zuòyè 명 숙제 동 작업하다

95

把	请你	会议的文件	给	快	发	我
~을	당신께 부탁하다	회의 문서	주다	빨리	보내다	나

把자문 만들기
▶ 어순: 주어+(부사어)+把+처치대상+술어+기타 성분
(请)你 + 把 + 会议的文件 + 发 + 给…… 너는 회의 문서를 ~에게 보낸다.
　주어　　처치대상　　술어　기타 성분

살 붙이기
请 你 + 快 + 把 + 会议的文件 + 发 + 给 + 我。
술어1+목적어1/주어2　부사어　　　　　술어　결과보어　목적어
회의 문서를 빨리 나한테 보내주길 당신에게 부탁합니다.

해설 전치사 把가 있으므로 把자문의 어순으로 배열해야 한다. 请은 겸어동사여서 이 문장은 겸어문과 把자문이 결합된 형태가 될 것이다. 이 경우 겸어문이 앞에, 把자문이 뒤에 놓인다.
　예 妈妈让我赶快把试卷拿出来。엄마는 나한테 빨리 시험지를 꺼내라고 하셨다.

정답	请你快把会议的文件发给我。 빨리 회의 문서를 나에게 보내주세요.
필수어휘	把 bǎ 젠 ~을 | 请 qǐng 동 부탁하다, 청하다 | 会议 huìyì 명 회의 | 文件 wénjiàn 명 문서 | 发 fā 동 보내다, 발송하다 | 给 gěi 젠 ~에게

96

健康	多吃	眼睛的	于	胡萝卜	有益
건강하다	많이 먹다	눈의	~에	당근	이롭다

기본 문장	胡萝卜 + 有益 + 于 + 健康。 당근은 건강에 유익하다. 　주어　　술어　전치사구 보어
살 붙이기	多吃 + 胡萝卜 + 有益 + 于 + 眼睛的 + 健康。 당근을 많이 먹는 것은 눈의 건강에 유익하다. 　주어　　　　술어　보어 (전치사+관형어的+목적어)
해설	于는 동사 뒤에서 보어를 이끄는 전치사가 될 수 있다. 'A有益于B'는 'A는 B에 유익하다'라는 뜻이다. 고정격식처럼 암기해두자. 예 多喝水有益于身体健康。 물을 많이 마시는 것은 건강에 유익하다.
정답	多吃胡萝卜有益于眼睛的健康。 당근을 많이 먹는 것은 눈 건강에 유익하다.
필수어휘	健康 jiànkāng 형 건강하다 명 건강 | 多吃 duōchī 많이 먹다 | 眼睛 yǎnjing 명 눈 | 于 yú 젠 ~에 | 胡萝卜 húluóbo 명 당근 | 有益 yǒuyì 동 유익하다

97

她	不比你	灵活	做事	可
그녀	너보다 ~하지 않다	융통성 있다	일을 하다	도무지

비교문 만들기	▶ 유형: A不比B+술어(A는 B보다 ~하지 않다) 她 + 不比你 + 灵活。 그녀는 너보다 융통성 있지 못하다. A　　B　　술어
살 붙이기	她 + 做事 + 可 + 不比你 + 灵活。 그녀가 일하는 것은 도무지 너보다 융통성 있지 못하다. 주어　　　부사어　술어
해설	(1) 比가 있으므로 비교문의 어순으로 정리한다. 여기서는 'A不比B~(A는 B보다 ~하지 않다)'의 문형이 쓰였다. 예 这个杯子不比那个新。 이 컵은 저 컵보다 새것이 아니다. (2) 可는 조동사로 '~해도 된다'는 뜻 외에도, 부사로 '대체, 도무지'처럼 강조하는 의미를 가진다. 예 你不相信可去问老师。 네가 믿지 못하겠다면 선생님께 가서 물어봐도 된다. [조동사] 　　这个包可贵了。 이 가방은 엄청 비싸다. [부사]
정답	她做事可不比你灵活。 그녀가 일하는 것은 도무지 너보다 융통성이 없다.
필수어휘	比 bǐ 젠 ~보다 | 灵活 línghuó 형 융통성 있다, 민첩하다 | 做事 zuòshì 동 일하다, 근무하다 | 可 kě 부 대체, 도무지 조동 ~해도 된다

98	就	工作	辞掉	小丽	了	结完婚
	바로	일	관두다	샤오리(사람 이름)	~했다	결혼을 했다

기본 문장
(1) 小丽 + 结完婚。 샤오리는 결혼을 했다.
    주어   술어+결과보어+목적어
(2) 小丽 + 辞掉 + 工作。 샤오리는 일을 그만두었다.
    주어   술어+결과보어   목적어

살 붙이기
小丽 + 结完婚 + 就 + 辞掉 + 工作 + 了。
주어 술어1+결과보어+목적어1 부사 술어2+결과보어 목적어2 어기조사
샤오리는 결혼을 하고 바로 일을 그만두었다.

해설 小丽가 공통의 주어가 되고, 두 가지 술어는 두 가지 문장을 만든다. '동사1+就+동사2+了'는 '~하자마자 바로 ~하다'라는 뜻이므로, 의미에 맞게 문장을 연결하면 된다.
예 他们听完课就回家了。 그들은 수업을 듣고 바로 집으로 갔다.

정답 小丽结完婚就辞掉工作了。 샤오리는 결혼하고 바로 일을 그만두었다.

필수어휘 工作 gōngzuò 명 일, 직업 동 일하다 | 辞 cí 동 사직하다 | 结婚 jiéhūn 동 결혼하다

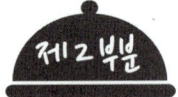

99	聚餐、	迟到、	气氛、	丰富、	告别
	회식하다	지각하다	분위기	풍족하다	작별하다

핵심어휘 선정
핵심 어휘를 정하고, 의미가 최대한 연결되도록 대강의 문장을 만든다.
聚餐: 我和大学同学们在饭店聚餐。 나는 대학 동창들과 음식점에서 회식을 했다.
气氛: 为了活跃气氛，我提议大家轮流唱歌。
    분위기를 띄우기 위해 나는 모두 돌아가며 노래를 부를 것을 제안했다.
告别: 和大家告别后，我心里却有点失落。 모두와 작별한 후, 나는 마음이 오히려 좀 허전했다.

스토리 구상
대략적인 배경과 등장인물, 주요 내용을 구상한다. 聚餐(회식하다)이라는 단어가 들어가려면 모임에 관한 이야기가 되어야 한다.
시간   周末 주말
장소   饭店 음식점
등장인물 我、大学同学、小王 나, 대학 동창, 샤오왕
핵심 내용 我和大学同学们在饭店聚餐。 나는 대학 동창들과 음식점에서 회식을 했다.

남은어휘 활용
나머지 어휘들을 스토리에 맞게 글 속에 포함시킨다. 迟到(지각하다)를 이용해서 의외의 상황을 추가할 수 있고, 丰富(풍족하다)는 세부 묘사에 사용한다.
丰富: 晚餐很丰富。 저녁 식사는 매우 풍성했다.
迟到: 小王因为迟到，被罚唱了三首歌。 샤오왕은 지각했기 때문에 벌로 노래를 세 곡 불렀다.

순서 배열	자연스러운 순서로 배열한다. 서론　我和大学同学们在饭店聚餐。 나는 대학 동창들과 음식점에서 회식을 했다. 본론　晚餐很丰富。 저녁 식사는 매우 풍성했다. 　　　为了活跃气氛，我提议大家轮流唱歌。 분위기를 띄우기 위해 나는 모두 돌아가며 노래를 부를 것을 제안했다. 　　　小王因为迟到，被罚唱了三首歌。 샤오왕은 지각했기 때문에 벌로 노래를 세 곡 불렀다. 결론　和大家告别后，我心里却有点失落，很想念上大学的时候。 　　　모두와 작별한 후, 나는 마음이 오히려 좀 허전하고, 대학에 다니던 시절이 매우 그리웠다.
작문	글자 수와 원고지 작성법에 유의하며 보충·정리한다.

周	末	，	我	和	大	学	同	学	们	在	饭	店	聚
餐	。	晚	餐	很	丰	富	，	但	大	家	有	些	拘	束	。
为	了	活	跃	气	氛	，	我	提	议	大	家	轮	流	唱	歌，
小	王	因	为	迟	到	，	还	被	罚	唱	了	三	首	歌	。
和	大	家	告	别	后	，	我	心	里	却	有	点	失	落	，
很	想	念	上	大	学	的	时	候	。						

해석　주말에 나는 대학 동창들과 음식점에서 회식을 했다. 저녁 식사는 매우 풍성했지만, 모두 약간 어색했다. 분위기를 띄우기 위해서 나는 모두 돌아가면서 노래할 것을 제안했고, 샤오왕은 지각했기 때문에 벌로 노래를 세 곡이나 불렀다. 모두와 작별한 후, 나는 마음이 오히려 좀 허전하고, 대학에 다니던 시절이 매우 그리웠다.

필수어휘　聚餐 jùcān 통 회식하다 | 迟到 chídào 통 지각하다 | 气氛 qìfēn 명 분위기 | 丰富 fēngfù 형 풍부하다, 풍족하다 통 풍족하게 하다 | 告别 gàobié 통 작별 인사하다, 떠나다

보충어휘　饭店 fàndiàn 명 호텔, 식당 | 晚餐 wǎncān 명 저녁 식사 | 拘束 jūshù 형 어색하다, 거북하다 | 活跃 huóyuè 형 활기차다 통 활기차게 하다 | 提议 tíyì 통 제의하다 | 轮流 lúnliú 통 차례로, 번갈아 | 唱歌 chànggē 노래 부르다 | 罚 fá 통 벌하다 | 首 shǒu 양 곡[노래를 셀 때 쓰는 양사] | 失落 shīluò 형 실의하다, 낙담하다 통 분실하다 | 想念 xiǎngniàn 통 그리워하다, 생각하다

100

연상어휘 메모	육하원칙을 생각하며 사진을 보고 연상되는 어휘를 적어본다.
	대상 관련　　　男人 남자 / 镜子 거울 / 领带 넥타이 / 西装 양복 시간 관련　　　알 수 없음 공간 관련　　　家里 집 상황·행위 관련　照镜子 거울을 보다 / 整理 정리하다 / 快乐 즐겁다

스토리 구상

연상된 어휘를 이용하여 스토리를 구상한다. 사진 속의 남자를 小李라고 생각하고 그를 즐겁게 한 일이 무엇일지 생각해보자.

시간　　　　　　早上(今天) 아침(오늘)
장소　　　　　　家里 집
등장인물　　　　小李 샤오리
배경 설명(도입부)　今天小李要去新公司上班。 오늘 샤오리는 새 회사에 출근하러 간다.

핵심문장 구성

중요 단어를 뽑아 핵심 문장을 만든다.
西装、领带：他穿好西装，站在镜子前，整理领带。
　　　　　　그는 양복을 차려 입고 거울 앞에 서서 넥타이를 정돈한다.
照镜子：他边照镜子边想。 그는 거울을 비춰보면서 생각한다.

기타요소 보충

스토리 전개에 필요한 요소를 상상력을 동원해 보충한다. 샤오리가 새 회사에 출근하기 위해 기분 좋게 외출준비를 한다는 스토리를 구상했다면, 새 회사에 출근하는 그의 마음가짐을 보충하는 것도 좋다.
机会：这个工作机会好不容易才得到。 이 업무 기회는 어렵사리 얻은 것이다.
相处：一定要努力工作，和新同事们好好相处。 반드시 열심히 일하고, 새 동료들과 잘 지낼 것이다.
快乐：同时把自己的快乐带给周围的人。 동시에 자신의 기쁨을 주변 사람들에게도 전해준다.

작문

자연스러운 흐름에 유의하며 내용을 보충·정리하고, 글자 수와 원고지 작성법에 맞게 작성한다.

		今	天	,	小	李	要	去	新	公	司	上	班	。	他
穿	好	西	装	,		站	在	镜	子	前	,		整	理	领	带	。
他	边	照	镜	子	边	想	,	这	个	工	作	机	会	好	不
容	易	才	得	到	,	一	定	要	努	力	工	作	,	和	新
同	事	们	好	好	相	处	,	同	时	要	把	自	己	的	快
乐	带	给	周	围	的	人	。								

해석

오늘 샤오리는 새 회사에 출근하러 간다. 그는 양복을 차려 입고 거울 앞에 서서 넥타이를 정돈했다. 그는 거울을 비춰보면서 이 업무 기회는 어렵사리 얻은 것이니 반드시 열심히 일하고, 새 동료들과도 잘 지내고, 동시에 자기의 기쁨을 주변 사람들에게도 전해줘야겠다고 생각했다.

보충어휘

新 xīn 형 새롭다 | 公司 gōngsī 명 회사 | 上班 shàngbān 동 출근하다 | 西装 xīzhuāng 양복 | 镜子 jìngzi 명 거울 | 整理 zhěnglǐ 동 정리하다 | 领带 lǐngdài 명 넥타이 | 照 zhào 동 비추다, 비치다 | 机会 jīhuì 명 기회 | 好不容易 hǎoburóngyì 가까스로, 간신히 | 努力 nǔlì 동 노력하다, 열심히 하다 | 同事 tóngshì 명 직장 동료 | 相处 xiāngchǔ 동 함께 지내다 | 同时 tóngshí 접 동시에 | 快乐 kuàilè 즐겁다, 유쾌하다 | 周围 zhōuwéi 명 주위, 주변

제5회

p.160~161

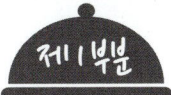

91

一直	班主任家的	占线	电话
계속	담임 선생님 댁의	통화중이다	전화

기본문장: 电话 + 占线。 전화가 통화중이다.
　　　　　　주어　술어

살붙이기: 班主任家的 + 电话 + 一直 + 占线。 담임 선생님 댁의 전화가 계속 통화중이다.
　　　　　　관형어　　주어　부사어　술어

해설: 占线과 어울리는 주어는 电话다. 부사의 기본 위치는 주어 뒤, 술어 앞이므로, 부사 一直는 술어 앞에 둔다.

정답: 班主任家的电话一直占线。 담임 선생님 댁의 전화가 계속 통화중이다.

필수어휘: 一直 yìzhí 🖳 계속, 줄곧 | 班主任 bānzhǔrèn 🖳 담임 선생님 | 占线 zhànxiàn 🖳 통화중이다 | 电话 diànhuà 🖳 전화

92

七大奇迹	长城	是	世界	之一
7대 불가사의	만리장성	~이다	세계	~ 중의 하나

기본문장: 长城 + 是 + 七大奇迹 + 之一。 만리장성은 7대 불가사의 중의 하나다.
　　　　　　주어　술어　관형어　　목적어

살붙이기: 长城 + 是 + 世界 + 七大奇迹 + 之一。 만리장성은 세계 7대 불가사의 중의 하나다.
　　　　　　주어　술어　관형어　　　　　목적어

해설:
(1) '是~之一'는 '~ 중의 하나다'라는 뜻이다.
　　예 他是我们国家著名人物之一。 그는 우리 나라의 저명한 인물 중 한 명이다.
(2) 앞에 오는 주어가 뒤에 오는 목적어에 포함되므로, 长城이 주어 자리에 오고, 世界七大奇迹가 목적어의 수식 성분이 된다.

정답: 长城是世界七大奇迹之一。 만리장성은 세계 7대 불가사의 중 하나다.

필수어휘: 世界七大奇迹 Shìjiè Qī Dà Qíjì 🖳 세계 7대 불가사의 | 长城 Chángchéng 🖳 만리장성 | 之 zhī 🖳 ~의, ~한

93

中老年消费者	这种产品	针对	主要
중·노년 소비자	이런 상품	겨냥하다	주로

기본 문장: 这种 产品 + 针对 + 中老年 消费者。 이런 상품은 중·노년 소비자를 겨냥한다.
관형어+주어 술어 관형어+목적어

살 붙이기: 这种 产品 + 主要 + 针对 + 中老年 消费者。 이런 상품은 주로 중·노년 소비자를 겨냥한다.
관형어+주어 부사어 술어 관형어+목적어

해설: 동사 针对가 술어가 된다는 것을 알았다면, 中老年消费者가 这种产品을 겨냥하는지, 这种产品이 中老年消费者를 겨냥하는지 의미를 파악하여 주어와 목적어를 정한다. 형용사 主要는 술어를 꾸며주는 부사어가 되므로 술어 앞에 두면 된다.

정답: 这种产品主要针对中老年消费者。 이런 상품은 주로 중·노년층 소비자를 겨냥한 것이다.

필수어휘: 中老年 zhōnglǎonián 명 중·노년(중년과 노년) | 消费者 xiāofèizhě 명 소비자 | 产品 chǎnpǐn 명 제품, 상품 | 针对 zhēnduì 동 조준하다, 겨냥하다 | 主要 zhǔyào 형 주요하다, 중요하다

94

要	她	出席此次	学术讨论会	邀请专家
~할 것이다	그녀	이번 ~에 출석하다	학술토론회	전문가를 초청하다

겸어문 만들기: ▶ 겸어문 어순: 주어1+술어1(请/叫/让/使/要求/命令/派)+목적어1/주어2(겸어)+술어2+목적어2
她 + 邀请 专家 + 出席 此次 + 学术 讨论会。
주어1 술어1+목적어1/주어2 술어2 관형어 목적어2
그녀는 전문가가 이번 학술토론회에 출석하도록 초청한다.

살 붙이기: 她 + 要 + 邀请 专家 + 出席 此次 + 学术 讨论会。
주어1 부사어 술어1+목적어1/주어2 술어2 관형어 목적어2
그녀는 전문가가 이번 학술토론회에 출석하도록 초청할 것이다.

해설: 겸어문을 만드는 동사 邀请이 있으므로 겸어문의 어순으로 배열한다. 겸어문의 기본 구조는 '주어1+부사어+술어1+목적어1/주어2+술어2+목적어2'라는 점에 유의하여 어순을 배열한다.
예 你 应该 邀请 朋友们 参加 你的婚礼。 너는 친구들이 네 결혼식에 참가하도록 초대해야 한다.
주어1 부사어 술어1 목적어1/주어2 술어2 목적어2

정답: 她要邀请专家出席此次学术讨论会。 그녀는 전문가들이 이번 학술토론회에 참석하도록 초청할 것이다.

필수어휘: 要 yào 조동 ~할 것이다 | 出席 chūxí 동 출석하다 | 此 cǐ 대 이, 이렇게 | 次 cì 양 번, 회, 차례 | 学术 xuéshù 명 학술 | 讨论会 tǎolùnhuì 명 토론회, 세미나 | 邀请 yāoqǐng 동 요청하다 | 专家 zhuānjiā 명 전문가

95

小马	一直	在	一家酒吧	经营
샤오마(사람 이름)	줄곧	~하고 있다	한 술집	경영하다

기본 문장: 小马 + 经营 + 一家 酒吧。 샤오마는 술집을 하나 경영한다.
주어 술어 관형어+목적어

| 살 붙이기 | 小马 + 一直 + 在 + 经营 + 一家 酒吧。 샤오마는 줄곧 술집을 하나 경영하고 있다.
주어 부사어 술어 관형어+목적어 |

해설 의미상 在보다 经营이 술어로 더 적합하므로, 在가 부사로 쓰인 진행형 문장임을 알 수 있다. '주어+在+술어+목적어'의 순서로 배열하며, 부사 一直는 在经营一家酒吧라는 동목구 전체를 꾸며주므로 그 앞에 둔다.

정답 小马一直在经营一家酒吧。 샤오마는 줄곧 술집을 하나 운영하고 있다.

필수어휘 一直 yìzhí 囝 줄곧, 계속 | 在 zài 囝 ~하고 있다 통 있다 젠 ~에서 | 家 jiā 양 집, 점포 등을 세는 단위 | 酒吧 jiǔbā 몡 술집 | 经营 jīngyíng 통 경영하다, 운영하다

---

96 删除   了   文件   电脑里的   他把
      삭제하다   ~했다   문서   컴퓨터 안의   그가 ~을

| 把자문 만들기 | ▶ 어순: 주어+(부사어)+把+처치대상+술어+기타 성분
他 把 + 文件 + 删除 + 了。 그는 문서를 삭제했다.
주어   처치대상 술어 기타 성분 |

| 살 붙이기 | 他 把 + 电脑里的 + 文件 + 删除 + 了。 그는 컴퓨터 안의 문서를 삭제했다.
주어   부사어   술어   동태조사 |

해설 把자문의 기본 유형을 숙지하고 있는지 묻는 문제다. 제시어에 주어 他와 전치사 把가 묶여 있으므로, 그가 무엇을 어떻게 했는지 '주어+把+처치대상+술어+기타 성분'의 순서대로 정리하면 된다.

정답 他把电脑里的文件删除了。 그는 컴퓨터의 문서를 삭제했다.

필수어휘 删除 shānchú 통 없애다, 삭제하다 | 文件 wénjiàn 몡 문서 | 电脑 diànnǎo 몡 컴퓨터 | 把 bǎ 젠 ~을

---

97 她的   突出   工作   表现   非常
      그녀의   특출나다   업무   표현(태도)   매우

| 기본 문장 | 表现 + 突出。 태도가 특출나다.
주어   술어 |

| 살 붙이기 | 她的 + 工作 + 表现 + 非常 + 突出。 그녀의 업무 태도는 매우 특출나다.
관형어 주어 부사어 술어 |

해설 (1) 表现은 '표현하다, 나타내다'라는 뜻의 동사로도 쓰이지만, 명사로도 쓰여 어떤 활동의 과정이나 결과에서 나타나는 현상, 즉 '표현, 태도, 성과, 활약' 등을 뜻한다.
예 我的经理对我的表现很满意。 나의 사장님은 내 활약에 대해 매우 만족하신다.
(2) 제시어에 정도부사 非常과 형용사 突出가 있으므로 형용사술어문이 되고, 表现은 명사로 문장의 주어가 된다는 것이 관건이다.

정답 她的工作表现非常突出。 그녀의 업무 태도는 매우 특출나다.

필수어휘 突出 tūchū 휑 특출나다, 두드러지다 | 工作 gōngzuò 몡 일, 업무 통 일하다 | 表现 biǎoxiàn 통 표현하다, 나타내다 몡 표현, 행동, 태도 | 非常 fēicháng 囝 매우, 대단히

98	从	不同的角度	我们	要学会	观察	事物
	~부터	다른 각도	우리	배워야 한다	관찰하다	사물

기본 문장
我们 + 要学会 + 观察 + 事物。 우리는 사물을 관찰하는 것을 배워야 한다.
주어 부사어+술어+결과보어 목적어

살 붙이기
我们 + 要学会 + 从 + 不同的角度 + 观察 + 事物。
주어 부사어+술어+결과보어   목적어(부사어+동사+목적어)
우리는 다른 각도에서 사물을 관찰하는 것을 배워야 한다.

해설 观察와 事物가 '동사+목적어' 구조를 이루어 学会의 동목구 목적어가 되며, 从이 이끄는 전치사구 부사어의 수식을 받는다. 명사나 대사처럼 단순한 목적어만 있는 것이 아니므로, 의미를 잘 파악하여 술어와 목적어의 관계를 정리해야 한다.

정답 我们要学会从不同的角度观察事物。 우리는 다른 각도에서 사물을 관찰하는 법을 배워야 한다.

필수어휘 从 cóng 젠 ~부터 | 不同 bùtóng 형 다르다 | 角度 jiǎodù 명 각도, 시선 | 学会 xuéhuì 동 배워서 알다, 습득하다 | 观察 guānchá 동 관찰하다

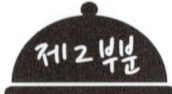

99	机场、	送行、	拥抱、	向往、	匆忙
	공항	배웅하다	포옹하다	갈망하다	급하다

핵심어휘 선정
핵심 어휘를 정하고, 의미가 최대한 연결되도록 대강의 문장을 만든다.
机场、送行: 我赶到机场为她送行。 나는 그녀를 배웅하기 위해 공항에 도착했다.
拥抱: 她和老朋友们一一拥抱告别。 그녀는 오랜 친구들과 일일이 포옹하며 작별인사를 한다.

스토리 구상
대략적인 배경과 등장인물, 주요 내용을 구상한다. 机场(공항), 送行(배웅하다)과 같은 단어가 들어가려면 작별에 관한 이야기가 되어야 한다.
시간 今天 오늘
장소 机场 공항
등장인물 刘老师、我、朋友们 리우 선생님, 나, 친구들
핵심 내용 我到机场为刘老师送行。 나는 공항에 가서 리우 선생님을 배웅한다.

남은어휘 활용
나머지 어휘들을 스토리에 맞게 글 속에 포함시킨다. 匆忙(급하다)은 주인공이 공항에 가는 과정을 묘사할 때 사용하고, 向往(갈망하다)은 刘老师가 떠나는 이유를 설명할 때 쓸 수 있다.
匆忙: 我匆忙赶到机场。 나는 급히 공항에 도착했다.
向往: 她向往回到故乡。 그녀는 고향으로 돌아가기를 갈망했다.

순서 배열	자연스러운 순서로 배열한다.
서론	刘老师要去四川的希望小学教书。 리우 선생님은 쓰촨의 희망프로젝트 초등학교로 가서 학생을 가르칠 것이다.
본론	我匆忙赶到机场为她送行。 나는 그녀를 배웅하기 위해 공항에 급히 도착했다. 她和老朋友们一一拥抱告别。 그녀는 오랜 친구들과 일일이 포옹하며 작별인사를 했다.
결론	她向往回到故乡，把知识教给山里的孩子。 그녀는 고향으로 돌아가 산촌 아이들에게 지식을 가르쳐주기를 갈망한다.

작문 글자 수와 원고지 작성법에 유의하며 보충·정리한다.

	刘	老	师	今	天	去	四	川	的	希	望	小	学	教
书	，	当	我	匆	忙	赶	到	机	场	为	她	送	行	时，
她	正	和	老	朋	友	们	一	一	拥	抱	告	别	。	我们
大	家	不	理	解	她	为	什	么	要	放	弃	出	国	的机
会	，	她	说	，	她	一	直	向	往	回	到	故	乡	，把
最	新	的	知	识	教	给	山	里	的	孩	子	。		

해석 리우 선생님은 오늘 쓰촨의 희망프로젝트 초등학교로 아이들을 가르치러 가신다. 내가 그녀를 배웅하러 공항에 급히 도착했을 때 그녀는 마침 오랜 친구들과 일일이 포옹하며 작별인사를 하고 있었다. 우리 모두는 그녀가 왜 출국할 기회를 포기하려 하는지 이해하지 못했는데, 그녀는 자신이 줄곧 고향으로 돌아가서 최신 지식들을 산촌의 아이들에게 가르쳐주기를 갈망해왔다고 말했다.

필수어휘 机场 jīchǎng 몡 공항 | 送行 sòngxíng 통 배웅하다, 전송하다 | 拥抱 yōngbào 통 포옹하다, 껴안다 | 向往 xiàngwǎng 통 열망하다, 동경하다 | 匆忙 cōngmáng 휑 매우 바쁘다, 급하다

보충어휘 希望小学 xīwàng xiǎoxué 몡 희망프로젝트 초등학교(희망프로젝트 참여자가 빈곤지역에 건립한 초등학교) | 教书 jiāoshū 통 학생을 가르치다 | 赶到 gǎndào 통 서둘러 가다 | 告别 gàobié 통 고별하다, 작별인사를 하다 | 理解 lǐjiě 통 이해하다 | 放弃 fàngqì 통 포기하다, 버리다 | 出国 chūguó 통 출국하다 | 机会 jīhuì 몡 기회 | 一直 yìzhí 튀 계속, 줄곧 | 故乡 gùxiāng 몡 고향 | 知识 zhīshi 몡 지식

100

연상어휘 메모 육하원칙을 생각하며 사진을 보고 연상되는 어휘를 적어본다.

대상 관련　　标志(黑色的人、黑色的波浪线、红色斜线) 표지(검정색 사람, 검정색 물결선, 붉은색 사선)
시간 관련　　알 수 없음
공간 관련　　水边 물가 / 河边 강가
상황·행위 관련　禁止游泳 수영금지

스토리 구상	연상된 어휘를 이용하여 스토리를 구상한다. 사진에는 간단한 금지 표지만 주어졌으므로, 특정한 시간, 장소, 인물 등의 상황 설정 없이, 표지의 모양과 이러한 표지를 볼 수 있는 곳, 표지의 의미 등에 관해 일반적으로 서술해도 된다. 시간　　　　생략 장소　　　　생략 등장인물　　생략 배경 설명(도입부)　在河边，我们能看到一个标志。 강가에서 우리는 한 표지를 볼 수 있다.
핵심문장 구성	중요 단어를 뽑아 핵심 문장을 만든다. 禁止、游泳：这意味着**禁止游泳**。이것은 수영금지를 의미한다.
기타요소 보충	스토리 전개에 필요한 요소를 상상력을 동원해 보충한다. 수영금지 표지를 세워두는 이유를 생각해보고 부연 설명으로 추가할 수 있다. 由于：一般是**由于**这个地方的水太深或者水况很差。 　보통 이곳의 물이 너무 깊거나 수질 상황이 매우 나쁘기 때문이다. 危险：容易出现**危险**。위험이 발생하기 쉽다. 保护：为了**保护**生命，对大家进行提醒。생명을 보호하기 위해서 모두에게 일깨워준다.
작문	자연스러운 흐름에 유의하며 내용을 보충·정리하고, 글자 수와 원고지 작성법에 맞게 작성한다.

			在	河	边	，	我	们	能	看	到	一	个	标	志	，
内	容	是	一	个	黑	色	的	人	在	游	泳	，	但	上	面
却	有	个	红	圈	和	斜	线	。	这	意	味	着	禁	止	游
泳	，	一	般	是	由	于	这	个	地	方	的	水	太	深	或
者	水	况	很	差	，	容	易	出	现	危	险	。	为	了	保
护	生	命	，	对	大	家	进	行	提	醒	。				

해석 강가에서 우리는 한 표지를 볼 수 있다. 그 내용은 검정색의 사람 한 명이 수영을 하고 있는데, 위에는 붉은 원과 사선이 있는 것이다. 이것은 수영금지를 의미하며, 보통 이곳의 수심이 너무 깊거나 수질이 매우 나빠서 위험이 발생하기 쉽기 때문에, 생명을 보호하기 위해 모두에게 일깨워주는 것이다.

보충어휘 河边 hébiān 명 강가, 강변 | 标志 biāozhì 명 표지 동 명시하다, 상징하다 | 内容 nèiróng 명 내용 | 游泳 yóuyǒng 동 수영하다 | 圈 quān 명 원, 고리 | 斜线 xiéxiàn 명 사선, 빗금 | 禁止 jìnzhǐ 동 금지하다 | 一般 yìbān 형 보통이다, 일반적이다 | 由于 yóuyú 전 접 ~때문에, ~로 인하여 | 水况 shuǐkuàng 물의 상황, 수질 상황 | 差 chà 형 나쁘다, 좋지 않다 | 容易 róngyì 형 (~하기) 쉽다, 용이하다 | 危险 wēixiǎn 형 위험하다 명 위험 | 为了 wèile 전 ~을 위하여 | 保护 bǎohù 동 보호하다 | 生命 shēngmìng 명 생명, 목숨 | 进行 jìnxíng 동 진행하다 | 提醒 tíxǐng 동 일깨우다, 상기시키다, 경고하다

제6회

p.162~163

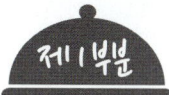

91

商业文化	是	中心城市	中国的	上海
상업문화	~이다	중심 도시	중국의	상하이

기본문장 上海 + 是 + 中心 城市。 상하이는 중심 도시다.
　　　　　 주어　 술어　 관형어+목적어

살 붙이기 上海 + 是 + 中国的 + 商业文化 + 中心 城市。 상하이는 중국의 상업문화 중심 도시다.
　　　　　　 주어　 술어　 관형어　　　 관형어　　　 목적어

해설 是가 술어 동사가 될 것이므로 주어와 목적어는 같은 성격의 것이다. 따라서 上海와 城市를 각각 주어와 목적어 자리에 둔다. 是자문에서 주어에 대한 설명 내용으로 목적어에 긴 관형어가 붙을 수 있다. 넓은 범위에서 좁은 범위의 순서대로 관형어를 배열하면 된다.

정답 上海是中国的商业文化中心城市。 상하이는 중국의 상업문화 중심 도시다.

필수어휘 商业 shāngyè 圐 상업 | 文化 wénhuà 圐 문화 | 中心 zhōngxīn 圐 가운데, 중심, 핵심 | 城市 chéngshì 圐 도시 | 上海 Shànghǎi 圐 상하이

92

工作表现	老板的	受到了	肯定	他的
업무 능력	사장님의	받았다	인정하다	그의

기본문장 工作 表现 + 受到 了 + 肯定。 업무 능력은 인정을 받았다.
　　　　　 관형어+주어　 술어+결과보어　 목적어

살 붙이기 他的 + 工作 表现 + 受到 了 + 老板的 + 肯定。 그의 업무 능력은 사장님의 인정을 받았다.
　　　　　　 관형어　 주어　　 술어+결과보어　 관형어　　 목적어

해설 '受到+肯定'은 '인정을 받다'라는 뜻의 자주 쓰이는 동목구이므로 암기해두자. 受到는 이 외에도 承认(승인하다), 认同(동의하다), 认定(확신하다)과 같은 동사를 자주 목적어로 취한다. 사장님이 그에게 인정받는 것보다 그가 사장님에게 인정받는 것이 의미상 자연스러우므로, 他的를 工作表现의 관형어로, 老板的를 肯定의 관형어로 쓰는 것이 적합하다.

정답 他的工作表现受到了老板的肯定。 그의 업무 능력은 사장님의 인정을 받았다.

필수어휘 工作 gōngzuò 圐 업무 圄 일하다 | 表现 biǎoxiàn 圄 표현하다, 나타내다 圐 표현, 태도, 능력 | 老板 lǎobǎn 圐 주인, 사장 | 受 shòu 圄 받다, 얻다 | 肯定 kěndìng 圄 긍정하다, 인정하다, 확신하다

93	增加	来韩国	正在	旅游的	逐年	外国人
	증가하다	한국에 오다	~하고 있다	여행의	해마다	외국인

기본 문장
外国人 + 增加。 외국인이 증가한다.
　주어　　술어

살 붙이기
来韩国 + 旅游的 + 外国人 + 正在 + 逐年 + 增加。
　관형어　　　　　　　주어　　부사어　　술어
한국에 여행 오는 외국인들이 해마다 증가하고 있다.

해설 (1) 진행을 나타내는 표현 正在가 있으므로 '주어 + 正在 + 동사'의 어순으로 배열하면 된다.
　　　　예 来韩国学习韩语的外国人正在递增。 한국에 와서 한국어를 배우는 외국인들이 점차 증가하고 있다.
　　　　(2) 어떤 외국인인지에 대해 관형어를, 어떻게 증가하는지에 대해 부사어를 배치한다.

정답 来韩国旅游的外国人正在逐年增加。 여행하러 한국에 오는 외국인이 해마다 증가하고 있다.

필수어휘 增加 zēngjiā 통 증가하다 | 来 lái 통 오다 | 韩国 Hánguó 명 한국 | 正在 zhèngzài 뷔 ~하고 있다 | 旅游 lǚyóu 통 여행하다 | 逐年 zhúnián 뷔 매년, 해마다 | 外国人 wàiguórén 명 외국인

94	他说的话	记在	把	心里了	深深地	我
	그가 한 말	~에 기억하다	~을	마음속에 ~했다	깊이	나

把자문 만들기
▶ 어순: 주어 + (부사어) + 把 + 처치대상 + 술어 + 기타 성분
我 + 把 + 他说的话 + 记 在…… 나는 그가 한 말을 ~에 기억했다.
주어　　　　처치대상　　술어 + 기타 성분

살 붙이기
我 + 把 + 他说的话 + 深深地 + 记 在 + 心里 了。 나는 그가 한 말을 마음속 깊이 기억했다.
주어　　　　　　　　　부사어　　술어 + 결과보어　목적어

해설 (1) 제시된 어휘에 把가 있으므로 把자문을 만든다. 把자문에서 부사어의 기본 위치는 주어 뒤, 전치사 把 앞이지만, 부사는 의미나 꾸며주는 대상에 따라 위치가 변하기도 한다. 이 문제에서 深深地는 '깊이'라는 뜻으로 '기억하다'라는 술어를 꾸며주므로 술어 바로 앞에 위치하는 것이 가장 적절하다.
(2) 'A把B记在心里'는 'A가 B를 마음속에 기억하다'라는 뜻으로, 고정격식처럼 외워두자.

정답 我把他说的话深深地记在心里了。 나는 그가 한 말을 마음속 깊이 새겼다.

필수어휘 说 shuō 통 말하다 | 话 huà 명 말 | 记 jì 통 기억하다, 기록하다 | 把 bǎ 전 ~을 | 心里 xīnli 명 마음속, 가슴속 | 深 shēn 형 깊다, 깊숙하다

95	一上午	她	学了	汉语	在补习班	的
	오전 내내	그녀	배웠다	중국어	학원에서	~의

기본 문장
她 + 学了 + 汉语。 그녀는 중국어를 배웠다.
주어　술어　　목적어

| 살 붙이기 | 她 + 在补习班 + 学了 + 一上午 + 的 + 汉语。 그녀는 학원에서 오전 내내 중국어를 배웠다.
주어   부사어   술어   시량보어 구조조사 목적어 |

| 해설 | 一上午가 시량보어로 나온 문제다. 목적어가 인칭대사일 경우에는 시량보어가 목적어 뒤에 놓여야 하지만, 여기서는 인칭대사가 아닌 일반명사 汉语이므로, '주어+부사어+술어+시량보어+(的)+목적어'의 순서로 배열한다.
예 我们昨天跳了三个小时的舞。 우리는 어제 세 시간 동안 춤을 추었다. |

| 정답 | 她在补习班学了一上午的汉语。 그녀는 학원에서 오전 내내 중국어를 배웠다. |

| 필수어휘 | 上午 shàngwǔ 명 오전 | 学 xué 통 배우다 | 汉语 Hànyǔ 명 중국어 | 补习班 bǔxíbān 명 학원 |

96

心旷神怡	张家界的	令人	风景	真是
후련하고 유쾌하다	장자제의	사람을 ~하게 한다	풍경	정말로

| 겸어문 만들기 | ▶ 겸어문 어순: 주어1+술어1(请/叫/让/使/要求/命令/派)+목적어1/주어2(겸어)+술어2+목적어2
风景 + 令人 + 心旷神怡。 풍경은 사람을 후련하고 유쾌하게 한다.
주어1 술어1+목적어1/주어2 술어2 |

| 살 붙이기 | 张家界的 + 风景 + 真是 + 令人 + 心旷神怡。
관형어   주어   부사어 술어1+목적어1/주어2 술어2
장자제의 풍경은 정말로 사람을 후련하고 유쾌하게 한다. |

| 해설 | 令은 사역동사이므로 겸어문을 만든다. 따라서 겸어문의 기본 구조에 따라 '주어+令(술어1)+목적어1/주어2(겸어)+술어2+목적어2'의 순서로 배열한다. 여기서는 성어 心旷神怡를 겸어 人의 술어로 쓰는 것이 적합하다.
예 他的行动令人无话可说。 그의 행동은 사람들이 할 말을 잃게 한다.
       겸어 |

| 정답 | 张家界的风景真是令人心旷神怡。 장자제의 풍경은 사람의 기분을 실로 후련하고 유쾌하게 한다. |

| 필수어휘 | 心旷神怡 xīnkuàng shényí 성어 마음이 후련하고 기분이 유쾌하다 | 张家界 Zhāngjiājiè 명 장자제, 장가계 | 令 lìng 통 ~하게 하다 | 风景 fēngjǐng 명 풍경, 경치 | 真是 zhēnshi 정말로, 참으로 |

97

中国留学	要是	去	啊	该	能	多好
중국 유학	만약	가다	(어기조사)	~일 것이다	~할 수 있다	얼마나 좋다

| 기본 문장 | (1) 去 + 中国 留学。 중국으로 유학을 가다.
       술어1 목적어1+술어2
(2) 多好。 얼마나 좋다.
    술어3 |

| 살 붙이기 | 要是 + 能 + 去 + 中国 留学 + 该 + 多好 + 啊!
접속사 부사어 술어1 목적어1+술어2 부사어 술어3 어기조사
만약 중국으로 유학 갈 수 있다면 얼마나 좋을까! |

해설	要是가 있으므로 가정관계 복문이 될 것임을 알 수 있다. 주어는 생략된 형태이므로 접속사로 시작해야 한다. 가능한 술어로 기본 문장을 만든 다음 어느 것이 가정이고 어느 것이 결과인지 판단한다. '要是~该多好啊！'는 '만약 ~라면 얼마나 좋을까!'라는 의미로, 자주 함께 쓰이므로 고정격식처럼 외워두자. 예 要是我有个弟弟该多好啊！ 만약 나에게 남동생이 있다면 얼마나 좋을까!
정답	要是能去中国留学该多好啊！ 만약 중국으로 유학을 갈 수 있다면 얼마나 좋을까!
필수어휘	留学 liúxué 통 유학하다 ｜ 要是 yàoshi 접 만약 ｜ 去 qù 통 가다 ｜ 该 gāi 조동 ~일 것이다[감탄문에서 어기를 강조함] ｜ 能 néng 조동 ~할 수 있다 ｜ 多 duō 부 얼마나
Tip	답이 감탄문으로 배열된다면 문장 끝에 느낌표(！)를 써준다.

98

在这张表格里	请	个人情况	您的	填写
이 표 안에	부탁하다	개인 정보	당신의	적어 넣다

겸어문 만들기	▶ 겸어문 어순: 주어1+술어1(请/叫/让/使/要求/命令/派)+목적어1/주어2(겸어)+술어2+목적어2 请 + 填写 + 个人情况。 개인 정보를 적어 넣기를 부탁하다. 술어1 술어2 목적어
살 붙이기	请 + 在这张表格里 + 填写 + 您的 + 个人情况。 술어1 부사어 술어2 관형어 목적어 이 표 안에 당신의 개인 정보를 적어 넣으시기를 부탁합니다.
해설	겸어문을 만드는 동사 请이 있으므로 겸어문을 만든다. 겸어문의 기본 구조는 '주어+请(술어1)+목적어1/주어2(겸어)+술어2+목적어2'이지만, 청유의 뜻을 가진 경우 첫 번째 술어의 주어와 목적어가 생략되는 경우가 많다. 여기서는 我请您在这张表格里填写您的个人情况에서 주어 我와 목적어 您이 생략된 형태다. 따라서 두 번째 동사 填写를 이어서 쓰고, 부사어와 관형어의 어순을 정리하면 된다.
정답	请在这张表格里填写您的个人情况。 이 표에 당신의 개인 정보를 적어 넣어주세요.
필수어휘	张 zhāng 양 장[종이 등을 세는 양사] ｜ 表格 biǎogé 명 표 ｜ 请 qǐng 통 부탁하다, 청하다 ｜ 个人 gèrén 명 개인 ｜ 情况 qíngkuàng 명 상황, 정황 ｜ 填写 tiánxiě 통 채워 넣다, 적어 넣다

제2부분

99

考试、	紧张、	优秀、	鼓励、	加油
시험	긴장하다	우수하다	격려하다	힘을 내다

핵심어휘 선정	핵심 어휘를 정하고, 의미가 최대한 연결되도록 대강의 문장을 만든다. 考试： 马上就要进行期末考试了。 곧 기말고사가 실시된다. 紧张： 我心里非常紧张。 나는 마음속으로 무척 긴장했다. 鼓励： 爸爸鼓励我。 아버지는 나를 격려하신다.

스토리 구상	대략적인 배경과 등장인물, 주요 내용을 구상한다. 考试(시험)라는 단어를 사용하려면 시험에 관한 이야기가 되어야 한다. 시간　　**考试前** 시험 전 장소　　**家里** 집 등장인물　**爸爸、我** 아버지와 나 핵심 내용　**马上就要考试了，我心里非常紧张，爸爸鼓励我。** 　　　　　곧 시험이어서 나는 마음속으로 무척 긴장했는데 아버지가 나를 격려해주셨다.
남은어휘 활용	나머지 어휘들을 스토리에 맞게 글 속에 포함시킨다. 优秀(우수하다)는 주인공이 이번 시험에 유난히 긴장한 이유를 설명하는 데 사용하고, 加油(힘을 내다)는 아버지가 격려해주는 내용을 구체화하는 데 사용한다. **优秀：我希望这次能取得优秀的成绩。** 나는 이번에 우수한 성적을 받을 수 있길 바란다. **加油：加油！爸爸相信你。** 힘내! 아버지는 너를 믿는다.
순서 배열	자연스러운 순서로 배열한다. 서론　**马上就要进行期末考试了。** 곧 기말고사가 실시된다. 본론　**我心里非常紧张，希望这次能取得优秀的成绩。** 　　　나는 마음속으로 무척 긴장하고, 이번에는 우수한 성적을 받을 수 있길 바랐다. 　　　**爸爸鼓励我。** 아버지는 나를 격려하셨다. 결론　**爸爸说：加油！爸爸相信你。** 아버지는 '힘내! 아버지는 너를 믿는다.'라고 말씀하셨다.
작문	글자 수와 원고지 작성법에 유의하며 보충·정리한다. |　|马|上|就|要|进|行|期|末|考|试|了|，|我|心
---	---	---	---	---	---	---	---	---	---	---	---	---	---	---
里	非	常	紧	张	，	希	望	这	次	能	取	得	优	秀	的
成	绩	，	让	爸	爸	为	我	自	豪	。	爸	爸	却	鼓	励
我	说	：	"	孩	子	，	成	绩	并	不	是	唯	一	的	目
的	，	你	学	到	的	知	识	才	是	最	有	用	的	。	加
油	！	爸	爸	相	信	你	！	"							

해석	곧 기말고사가 실시된다. 나는 마음속으로 무척 긴장하고, 이번에는 우수한 성적을 받아 아버지가 나를 자랑스러워할 수 있게 되길 바랐다. 아버지는 오히려 나를 격려하며 말씀하셨다. "얘야, 성적이 유일한 목적은 아니란다. 네가 지식을 습득하는 것이 가장 유용한 것이지. 힘내거라! 아버지는 너를 믿는다!"
필수어휘	**考试** kǎoshì 명 시험(을 치다) ｜ **紧张** jǐnzhāng 형 긴장해 있다, 긴박하다, 부족하다 ｜ **优秀** yōuxiù 형 우수하다 ｜ **鼓励** gǔlì 동 격려하다 ｜ **加油** jiāyóu 동 힘을 내다, 격려하다, 응원하다
보충어휘	**马上** mǎshàng 부 곧, 즉시 ｜ **就要** jiù yào 머지않아 ~할 것이다 ｜ **期末** qīmò 명 학기말 ｜ **取得** qǔdé 동 취득하다, 얻다 ｜ **成绩** chéngjì 명 성적, 점수 ｜ **自豪** zìháo 형 자랑스럽게 생각하다 ｜ **唯一** wéiyī 형 유일하다 ｜ **目的** mùdì 명 목적 ｜ **知识** zhīshi 명 지식 ｜ **有用** yǒuyòng 형 유용하다, 쓸모 있다 ｜ **相信** xiāngxìn 동 믿다

연상어휘 메모	육하원칙을 생각하며 사진을 보고 연상되는 어휘를 적어본다.
	대상 관련　　　鞭炮 폭죽 / "福"字 '복(福)' 자
	시간 관련　　　春节 설날
	공간 관련　　　家里 집안 / 大厅 홀
	상황·행위 관련　贴 붙이다 / 放 (폭죽을) 터뜨리다

스토리 구상	연상된 어휘를 이용하여 스토리를 구상한다. 사진의 핵심이 되는 鞭炮(폭죽)는 중국의 설을 상징하는 대표적인 물건이므로, 특정한 장소나 등장인물을 정하지 않고, 설이 되면 폭죽을 터뜨리며 신년을 맞이하는 중국의 세시풍속에 대해 일반적인 설명문을 쓸 수 있다.
	시간　　　　　　春节 설날
	장소　　　　　　생략
	등장인물　　　　생략
	배경 설명(도입부)　春节是大家都期盼的日子。 설날은 모두가 기다리는 날이다.

핵심문장 구성	중요 단어를 뽑아 핵심 문장을 만든다.
	"福"字、贴：家家户户，门上贴着"福"字。 집집마다 문에 '복(福)' 자를 붙여둔다.
	鞭炮：我们的风俗是大年初一凌晨零时放鞭炮。
	우리의 풍속은 정월 초하루 새벽 0시에 폭죽을 터뜨리는 것이다.

기타요소 보충	스토리 전개에 필요한 요소를 상상력을 동원해 보충한다. 사진에는 나타나지 않았지만 설과 관련된 여러 가지 다른 풍습이나 설을 맞이하는 명절 분위기 등을 연상하여 이야기를 풍성하게 만든다.
	开心：孩子们最开心了。아이들이 가장 즐거워한다.
	新：可以穿新衣服。새 옷을 입을 수 있다.
	到处：大街小巷到处都是鞭炮声。골목마다 모두 폭죽소리가 난다.

작문	자연스러운 흐름에 유의하며 내용을 보충·정리하고, 글자 수와 원고지 작성법에 맞게 작성한다.

	春	节	是	大	家	都	期	盼	的	日	子	。	家	家
户	户	，	门	上	贴	着	"	福	"	字	，	非	常	喜 庆
孩	子	们	最	开	心	了	，	除	了	可	以	穿	新	衣 服,
还	可	以	放	鞭	炮	。	我	们	的	风	俗	是	大	年 初
一	凌	晨	零	时	放	鞭	炮	，	那	时	大	街	小	巷 到
处	都	是	鞭	炮	声	。								

  설날은 모두가 기다리는 날이다. 집집마다 문에 '복(福)' 자를 붙여 두고, 무척 기쁘게 경축한다. 아이들이 가장 즐겁다. 새 옷을 입는 것 외에 폭죽도 터뜨릴 수 있다. 우리의 풍속은 정월 초하루 새벽 0시에 폭죽을 터뜨리는 것이다. 그때는 골목마다 모두 폭죽소리로 가득 찬다.

보충어휘 　春节 Chūnjié 명 설날 ｜ 期盼 qīpàn 동 기대하다, 바라다 ｜ 家家户户 jiājiā hùhù 명 가가호호, 집집마다 ｜ 贴 tiē 동 붙이다 ｜ 福 fú 명 복, 행운 ｜ 喜庆 xǐqìng 형 즐겁고 경사스럽다 동 기쁘게 경축하다 ｜ 除了 chúle 전 ~외에, ~를 제외하고 ｜ 衣服 yīfu 명 옷 ｜ 放 fàng 동 놓다, 풀어주다, (폭죽을) 터뜨리다 ｜ 鞭炮 biānpào 명 폭죽 ｜ 风俗 fēngsú 명 풍속, 풍습 ｜ 大年初一 dànián chū yī 설, 음력 정월 초하루 ｜ 凌晨 língchén 명 새벽 ｜ 零时 líng shí 명 밤 12시, 0시 ｜ 大街小巷 dàjiē xiǎoxiàng 성어 골목골목, 온 거리 ｜ 到处 dàochù 명 도처, 곳곳 ｜ 声 shēng 명 소리

제7회

p.164~165

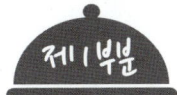

91

都	各大学的	上调了	学费	很多	今年
모두	각 대학의	상향 조정됐다	학비	매우 많은	올해

기본문장 学费 + 上调了。 학비가 상향 조정됐다.
　　　　　주어　　술어

살 붙이기 今年 + 各大学的 + 学费 + 都 + 上调了 + 很多。 올해 각 대학의 학비는 모두 매우 많이 올랐다.
　　　부사어　관형어　　주어　부사어　술어　　수량보어

해설
(1) 上调는 '상향 조정하다, 오르다'라는 뜻이다. 뜻을 몰랐다 하더라도 동태조사 了와 함께 묶여 있으므로 술어가 될 수 있다고 짐작할 수 있다.
　　예 昨天韩国银行决定上调基准利率。 어제 한국은행은 기준 이율을 상향 조정하기로 결정했다.
(2) 今年은 시간 부사어가 되므로 문장 맨 앞에 두고, 주어와 술어의 의미에 따라 관형어와 부사어를 배치해준다. 여기서 很多는 수량보어로 술어 뒤에 쓰는 것이 적합하다.

정답 今年各大学的学费都上调了很多。 올해 각 대학의 학비는 모두 많이 올랐다.

필수어휘 都 dōu 凰 모두, 다 | 各 gè 때 각, 여러 | 大学 dàxué 몡 대학(교) | 上调 shàngtiáo 图 (가격, 이율 등이) 상향 조정되다, (가격을) 올리다 | 学费 xuéfèi 몡 학비 | 今年 jīnnián 몡 금년, 올해

92

非常	有	设计作品	创意	她的
매우	있다	디자인 작품	창의성	그녀의

기본문장 设计 作品 + 有 + 创意。 디자인 작품은 창의성이 있다.
　　　　관형어+주어　술어　목적어

살 붙이기 她的 + 设计 作品 + 非常 + 有 + 创意。 그녀의 디자인 작품은 매우 창의성이 있다.
　　　　관형어　　주어　　부사어　술어　목적어

해설 设计는 동사로 쓰일 수 있지만 设计作品을 동목구라고 가정했을 때 주체자인 사람 주어가 없으므로 이 문장에서는 作品을 꾸며주는 명사로 쓰였음을 알 수 있다. 술어 동사는 有이므로, 창의성에 작품이 있는지 작품에 창의성이 있는지 의미적으로 판단하여 设计作品을 주어로, 创意를 목적어로 삼는다. 非常과 같은 정도부사는 일반적으로 형용사를 수식하지만, 일부 심리동사나 조동사, 有동사를 꾸며주기도 한다. '有+创意'는 '창의적이다'라고 외워두자.
　　예 你怎么会有这样的创意? 당신은 어떻게 이렇게 창의적일 수 있으시죠?

정답 她的设计作品非常有创意。 그녀의 디자인 작품은 매우 창의성 있다.

필수어휘 非常 fēicháng 凰 매우, 대단히 | 设计 shèjì 몡 설계, 디자인 图 설계하다 | 作品 zuòpǐn 몡 작품 | 创意 chuàngyì 몡 창의적인 의견, 독창적인 구상

93

开放	面向	健身中心	所有的	这个小区的	业主
개방하다	~로 향하다	헬스클럽	모든	이 주택 단지의	주민

기본 문장
健身中心 + 面向 + 业主 + 开放。 헬스클럽은 주민을 향해 개방된다.
　　주어　　술어1　목적어　술어2

살 붙이기
这个小区的 + 健身中心 + 面向 + 所有的 + 业主 + 开放。
　관형어　　　　주어　　　술어1　관형어　　목적어　술어2
이 주택 단지의 헬스클럽은 모든 주민을 향해 개방된다.

해설 술어 동사가 开放과 面向 2개이므로 연동문이 될 가능성이 크다. 의미적으로 开放은 健身中心과 어울리고, 面向은 业主와 어울린다. 面向业主는 '주민을 향하다'라는 뜻이므로, 이 동목구가 开放의 방식을 나타낸다는 것을 알 수 있다. 연동문에서 수단·방식을 나타내는 동사는 첫 번째 동사가 되고, 목적을 나타내는 동사는 두 번째 동사가 된다.

정답 这个小区的健身中心面向所有的业主开放。 이 주택 단지의 헬스클럽은 모든 주민에게 개방된다.

필수어휘 开放 kāifàng 통 개방하다 | 面向 miànxiàng 통 ~에 직면하다, ~로 향하다 | 健身中心 jiànshēn zhōngxīn 명 헬스클럽 | 所有 suǒyǒu 형 모든, 전부의 | 小区 xiǎoqū 명 주택 단지, 지구 | 业主 yèzhǔ 명 업주, 주민

94

很多	冲塌了	叫	百姓的房屋	都	洪水
매우 많은	휩쓸려 무너졌다	~에 의해	서민의 집	모두	홍수

被자문 만들기
▶ 어순: 동작의 대상 + (부사어) + 被(叫) + 동작의 주체 + 술어 + 기타 성분
百姓的 房屋 + 叫 + 洪水 + 冲塌 了。 서민들의 집이 홍수에 의해 휩쓸려 무너졌다.
관형어 + 주어　　　동작 주체　　술어 + 기타 성분

살 붙이기
很多 + 百姓的 房屋 + 都 + 叫 + 洪水 + 冲塌 了。
관형어　　주어　　　부사어　　　술어 + 동태조사
많은 서민들의 집이 모두 홍수에 의해 휩쓸려 무너졌다.

해설 叫는 동사일 때 '~하게 하다'라는 사역의 의미를 가지지만, 피동문에서는 전치사로 被(~에 의해)와 같은 뜻이다. 제시어들의 의미를 파악해보면 이 문제는 '누가 누구에게 무엇을 시킨다'는 사역의 뜻이 성립되지 않으므로 叫가 전치사로 쓰였음을 알 수 있다. 따라서 피동문의 기본 어순 '동작의 대상 + 부사어 + 叫 + 동작의 주체 + 술어 + 기타 성분'에 따라 배열한다.

정답 很多百姓的房屋都叫洪水冲塌了。 많은 서민들의 집이 모두 홍수에 휩쓸려 무너졌다.

필수어휘 冲塌 chōngtā 통 (홍수 등에) 휩쓸려 무너지다 | 百姓 bǎixìng 명 백성, 평민, 서민 | 房屋 fángwū 명 집, 건물, 가옥 | 都 dōu 부 모두, 다 | 洪水 hóngshuǐ 명 홍수

95

吃	陪我	去	想不想	中国菜	你
먹다	나를 데리고	가다	~하고 싶은지 아닌지	중국요리	너

기본 문장
你 + 陪 我 + 去 + 吃 + 中国菜。 너는 나를 데리고 가서 중국요리를 먹는다.
주어 술어1 + 목적어1 술어2 술어3 목적어3

살 붙이기	你 + 想不想 + 陪 我 + 去 + 吃 + 中国菜? 주어　부사어　술어1+목적어1　술어2　술어3　목적어3 너 나를 데리고 가서 중국요리를 먹고 싶니?
해설	吃, 陪我, 去 모두 술어가 될 수 있는 동사(묶음)이다. 陪我는 방식을 나타내므로 첫 번째 동사 자리에, 去와 吃는 동작의 발생 순서대로 놓는다. 연동문에서 조동사는 첫 번째 동사 앞에 위치하므로 조동사의 정반의문형인 想不想은 陪 앞에 둔다.
정답	你想不想陪我去吃中国菜? 너 나와 함께 중국요리 먹으러 갈래?
필수어휘	吃 chī 동 먹다 ｜ 陪 péi 동 모시다, 동반하다 ｜ 去 qù 동 가다 ｜ 想 xiǎng 조동 ~하고 싶다, ~하려 하다 ｜ 中国菜 Zhōngguócài 명 중국요리, 중국 음식
Tip	답이 의문문으로 배열된다면 문장 끝에 마침표(。)가 아니라 물음표(?)를 써준다.

96

已经	《三国演义》	看过	我	了	三遍
이미	〈삼국연의〉	본 적이 있다	나	~했다	세 번

기본 문장	我 + 看过 + 《三国演义》。 나는 〈삼국연의〉를 본 적이 있다. 주어　술어　　목적어
살 붙이기	我 + 已经 + 看过 + 三遍 + 《三国演义》+ 了。 주어　부사어　술어　동량보어　목적어　어기조사 나는 이미 〈삼국연의〉를 세 번 본 적이 있다.
해설	三遍은 동작(看过)의 횟수를 보충 설명해주는 동량보어다. 술어의 목적어가 장소명사라면 동량보어는 목적어의 앞이나 뒤에 모두 나올 수 있고, 인칭대사라면 목적어의 뒤에 놓여야 하지만, 여기서는 목적어가 일반명사이므로 동량보어는 술어 뒤, 목적어 앞에 두면 된다. 부사어 已经은 술어 앞에, 어기조사 了는 문장 맨 뒤로 어순을 정리한다.
정답	我已经看过三遍《三国演义》了。 나는 이미 〈삼국연의〉를 세 번 봤다.
필수어휘	已经 yǐjīng 부 이미, 벌써 ｜ 三国演义 Sānguó Yǎnyì 명 삼국연의, 삼국지[도서명] ｜ 看 kàn 동 보다 ｜ 遍 biàn 양 차례, 번, 회

97

房间	女儿	外出时	干净	把	打扫得	趁妈妈	特别
방	딸	외출할 때	깨끗하다	~을	청소를 ~하게	엄마가 ~한 틈을 타	아주

把자문 만들기	▶ 어순: 주어 +(부사어)+把 + 처치대상 + 술어 + 기타 성분 女儿 + 把 + 房间 + 打扫 得 + 干净。 딸은 방을 깨끗이 청소한다. 주어　　처치대상　술어　　기타 성분
살 붙이기	女儿 + 趁妈妈 + 外出时 + 把 + 房间 + 打扫 得 + 特别 + 干净。 주어　　　부사어　　　　　　　　　　술어　　　정도보어 딸은 엄마가 외출한 틈을 타 방을 아주 깨끗하게 청소했다.
해설	전치사 把가 있으므로 把자문의 기본 구조에 따라 배열한다. 전치사구 시간 부사어는 把 앞에 놓고, 기타 성분으로 정도보어를 '술어 + 得 + (부사) + 형용사'의 순서로 배열하면 된다. 예 儿子把爸爸气得不行了。 아들은 아빠를 매우 화나게 만들었다.

| 정답 | 女儿趁妈妈外出时把房间打扫得特别干净。
딸은 엄마가 외출하신 틈을 타서 방을 매우 깨끗하게 청소했다. |

| 필수어휘 | 房间 fángjiān 명 방 | 女儿 nǚ'ér 명 딸 | 外出 wàichū 통 외출하다 | 干净 gānjìng 형 깨끗하다 | 把 bǎ 전 ~을 | 打扫 dǎsǎo 통 청소하다 | 趁 chèn 전 ~을 틈타, ~을 이용하여 | 特别 tèbié 부 특히, 유달리, 아주 |

98

信任	朋友之间	重要	什么	的	比	都
신뢰	친구 간	중요하다	무엇	~의	~보다	모두

비교문 만들기
▶ 유형: A比什么都~(A는 무엇보다도 ~하다)
信任 + 比 + 什么 + 都 + 重要。 신뢰는 무엇보다도 중요하다.
　A　　　　　　　　술어

살 붙이기
朋友之间 + 的 + 信任 + 比 + 什么 + 都 + 重要。 친구 간의 신뢰는 무엇보다도 중요하다.
　관형어　구조조사　주어　　　부사어　　술어

해설
'A比什么都~'는 'A는 무엇보다도 ~하다'라는 뜻으로, 자주 나오는 표현이므로 고정격식처럼 외워둔다.
예 对我来说, 吃饭比什么都重要。 나에게 있어서 밥 먹는 것은 무엇보다도 중요하다.

정답
朋友之间的信任比什么都重要。 친구 간의 신뢰는 무엇보다도 중요하다.

필수어휘
信任 xìnrèn 명 신임, 신뢰 | 朋友 péngyou 명 친구 | 之间 zhījiān 명 ~의 사이, ~지간 | 重要 zhòngyào 형 중요하다 | 什么 shénme 대 무엇, 무슨 | 比 bǐ 전 ~보다 | 都 dōu 부 모두, 전부

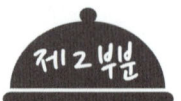

99

运动、	身材、	剧烈、	心情、	坚持
운동(하다)	몸매	격렬하다	기분	지속하다

핵심어휘 선정
핵심 어휘를 정하고, 의미가 최대한 연결되도록 대강의 문장을 만든다.
运动: 生命在于运动。 생명은 운동에 달려 있다.
坚持: 运动贵在坚持。 운동은 꾸준히 지속하는 것이 중요하다.
身材: 运动能让女性有完美的身材。 운동은 여성이 완벽한 몸매를 갖게 만들 수 있다.
心情: 运动还能拥有愉快的心情。 운동을 하면 유쾌한 기분을 가질 수도 있다.

스토리 구상	대략적인 배경과 등장인물, 주요 내용을 구상한다. 运动(운동하다)이라는 단어를 사용하여 특정한 에피소드 없이 운동과 건강에 관한 추상적인 설명문을 쓸 수도 있다.
	시간　　생략
	장소　　생략
	등장인물　생략
	핵심 내용　生命在于运动，运动贵在坚持。
	생명은 운동에 달려 있고, 운동은 꾸준히 지속하는 것이 중요하다.

남은어휘 활용	나머지 어휘를 스토리에 맞게 글 속에 포함시킨다. 剧烈(격렬하다)를 사용하여 과도한 운동의 부작용을 설명하는 문장을 만들 수 있다.
	剧烈：不是所有的人都适合剧烈运动。모든 사람이 다 격렬한 운동을 하기에 적합한 것은 아니다.

순서 배열	자연스러운 순서로 배열한다.
	서론　生命在于运动，运动贵在坚持。생명은 운동에 달려 있고, 운동은 꾸준히 지속하는 것이 중요하다.
	본론　运动能让女性有完美的身材。운동은 여성이 완벽한 몸매를 갖게 만들 수 있다.
	运动还能拥有愉快的心情。운동을 하면 유쾌한 기분을 가질 수도 있다.
	결론　但不是所有的人都适合剧烈运动。그러나 모든 사람이 다 격렬한 운동을 하기에 적합한 것은 아니다.

작문 글자 수와 원고지 작성법에 유의하며 보충·정리한다.

	生	命	在	于	运	动	，	运	动	贵	在	坚	持	，
它	不	但	能	够	让	女	性	朋	友	们	有	健	康	的	身
体	、	完	美	的	身	材	，	还	能	拥	有	愉	快	的	心
情	，	但	不	是	所	有	的	人	都	适	合	剧	烈	运	动,
有	心	脏	病	或	慢	性	病	的	人	可	以	选	择	太	极
拳	、	瑜	伽	等	运	动	。								

해석 삶은 운동에 달려있고, 운동은 꾸준히 지속하는 것이 중요하다. 그것은 여성분들이 건강한 체력과 완벽한 몸매를 갖게 만들 수 있을 뿐만 아니라, 기분을 유쾌하게 할 수도 있다. 그러나 모든 사람이 다 격렬한 운동을 하기에 적합한 것은 아니다. 심장병이나 만성질환을 가진 사람은 태극권이나 요가 등의 운동을 선택해도 된다.

필수어휘 运动 yùndòng 동 운동(하다) | 身材 shēncái 명 몸집, 체격 | 剧烈 jùliè 형 격렬하다 | 心情 xīnqíng 명 심정, 기분 | 坚持 jiānchí 동 견지하다, 유지하다, 고수하다

보충어휘 生命 shēngmìng 명 생명, 목숨 | 贵 guì 형 귀하다, 중시하다 | 能够 nénggòu ~할 수 있다 | 女性 nǚxìng 명 여성, 여자 | 健康 jiànkāng 명 형 건강(하다) | 完美 wánměi 형 완전무결하다, 매우 훌륭하다 | 愉快 yúkuài 형 유쾌하다 | 适合 shìhé 동 적합하다, 어울리다 | 心脏病 xīnzàngbìng 명 심장병 | 慢性病 mànxìngbìng 명 만성질환 | 太极拳 tàijíquán 명 태극권 | 瑜伽 yújiā 명 요가

연상어휘 메모	육하원칙을 생각하며 사진을 보고 연상되는 어휘를 적어본다.
대상 관련	男人 남자 / 男孩 남자아이 / 电脑 컴퓨터
시간 관련	알 수 없음
공간 관련	家里 집 안 / 客厅 거실 / 书房 서재
상황·행위 관련	上网 인터넷을 하다 / 陪 동반하다 / 抱 안다

스토리 구상	연상된 어휘를 이용하여 스토리를 구상한다. 사진 속 장면을 좀 더 의미 있게 만들기 위해 남자가 오랜만에 아이와 함께 시간을 보낸다고 설정할 수 있다.
시간	晚上 저녁
장소	家里 집 안
등장인물	孙浩 쑨하오 / 儿子 아들
배경 설명(도입부)	孙浩是一位电脑工程师，他常常加班。 쑨하오는 컴퓨터 엔지니어인데, 그는 자주 야근을 한다.

핵심문장 구성 중요 단어를 뽑아 핵심 문장을 만든다.

电脑: 他看到三岁的儿子自己在电脑前胡乱按键盘。
그는 3살 난 아들이 혼자 컴퓨터 앞에서 자판을 아무렇게나 누르는 것을 보았다.

陪: 他好多天都没陪儿子玩了。 그는 꽤 며칠 아들과 함께 놀아주지 않았다.

기타요소 보충 스토리 전개에 필요한 요소를 상상력을 동원해 보충한다. 3살짜리 아이와 함께 컴퓨터로 할 수 있는 일로 만화 보는 것을 생각해낼 수 있다.

网页: 他打开儿童网站的网页。 그는 어린이 사이트의 웹페이지를 열었다.
动画片: 和儿子一起看儿童动画片。 아들과 함께 어린이 만화영화를 본다.

작문 자연스러운 흐름에 유의하며 내용을 보충·정리하고, 글자 수와 원고지 작성법에 맞게 작성한다.

		孙	浩	是	一	位	电	脑	工	程	师	，	他	常	常
加	班	。	一	天	，	他	回	到	家	时	，	看	到	三	岁
的	儿	子	自	己	在	电	脑	前	胡	乱	按	键	盘	。	他
才	意	识	到	自	己	好	多	天	都	没	陪	儿	子	玩	了 。
他	抱	起	儿	子	，	打	开	儿	童	网	站	的	网	页	，
和	他	一	起	看	儿	童	动	画	片	。					

해석 쑨하오는 컴퓨터 엔지니어이다. 그는 자주 야근을 한다. 하루는 그가 집에 돌아왔을 때 3살 난 아들이 혼자 컴퓨터 앞에서 자판을 아무렇게나 누르는 것을 보았다. 그는 자신이 꽤 며칠 아들과 놀아주지 않았다는 것을 깨달았다. 그는 아들을 안고 어린이 사이트의 웹페이지를 열어 그와 함께 어린이 만화영화를 보았다.

보충어휘 电脑 diànnǎo 명 컴퓨터 | 工程师 gōngchéngshī 명 엔지니어, 기술자 | 常常 chángcháng 부 자주, 늘 | 加班 jiābān 통 야근하다, 초과근무하다 | 胡乱 húluàn 부 아무렇게나, 함부로 | 按 àn 통 누르다 | 键盘 jiànpán 명 자판, 키보드 | 意识 yìshí 통 의식하다, 깨닫다 | 陪 péi 통 동반하다, 시중들다 | 抱 bào 통 안다, 포옹하다 | 打开 dǎkāi 통 열다 | 网站 wǎngzhàn 명 웹사이트 | 网页 wǎngyè 명 웹페이지 | 儿童 értóng 명 어린이, 아동 | 动画片 dònghuàpiàn 명 만화영화

제8회

p.166~167

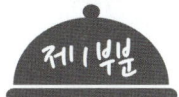

91
困难	让孩子	吃饭	的	定时定量地	是	很
곤란하다	아이가 ~하게 하다	밥을 먹다	~한 것	정해진 시간과 양으로	~이다	매우

기본문장: 让孩子 + 吃饭 + 很 + 困难。 아이가 밥을 먹게 하는 것은 매우 어렵다.
　　　　　　주어　　부사어　술어

살붙이기: 让孩子 + 定时定量地 + 吃饭 + 是 + 很 + 困难 + 的。
　　　　　　주어　　　　　　　　　　[강조]　부사어　술어　[강조]
아이가 정해진 시간에 정해진 양의 밥을 먹게 하는 것은 매우 어려운 일이다.

해설: 이 문장의 주어는 '让(동사)+孩子(목적어/주어)+定时定量地(부사어地)+吃(동사)+饭(목적어)'이라는 겸어문 형태다. 진술자의 견해·의견·태도 등을 나타내는 '是~的' 강조구문도 보인다. 여기서는 很困难이라는 견해를 是와 的 사이에 넣어주면 된다.
예) 孩子的看法**是**完全错误**的**。 아이의 견해는 완전히 틀린 것이다.

정답: 让孩子定时定量地吃饭是很困难的。 아이에게 규칙적으로 밥을 먹이는 것은 매우 어려운 일이다.

필수어휘: 困难 kùnnan 형 곤란하다, 어렵다 명 곤란, 어려움 | 让 ràng 동 ~하게 하다 | 孩子 háizi 명 아이 | 吃饭 chīfàn 밥을 먹다 | 定时定量 dìngshí dìngliàng 정해진 시간과 정해진 양

92
都	号召	响应	社会各界人士	节能减排的	积极
모두	호소하다	호응하다	사회 각계 인사	에너지를 절약하고 온실가스 배출을 줄이는	적극적이다

기본문장: 社会各界 人士 + 响应 + 号召。 사회 각계 인사들이 호소에 호응한다.
　　　　　　관형어 + 주어　　술어　　목적어

살붙이기: 社会各界 人士 + 都 + 积极 + 响应 + 节能减排的 + 号召。
　　　　　　관형어 + 주어　부사어　술어　　관형어　　　목적어
사회 각계 인사들이 모두 에너지를 절약하고 온실가스 배출을 줄이자는 호소에 적극 호응한다.

해설: '响应+号召'는 '호소에 호응하다'라는 동목구다. 자주 함께 쓰이는 동목구는 나올 때마다 정리하여 암기해두어야 한다.

정답: 社会各界人士都积极响应节能减排的号召。
사회 각계 인사들은 모두 에너지를 절약하고 온실가스를 줄이자는 호소에 적극 호응한다.

필수어휘: 都 dōu 부 모두, 전부 | 号召 hàozhào 명 동 호소(하다) | 响应 xiǎngyìng 동 호응하다, 응답하다 | 社会 shèhuì 명 사회 | 各界 gèjiè 명 각계, 각 분야 | 人士 rénshì 명 인사 | 节能减排 jiénéng jiǎnpái 에너지를 절약하고 온실가스를 줄인다 | 积极 jījí 형 적극적이다

93

这次	王红	特别	期末考试的成绩	优秀
이번	왕홍(사람 이름)	특별히	기말고사의 성적	우수하다

기본 문장
期末考试的 成绩 + 优秀。 기말고사의 성적이 우수하다.
　　관형어+的　주어　　술어

살 붙이기
王红 + 这次 + 期末考试的 成绩 + 特别 + 优秀。 왕홍의 이번 기말고사 성적은 매우 우수하다.
　관형어　　　　　　　　주어　　부사어　술어

해설 '成绩+优秀'는 '성적이 우수하다'라는 뜻으로 자주 함께 쓰인다. 동사와 목적어로 이루어진 동목구뿐만 아니라, 명사와 잘 어울리는 형용사도 공부해두어야 한다. 这次는 기말고사(期末考试)를 지칭하는 '지시대사+양사' 관형어이므로 期末考试 앞에 둔다.

정답 王红这次期末考试的成绩特别优秀。 왕홍의 이번 기말고사 성적은 매우 우수하다.

필수어휘 次 cì 양 차례, 번, 회 | 特别 tèbié 형 특별하다 부 특별히, 유달리, 아주 | 期末考试 qīmò kǎoshì 명 기말고사 | 成绩 chéngjì 명 성적, 성과 | 优秀 yōuxiù 형 우수하다

94

希望	能	集体活动	认真	我	对待	这次的	你
희망하다	~할 수 있다	단체활동	착실하다	나	대하다	이번의	너

기본 문장
(1) 我 + 希望…… 나는 ~을 희망한다.
　　주어　술어
(2) 你 + 对待 + 集体 活动。 너는 단체활동에 임한다.
　　주어　술어　관형어+목적어

살 붙이기
我 + 希望 + 你 + 能 + 认真 + 对待 + 这次的 + 集体活动。
주어　술어　　　　　　　　　　　　　　목적어
나는 네가 이번 단체활동에 착실히 임할 수 있기를 바란다.

해설 이 문장의 목적어는 '你(주어)+能认真(부사어)+对待(술어)+这次的集体(관형어)+活动(목적어)'이라는 구조의 문장이다. 希望은 단순한 명사나 대사가 아닌, 문장을 목적어로 가지는 동사기 때문이다. 이러한 동사로는 希望 외에도 认为(~라고 여기다), 以为(~인 줄 알다), 知道(알다), 觉得(~라고 생각하다) 등이 있다.
예 我希望他这次考试得到好成绩。 나는 그가 이번 시험에서 좋은 성적을 거두기를 바란다.

정답 我希望你能认真对待这次的集体活动。 나는 네가 이번 단체활동에 착실히 임할 수 있기를 바란다.

필수어휘 希望 xīwàng 동 희망하다, 바라다 명 희망, 소원 | 能 néng 조동 ~할 수 있다 | 集体活动 jítǐ huódòng 명 단체활동 | 认真 rènzhēn 형 진지하다, 착실하다 | 对待 duìdài 동 대하다, 다루다, 임하다 | 次 cì 양 차례, 번, 회

95

赵军	交给	把	昨天	经理了	就	销售总结
자오쥔(사람 이름)	~에게 제출하다	~을	어제	팀장을 ~했다	벌써	판매 결산(서)

272 新HSK 합격 쓰기 5급

把자문 만들기	▶ 어순: 주어 + (부사어) + 把 + 처치대상 + 술어 + 기타 성분 赵军 + 把 + 销售总结 + 交 给······ 자오쥔은 판매 결산서를 ~에게 제출했다. 주어　　　처치대상　　술어+기타 성분
살 붙이기	赵军 + 昨天 + 就 + 把 + 销售总结 + 交 + 给 + 经理 + 了。 주어　　부사어　　　　　　　　　술어+결과보어　목적어 자오쥔은 어제 벌써 판매 결산서를 팀장에게 제출했다.
해설	제시된 어휘에 把가 있으므로 把자문의 기본 어순에 따라 배열하면 된다. 기타 성분으로 결과보어가 나온 형태다. 예 我的女儿不愿意把自己的玩具借给朋友。내 딸은 자신의 장난감을 친구에게 빌려주고 싶어하지 않는다.
정답	赵军昨天就把销售总结交给经理了。자오쥔은 어제 벌써 판매 결산서를 팀장에게 제출했다.
필수어휘	交 jiāo 동 건네다, 넘기다, 제출하다 ｜ 把 bǎ 전 ~을 ｜ 昨天 zuótiān 명 어제 ｜ 经理 jīnglǐ 명 지배인, 책임자, 관리자 ｜ 就 jiù 부 곧, 바로, 벌써 ｜ 销售总结 xiāoshòu zǒngjié 명 판매 결산(서)

96
一个朋友	一会儿	要	机场	我	到	接
친구 한 명	곧	~해야 한다	공항	나	도착하다	맞이하다

기본 문장	我 + 到 + 机场 + 接 + 一个 朋友。나는 공항에 가서 한 친구를 맞이해야 한다. 주어　술어1　목적어1　술어2　관형어+목적어2
살 붙이기	我 + 一会儿 + 要 + 到 + 机场 + 接 + 一个 朋友。 주어　　부사어　　　　술어1　목적어1　술어2　관형어+목적어2 나는 곧 공항에 가서 한 친구를 맞이해야 한다.
해설	(1) 到와 接 2개의 동사가 나오는 연동문이다. 의미상 뒤에 나오는 동사(接)가 앞 동사(到)의 목적이 되는 유형이다. 예 学生们去图书馆准备考试。학생들은 도서관에 가서 시험 준비를 한다(= 시험 준비를 하러 도서관에 간다). (2) 연동문에서 부사어의 위치는 첫 번째 동사 앞이다. 시간 부사어는 주어 앞에 올 수도 있지만, 一会儿, 马上과 같은 부사어는 곧이어 이어질 동사 앞에 놓이는 것이 더 자연스럽다.
정답	我一会儿要到机场接一个朋友。나는 곧 공항에 한 친구를 마중하러 가야 한다.
필수어휘	朋友 péngyou 명 친구 ｜ 一会儿 yíhuìr 명 잠시, 잠깐 동안, 곧 ｜ 要 yào 조동 ~해야 하다, ~하려고 하다 ｜ 机场 jīchǎng 명 공항 ｜ 到 dào 동 도착하다, 다다르다 ｜ 接 jiē 동 맞이하다

97
改过自新的	再	一次	给	请	他	机会吧
개과천선하는	다시	한 번	주다	부탁하다	그	기회를 ~합시다

겸어문 만들기	▶ 겸어문 어순: 주어1+술어1(请/叫/让/使/要求/命令/派)+목적어1/주어2(겸어)+술어2+목적어2 请 + 给 + 他 + 机会 吧。 그에게 기회를 주기를 부탁합니다. 술어1　술어2　사람 목적어　사물 목적어
살 붙이기	请 + 再 + 给 + 他 + 一次 + 改过自新的 + 机会 吧。 술어1　부사어　술어2　사람 목적어　동량보어　관형어　사물 목적어+어기조사 그에게 개과천선할 기회를 다시 한 번 주기를 부탁합니다.

해설 겸어문을 만드는 동사 请이 있으므로 겸어문의 기본 어순으로 배열한다. 이 문장에서는 부탁을 하는 사람(我)과 부탁을 받는 사람(你)이 생략되었다. 따라서 문장 맨 앞에 동사 请을, 그 뒤에 동사 给를 배열하면 된다. 给는 이중목적어를 취하는 동사이므로 사람 목적어 他를 첫 번째 목적어 자리에, 사물 목적어 机会를 두 번째 목적어 자리에 둔다. 목적어가 인칭대사일 때 동량보어의 위치는 인칭대사 뒤라는 점에도 유의한다.

정답 请再给他一次改过自新的机会吧。 그에게 개과천선할 기회를 다시 한 번 줍시다.

필수어휘 改过自新 gǎiguò zìxīn 성어 개과천선하다, 잘못을 뉘우치고 새사람이 되다 | 再 zài 부 다시, 또, 더 | 次 cì 양 차례, 번, 회 | 给 gěi 동 주다 전 ~에게 | 请 qǐng 동 부탁하다, 청하다 | 机会 jīhuì 명 기회

98

想办法	先	有困难时	解决	应该	自己
방법을 생각하다	먼저	어려움이 있을 때	해결하다	~해야 한다	자신

기본 문장 有困难时 + 想 办法 + 解决。 어려움이 있을 때 방법을 생각해 해결한다.
시간 부사어   술1+목적어   술2

살 붙이기 有困难时 + 应该 + 先 + 自己 + 想 办法 + 解决。
시간 부사어   부사어   술1+목적어   술2
어려움이 있을 때는 먼저 스스로 방법을 생각해서 해결해야 한다.

해설 시간 부사어(有困难时)가 문장 맨 앞으로 나오는 무주어 구문이다. 想办法와 解决는 연동문을 만드는데, 想办法가 수단, 解决가 목적이 되므로 想이 첫 번째 동사, 解决가 두 번째 동사가 된다. 조동사(应该)와 부사(先)는 첫 번째 동사 앞에 와야 한다.

정답 有困难时应该先自己想办法解决。 어려움이 있을 때는 먼저 스스로 해결할 방법을 생각해야 한다.

필수어휘 想 xiǎng 동 생각하다 | 办法 bànfǎ 명 방법 | 先 xiān 부 먼저, 우선 | 困难 kùnnan 명 어려움, 곤란 | 解决 jiějué 동 해결하다 | 应该 yīnggāi 조동 ~해야 한다 | 自己 zìjǐ 대 자기, 자신, 스스로

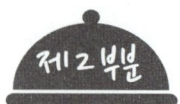

99

春节、	探望、	热闹、	希望、	和睦
설날	방문하다	떠들썩하다	바라다	화목하다

핵심어휘 선정 핵심 어휘를 정하고, 의미가 최대한 연결되도록 대강의 문장을 만든다.
春节: 今年春节, 我和爸妈到了台湾。 금년 설에 나는 아버지, 어머니와 타이완에 갔다.
探望: 我们到台湾探望姨奶奶。 우리는 타이완에 가서 이모할머니를 방문했다.
热闹: 大家在一起有说有笑, 非常热闹。 모두 함께 이야기하고 웃으며 무척 떠들썩했다.

스토리 구상	대략적인 배경과 등장인물, 주요 내용을 구상한다. 제시어에 春节(설날)가 있으므로 설 명절에 관한 이야기가 되어야 한다.
	시간　　今年春节 금년 설날
	장소　　台湾姨奶奶家里 타이완의 이모할머니 댁
	등장인물　我、爸爸妈妈、姨奶奶 나, 아버지와 어머니, 이모할머니
	핵심 내용　今年春节，我和爸妈到台湾探望姨奶奶。
	금년 설에 나는 아버지, 어머니와 타이완에 가서 이모할머니를 방문했다.
남은어휘 활용	나머지 어휘들을 스토리에 맞게 글 속에 포함시킨다. 希望(바라다)과 和睦(화목하다)를 사용하여 앞으로 바라는 점을 쓸 수 있다.
	希望、和睦 : 姨奶奶最希望看到的就是亲人和睦。
	이모할머니가 가장 바라는 것은 친척 간에 화목한 것을 보는 것이다.
순서 배열	자연스러운 순서로 배열한다.
	서론　今年春节，我和爸妈到台湾探望姨奶奶。
	금년 설에 나는 아버지, 어머니와 타이완에 가서 이모할머니를 방문했다.
	본론　大家聚在一起非常热闹。 모두 함께 모여 무척 떠들썩했다.
	姨奶奶说，她最希望看到的就是亲人和睦。
	이모할머니는 그녀가 가장 바라는 것은 바로 친척 간에 화목한 것을 보는 것이라고 말씀하셨다.
	결론　姨奶奶打算秋天回故乡看奶奶。
	이모할머니는 가을에 할머니를 보러 고향에 돌아갈 계획이다.
작문	글자 수와 원고지 작성법에 유의하며 보충 · 정리한다.

		今	年	春	节	，	我	和	爸	妈	到	台	湾	探	望
姨	奶	奶	。	我	们	大	家	聚	在	一	起	有	说	有	笑，
非	常	热	闹	。	姨	奶	奶	笑	得	合	不	拢	嘴	，	她
说	，	她	最	希	望	看	到	的	就	是	亲	人	和	睦	，
幸	福	美	满	。	她	还	打	算	秋	天	的	时	候	回	故
乡	看	看	奶	奶	。										

해석　금년 설에 나는 아버지, 어머니와 타이완에 가서 이모할머니를 방문했다. 우리 모두 함께 모여서 웃고 이야기하며 무척 떠들썩했다. 이모할머니는 웃느라 입을 다물지 못하셨다. 그녀는 그녀가 가장 바라는 것이 바로 친척 간에 화목하고 행복한 모습을 보는 것이라고 말씀하셨다. 그녀는 또한 가을에 할머니를 보러 고향에 돌아갈 계획이다.

필수어휘　春节 Chūnjié 명 설날 | 探望 tànwàng 통 방문하다, 문안하다 | 热闹 rènao 형 번화하다, 시끌벅적하다 | 希望 xīwàng 통 희망하다, 바라다 | 和睦 hémù 형 화목하다, 사이가 좋다

보충어휘　台湾 Táiwān 명 타이완, 대만 | 姨奶奶 yínǎinai 명 이모할머니 | 聚 jù 통 모이다 | 有说有笑 yǒushuō yǒuxiào 이야기로 웃음꽃을 피우다, 웃고 떠들다 | 合不拢 hébulǒng 통 다물지 못하다 | 嘴 zuǐ 명 입 | 亲人 qīnrén 명 직계 친족, 친척 | 幸福 xìngfú 형 행복(하다) | 美满 měimǎn 형 아름답고 원만하다 | 打算 dǎsuan 통 ~할 생각이다 | 秋天 qiūtiān 명 가을 | 故乡 gùxiāng 명 고향 | 奶奶 nǎinai 명 할머니

100

연상어휘 메모

육하원칙을 생각하며 사진을 보고 연상되는 어휘를 적어본다.
- 대상 관련　　**手机** 휴대전화
- 시간 관련　　알 수 없음
- 공간 관련　　알 수 없음
- 상황·행위 관련　없음

스토리 구상

연상된 어휘를 이용하여 스토리를 구상한다. 사진에 휴대전화만 주어졌으므로, 특정한 에피소드 없이 현대 사회에서 휴대전화의 의미와 용도 등을 생각하여 설명문을 만들 수 있다.
- 시간　　　　생략
- 장소　　　　생략
- 등장인물　　생략
- 배경 설명(도입부)　**随着科技的发展，手机已经是我们生活的必需品了。**
　　　　　　　　　　과학기술의 발전에 따라, 휴대전화는 이미 우리 생활의 필수품이 되었다.

핵심문장 구성

중요 단어를 뽑아 핵심 문장을 만든다.
- 手机: **手机**是我们生活的必需品。 휴대전화는 우리 생활의 필수품이다.

기타요소 보충

스토리 전개에 필요한 요소를 상상력을 동원해 보충한다. 휴대전화가 점점 더 필수품이 되어가는 이유를 휴대전화로 할 수 있는 많은 일들과 연관시켜 생각해본다. 과거와 현재의 변천사를 비교하는 것도 좋다.
- 以前: **以前**的手机功能单一。 예전의 휴대전화는 기능이 단순했다.
- 现在: **现在**人们除了用手机打电话，还可以拍照片、购买机票等。
　　　　지금 사람들은 휴대전화로 전화를 하는 것 이외에, 사진을 찍고 비행기표 구입 등을 할 수도 있다.
- 苹果手机: **苹果手机**开创了智能手机时代。 아이폰은 스마트폰 시대를 열었다.

작문

자연스러운 흐름에 유의하며 내용을 보충·정리하고, 글자 수와 원고지 작성법에 맞게 작성한다.

	随	着	科	技	的	发	展	，	手	机	已	经	是	我
们	生	活	的	必	需	品	了	。	以	前	的	手	机	功	能
单	一	，	现	在	人	们	除	了	用	手	机	打	电	话	，
还	可	以	发	短	信	、	拍	照	片	、	上	网	、	购	买
机	票	等	。	而	苹	果	手	机	更	成	为	业	界	的	佼
佼	者	，	开	创	了	智	能	手	机	时	代	。			

해석

과학기술의 발전에 따라, 휴대전화는 이미 우리 생활의 필수품이 되었다. 예전의 휴대전화는 기능이 단순했지만, 지금 사람들은 휴대전화로 전화를 하는 것 이외에도, 문자 메시지를 보내고, 사진을 찍고, 인터넷을 하고, 비행기표를 사는 등의 일을 할 수 있다. 아이폰은 단연 업계의 1인자가 되어 스마트폰 시대를 열었다.

보충어휘

随着 suízhe 통 ~에 따르다 | **科技** kējì 과학기술 | **发展** fāzhǎn 통명 발전(하다) | **必需品** bìxūpǐn 명 필수품 | **功能** gōngnéng 명 기능 | **单一** dānyī 형 단일하다 | **除了** chúle 전 ~을 제외하고, ~이외에 | **短信** duǎnxìn 문자 메시지, SMS | **拍** pāi 통 치다, (사진을) 찍다 | **照片** zhàopiàn 명 사진 | **购买** gòumǎi 통 사다, 구매하다 | **机票** jīpiào 명 비행기표 | **苹果手机** píngguǒ shǒujī 명 아이폰 | **业界** yèjiè 명 업계 | **佼佼者** jiǎojiǎozhě 명 출중한 사람, 뛰어난 사람 | **开创** kāichuàng 통 창립하다, 시작하다, 일으키다 | **智能手机** zhìnéng shǒujī 명 스마트폰

제9회

p.168~169

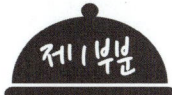

91

寄来的礼物	收到了	我	从韩国	男朋友	给我
부쳐온 선물	받았다	나	한국에서	남자친구	나에게

기본 문장 我 + 收到了 + 寄来的 礼物。 나는 부쳐온 선물을 받았다.
주어 술어 관형어的+목적어

살 붙이기 我 + 收到了 + 男朋友 + 从韩国 + 给我 + 寄来的 礼物。
주어 술어 관형어 목적어
나는 남자친구가 한국에서 나에게 부쳐온 선물을 받았다.

해설 제시어 중 给我가 있으므로 선물을 준 사람이 男朋友, 받은 사람이 我가 된다. 我와 男朋友 모두 주어가 될 가능성이 있지만, 술어가 收到了이므로 주어로는 我가 적합하다. '收到+礼物'는 '선물을 받다'라는 뜻의 동목구다. 자주 함께 쓰이므로 반드시 암기해두자. 목적어 礼物의 관형어로 '男朋友(주어)+从韩国给我(부사어)+寄(동사)+来(방향보어)'라는 문장이 쓰였다. 관형어는 얼마든지 복잡해질 수 있다는 사실을 명심하자.

정답 我收到了男朋友从韩国给我寄来的礼物。 나는 남자친구가 한국에서 나에게 부친 선물을 받았다.

필수어휘 寄 jì 통 (우편으로) 부치다, 보내다, 맡기다 | 礼物 lǐwù 명 선물 | 收到 shōudào 통 받다 | 从 cóng 전 ~(에서)부터 | 韩国 Hánguó 명 한국 | 男朋友 nánpéngyou 명 남자친구 | 给 gěi 통 주다 전 ~에게

92

唱	他	歌	怎么样	不	得
부르다	그	노래	어떻다	아니다	(정도가) ~하게

기본 문장 他 + 唱 + 歌。 그는 노래를 부른다.
주어 술어 목적어

살 붙이기 他 + 歌 + 唱 + 得 + 不 + 怎么样。 그는 노래를 별로 잘 부르지 못한다.
주어 목적어 술어 구조조사 정도보어

해설 得가 정도보어를 만드는 구조조사임을 알아채야 한다. 정도보어 문장의 기본 구조는 '주어+(동사)+목적어+동사+得+형용사'이므로 어순에 맞게 배열하면 된다. 이 문제는 다른 복잡한 수식 성분은 없지만 정도보어 문장에서 중복되는 첫 번째 동사는 생략할 수 있다는 점을 알아야 쉽게 풀 수 있다.
예 她(跳)舞跳得好出色。 그녀는 춤을 정말 잘 춘다.

정답 他歌唱得不怎么样。 그는 노래를 별로 잘 부르지 못한다.

필수어휘 唱 chàng 통 (노래를) 부르다, 노래하다 | 歌 gē 명 노래 | 不怎么样 bù zěnmeyàng 형 별로다 | 得 de 조 정도보어를 만드는 구조조사

93

她	淋湿	浑身	被	上下	都	大雨	了
그녀	흠뻑 젖다	온몸	~에 의해	위 아래	모두	큰비	~했다

被자문 만들기
▶ 어순: 동작의 대상+(부사어)+被+동작의 주체+술어+기타 성분
她 + 被 + 大雨 + 淋湿 + 了。 그녀는 큰비에 의해 흠뻑 젖었다.
 동작 대상   동작 주체   술어   기타 성분

살 붙이기
她 + 浑身 + 上下 + 都 + 被 + 大雨 + 淋湿 + 了。
주어   부사어   술어   동태조사
그녀는 위부터 아래까지 온몸이 큰비에 의해 흠뻑 젖었다.

해설 전치사 被가 있으므로 피동문을 만든다. 동작 술어(淋湿)를 근거로 동작 대상(她)과 동작 주체(大雨)를 판단한 다음, 피동문의 기본 어순인 '동작 대상+부사어+被+동작 주체+술어+기타 성분'의 어순에 따라 배열한다. 여기서는 기타 성분으로 동태조사 了가 쓰였다. 범위부사 都가 가리키는 것은 그녀의 온몸 전체 (她浑身上下)이므로 都는 바로 그 뒤에 써야 한다.

정답 她浑身上下都被大雨淋湿了。 그녀는 머리부터 발끝까지 온몸이 모두 큰비에 흠뻑 젖었다.

필수어휘 淋湿 línshī 동 흠뻑 젖다 | 浑身 húnshēn 명 온몸 | 被 bèi 전 ~에 의해 | 上下 shàngxià 명 위에서부터 아래까지 | 都 dōu 부 모두, 전부 | 大雨 dàyǔ 명 큰비, 호우

94

无心	天气	让	炎热的	工作	人
마음이 없다	날씨	~하게 하다	무더운	일하다	사람

겸어문 만들기
▶ 겸어문 어순: 주어1+술어1(请/叫/让/使/要求/命令/派)+목적어1/주어2(겸어)+술어2+목적어2
天气 + 让 + 人 + 无心 + 工作。 날씨가 사람을 일할 마음이 없게 만든다.
주어   술어   목적어1/주어2   술어2   목적어2

살 붙이기
炎热的 + 天气 + 让 + 人 + 无心 + 工作。
관형어   주어   술어   목적어1/주어2   술어2   목적어2
무더운 날씨가 사람을 일할 마음이 없게 만든다.

해설 让이 동사로 쓰였으므로 겸어문을 만든다. 겸어문의 기본 어순 '주어1+술어1(请/叫/让/使/命令/要求)+목적어1/주어2(겸어)+술어2+목적어2'에 따라 배열하면 된다. 无心은 동사를 목적어로 취한다.
예 他无心争论。 그는 논쟁할 마음이 없다.

정답 炎热的天气让人无心工作。 무더운 날씨가 사람을 일하고 싶지 않게 한다.

필수어휘 无心 wúxīn 동 마음이 없다, ~하고 싶지 않다, 무심코 하다 | 天气 tiānqì 명 날씨 | 让 ràng 동 ~하게 하다 전 ~에 의해 | 炎热 yánrè 형 무덥다 | 工作 gōngzuò 동 일하다 명 일, 직업

95

学习成绩	半年的努力	提高	所	她的	有	经过
학습 성적	반년의 노력	향상되다	~하는 바	그녀의	가지고 있다	겪다

기본 문장
学习 成绩 + 有 + 提高。 학습 성적은 발전이 있다.
관형어+주어   술어   목적어

| 살 붙이기 | 经过 + 半年的努力 + 她的 + 学习 成绩 + 有 + 所 + 提高。
부사어　　　관형어　　주어　　　술어　목적어
반년의 노력을 거쳐 그녀의 학습 성적은 다소 발전이 있었다. |

해설 '有+所+2음절 동사'는 '다소 ~하다'라는 의미를 만든다. 고정격식처럼 외워두자. 전체 문장의 부사어로 '经过(동사)+半年的(관형어의)+努力(목적어)'라는 동목구가 주어 앞에 나온다.

정답 经过半年的努力她的学习成绩有所提高。 반년의 노력을 통해, 그녀의 학습 성적은 다소 향상되었다.

필수어휘 学习成绩 xuéxí chéngjì 몡 학습 성적, 학습 성과 | 半 bàn 㑞 반, 절반 | 年 nián 몡 해, 년 | 努力 nǔlì 통 노력하다 | 提高 tígāo 통 향상시키다, 높이다 | 有所 yǒusuǒ 통 다소 ~하다, 어느 정도 ~하다[뒤에 주로 2음절 동사를 동반함] | 经过 jīngguò 통 경과하다, 거치다 몡 과정, 경위

96

一摞	厚厚的	放着	试卷	老师的桌子上
한 무더기	두꺼운	놓여 있다	시험지	선생님의 책상 위

기본문장 老师的 桌子上 + 放着 + 试卷。 선생님의 책상 위에 시험지가 놓여 있다.
관형어的+주어　술어　목적어

살 붙이기 老师的 桌子上 + 放着 + 一摞 + 厚厚的 + 试卷。
관형어的+주어　술어　관형어　　목적어
선생님의 책상 위에 두꺼운 시험지 한 무더기가 놓여 있다.

해설 동태조사 着와 묶여 있는 放着가 술어가 될 가능성이 크므로, 주어는 장소명사구(老师的桌子上)가 되고 목적어는 사물(试卷)이 된다. 따라서 존현문의 기본 형식 '장소/시간+술어+목적어'에 따라 어순을 배열하면 된다.
예 商店门口上挂着"恭喜发财"的牌子。 상점 입구에 "돈 많이 버세요"라는 팻말이 걸려 있다.
　　　장소　　술어　　　　　　목적어

정답 老师的桌子上放着一摞厚厚的试卷。 선생님의 책상에 두꺼운 시험지 한 무더기가 놓여 있다.

필수어휘 摞 luò 양 무더기, 더미 | 厚 hòu 형 두껍다 | 放 fàng 통 놓다, 두다 | 试卷 shìjuàn 몡 시험지 | 桌子 zhuōzi 몡 탁자, 테이블

97

去	我	中国大学	决定	留学	毕业以后
가다	나	중국 대학	결정하다	유학하다	졸업 후

기본문장 (1) 我 + 决定…… 나는 ~을 결정한다.
　　　주어　술어
(2) 去 + 中国 大学 + 留学。 중국 대학으로 유학을 간다.
　술어1 관형어+목적어1　술어2

살 붙이기 我 + 决定 + 毕业以后 + 去 + 中国大学 + 留学。
주어　술어　　　　목적어
나는 졸업 후 중국 대학으로 유학을 가기로 결정했다.

해설 이 문장의 목적어는 '毕业以后(부사어)+去(술어1)+中国(관형어)+大学(목적어1)+留学(술어2)'라는 연동문 구조가 된다. 决定과 같은 동사는 주술구, 동목구 등을 목적어로 가질 수 있다.

정답 我决定毕业以后去中国大学留学。 나는 졸업 후 중국 대학으로 유학을 가기로 결정했다.

| 필수어휘 | 去 qù 통 가다 | 大学 dàxué 명 대학(교) | 决定 juédìng 통 결정하다 | 留学 liúxué 통 유학 가다 | 毕业 bìyè 통 졸업하다 | 以后 yǐhòu 명 이후

98

再大的困难	即使	我们	任务	也要	准时	遇到	完成
아무리 큰 어려움	설령	우리	임무	그래도 ~해야 한다	제때에	마주치다	완성하다

기본 문장

(1) 遇到 + 再大的 困难。 아무리 큰 어려움을 마주치다.
   술어 관형어+목적어

(2) 我们 + 完成 + 任务。 우리는 임무를 완성한다.
   주어   술어   목적어

살 붙이기

即使 + 遇到 + 再大的 困难 + 我们 + 也要 + 准时 + 完成 + 任务。
접속사   술어1   관형어+목적어1   주어   부사어   술어2   목적어2
설령 아무리 큰 어려움을 마주친다 해도, 우리는 제때에 임무를 완성해야 한다.

我们 + 即使 + 遇到 + 再大的 困难 + 也要 + 准时 + 完成 + 任务。
주어   접속사   술어1   관형어+목적어1   부사어   술어2   목적어2
우리는 설령 아무리 큰 어려움을 마주친다 해도, 제때에 임무를 완성해야 한다.

해설 '遇到+困难(어려움을 마주치다)'과 '完成+任务(임무를 완성하다)'는 자주 함께 쓰이는 동목구이므로 외워둔다. 제시어에서 即使와 也要를 보았다면 '即使A也B(설령 A할지라도 B하다)'라는 가정관계 복문을 떠올려야 한다. 2개의 동목구를 의미가 통하도록 A와 B의 자리에 배열하고, 기타 수식어의 위치만 정리하면 된다. 이 문장에서 A와 B의 주체자는 모두 我们이므로, 我们을 문장 맨 앞에 놓을 수도 있다.

정답 即使遇到再大的困难我们也要准时完成任务。
설령 아무리 큰 어려움을 만날지라도, 우리는 제시간에 임무를 완성해야 한다.
我们即使遇到再大的困难也要准时完成任务。
우리는 설령 아무리 큰 어려움을 만날지라도, 제시간에 임무를 완성해야 한다.

필수어휘 再 zài 튀 재차, 더, 아무리 | 困难 kùnnan 명 어려움 | 即使 jíshǐ 접 설령 | 任务 rènwu 명 임무 | 要 yào 조동 ~해야 한다 | 准时 zhǔnshí 튀 제시간에 | 遇到 yùdào 통 만나다, 마주치다 | 完成 wánchéng 통 완성하다, 끝내다

99

成功、	努力、	梦想、	辛苦、	放弃
성공하다	노력하다	꿈꾸다	고되다	포기하다

핵심어휘 선정

핵심 어휘를 정하고, 의미가 최대한 연결되도록 대강의 문장을 만든다.
梦想: 他梦想自己成为一名演员。 그는 자신이 배우가 되길 꿈꾼다.
努力: 经过不懈地努力。 꾸준한 노력을 거쳤다.
成功: 他终于成功了。 그는 결국 성공했다.

스토리 구상	대략적인 배경과 등장인물, 주요 내용을 구상한다. 주인공을 王宝라고 이름 짓고, 그의 꿈과 성공에 관한 이야기를 만들어본다.
	시간　　　생략
	장소　　　생략
	등장인물　王宝 왕바오
	핵심 내용　王宝梦想自己成为一名演员。他经过不懈地努力，终于成功了。
	왕바오는 자신이 배우가 되길 꿈꿨다. 그는 꾸준한 노력을 거쳐 결국에는 성공했다.

남은어휘 활용	나머지 어휘들을 스토리에 맞게 글 속에 포함시킨다. 辛苦(고되다)와 放弃(포기하다)를 사용하여 왕바오가 꿈을 위해 노력하면서 겪은 시련을 설명하는 문장을 만들 수 있다.
	辛苦：不管演戏有多么辛苦，他都咬牙坚持。
	연기하는 것이 아무리 고되도, 그는 늘 이를 악물고 계속했다.
	放弃：他从没想过放弃。그는 한 번도 포기하는 것을 생각해본 적이 없다.

순서 배열	자연스러운 순서로 배열한다.
	서론　王宝梦想自己成为一名演员。왕바오는 자신이 배우가 되길 꿈꿨다.
	본론　不管演戏有多么辛苦，他都咬牙坚持，从没想过放弃。
	연기하는 것이 아무리 고되도, 그는 늘 이를 악물고 계속했고, 한 번도 포기하는 것을 생각해본 적이 없다.
	결론　经过不懈地努力，他终于成功了。꾸준한 노력을 거쳐 그는 결국 성공했다.

작문	글자 수와 원고지 작성법에 유의하며 보충·정리한다.

		王	宝	从	农	村	来	到	北	京	，	梦	想	着	自
己	能	成	为	一	名	演	员	。	他	从	群	众	演	员	做
起	，	向	他	人	请	教	。	不	管	演	戏	有	多	么	辛
苦	，	他	都	咬	牙	坚	持	，	从	没	想	过	放	弃	。
经	过	不	懈	地	努	力	，	他	终	于	成	功	了	，	变
成	家	喻	户	晓	的	明	星	了	。						

해석 왕바오는 농촌에서 베이징으로 와서, 자신이 배우가 될 수 있길 꿈꿔왔다. 그는 엑스트라부터 시작하여 다른 사람들에게 가르침을 구했다. 연기하는 것이 아무리 고되도, 그는 늘 이를 악물고 계속했고, 한 번도 포기하는 것을 생각해본 적이 없다. 꾸준한 노력을 거쳐 그는 결국 성공했고, 누구나 다 아는 유명스타가 되었다.

필수어휘 成功 chénggōng 통 성공하다 형 성공적이다 ｜ 努力 nǔlì 통 노력하다 ｜ 梦想 mèngxiǎng 통 갈망하다, 꿈꾸다 명 꿈, 이상 ｜ 辛苦 xīnkǔ 형 고되다, 수고스럽다 ｜ 放弃 fàngqì 통 포기하다

보충어휘 农村 nóngcūn 명 농촌 ｜ 成为 chéngwéi 통 ~이 되다 ｜ 演员 yǎnyuán 명 배우, 연기자 ｜ 群众演员 qúnzhòng yǎnyuán 명 엑스트라 ｜ 请教 qǐngjiào 통 가르침을 청하다 ｜ 不管 bùguǎn 접 ~을 막론하고, ~에 관계없이 통 상관하지 않다 ｜ 演戏 yǎnxì 통 연기하다, 공연하다 ｜ 咬牙 yǎoyá 통 이를 악물다 ｜ 坚持 jiānchí 통 견지하다, 고수하다 ｜ 从 cóng 개 지금까지, 여태껏 ｜ 不懈 búxiè 형 꾸준하다 ｜ 终于 zhōngyú 부 결국, 마침내 ｜ 变成 biànchéng 통 ~으로 변하다, ~이 되다 ｜ 家喻户晓 jiāyù hùxiǎo 성어 집집마다 다 알다 ｜ 明星 míngxīng 명 스타

100

연상어휘 메모 육하원칙을 생각하며 사진을 보고 연상되는 어휘를 적어본다.
- 대상 관련   一桌子菜 음식 한 상 / 几个人 몇 사람
- 시간 관련   吃饭时间 식사 시간
- 공간 관련   家 집
- 상황·행위 관련   举杯 잔을 들다 / 喝酒 술을 마시다 / 吃饭 식사하다 / 尝 맛보다

스토리 구상 연상된 어휘를 이용하여 스토리를 구상한다. 사진 속에 얼굴이 드러난 두 사람이 부부라고 가정하고 이야기를 만들어보자.
- 시간   上周末 지난 주말
- 장소   汤姆家 톰의 집
- 등장인물   汤姆夫妇、我、同事 톰 부부, 나, 동료들
- 배경 설명(도입부)   上周末，汤姆夫妇邀请我和同事到他家吃饭。
  지난 주말, 톰 부부가 나와 동료들을 그의 집에 식사하러 오라고 초대했다.

핵심문장 구성 중요 단어를 뽑아 핵심 문장을 만든다.
- 吃饭: 他邀请我们到他家吃饭。그는 우리를 그의 집에 와서 식사하라고 초대했다.
- 尝: 我们尝尝他们做的西餐。우리는 그들이 만든 서양 요리를 시식했다.
- 菜: 他们做了一桌子菜。그들은 음식을 한 상이나 차렸다.
- 举杯: 大家举杯感谢他们的款待。모두 잔을 들어 그들의 정성어린 접대에 감사했다.

기타요소 보충 스토리 전개에 필요한 요소를 상상력을 동원해 보충한다. 그들이 식사를 접대하는 이유와 식사 자리에서 오고 갈만한 이야기들을 생각해 적절히 보충한다.
- 来: 汤姆夫妇来韩国半年了。톰 부부는 한국에 온 지 반년이 되었다.
- 厨艺: 大家对汤姆太太的厨艺赞不绝口。모두 톰 부인의 요리 솜씨에 대해 칭찬해 마지않았다.

작문 자연스러운 흐름에 유의하며 내용을 보충·정리하고, 글자 수와 원고지 작성법에 맞게 작성한다.

	汤	姆	夫	妇	来	韩	国	半	年	了	。	上	周	末	，
他	们	邀	请	我	和	几	位	同	事	到	他	家	吃	饭	，
尝	尝	他	们	做	的	西	餐	。	他	们	做	了	一	桌	子
菜	，	颜	色	搭	配	得	很	好	看	，	味	道	也	很	鲜
美	。	大	家	对	汤	姆	太	太	的	厨	艺	赞	不	绝	口,
举	杯	感	谢	他	们	的	款	待	。						

해석 톰 부부는 한국에 온 지 반년이 되었다. 지난 주말, 그들은 나와 동료 몇 명을 그의 집에 와서 식사하며 그들이 만든 서양 요리를 맛보라고 초대했다. 그들은 음식을 한 상 가득 차렸는데, 색깔 배합이 매우 근사했고, 맛도 무척 좋았다. 모두 톰 부인의 요리 솜씨에 대해 칭찬해 마지않았고, 잔을 들어 그들의 정성어린 접대에 감사했다.

보충어휘 夫妇 fūfù 명 부부 | 邀请 yāoqǐng 동 초대하다, 초청하다 | 同事 tóngshì 명 직장동료 | 尝 cháng 동 (음식을) 먹어보다, 맛보다 | 西餐 xīcān 명 서양 요리, 양식 | 桌子 zhuōzi 명 탁자, 테이블, 상 | 菜 cài 명 음식, 요리 | 颜色 yánsè 명 색깔 | 搭配 dāpèi 동 배합하다, 맞추다 동 잘 어울리다 | 好看 hǎokàn 형 보기 좋다, 근사하다 | 味道 wèidao 명 맛 | 鲜美 xiānměi 형 맛이 좋다 | 厨艺 chúyì 명 요리 솜씨 | 赞不绝口 zànbùjuékǒu 성어 칭찬하여 마지않다, 칭찬이 자자하다 | 举 jǔ 동 들다, 들어올리다 | 款待 kuǎndài 동 환대하다, 정성껏 대접하다

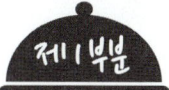 제10회   p.170~171

91 | 翻译 번역하다 | 不对 틀리다 | 得 (정도가) ~하게 | 这个句子 이 문장 | 你 너

기본문장 你 + 翻译 + 这个 句子。 너는 이 문장을 번역한다.
주어   술어   관형어+목적어

살붙이기 这个句子 + 你 + 翻译 + 得 + 不对。 이 문장을 너는 틀리게 번역했다.
목적어   주어   술어   구조조사   정도보어

해설 得가 정도보어를 만드는 구조조사임을 알아채야 한다. 정도보어 문장의 기본 구조는 '주어 + (동사) + 목적어 + 동사 + 得 + 형용사'이므로 어순에 맞게 배열하면 된다. 여기서는 동사 翻译가 한 번밖에 안 나오기 때문에 중복되는 첫 번째 동사가 생략된 형태이며, 이때 목적어 这个句子는 문장 앞으로 도치시킨다.

정답 这个句子你翻译得不对。 이 문장을 너는 잘못 번역했다.

필수어휘 翻译 fānyì 통 번역하다 | 对 duì 형 맞다, 옳다, 정확하다 | 得 de 조 정도보어를 만드는 구조조사 | 句子 jùzi 명 문장

92 | 要想 만약 ~하고 싶다면 | 是 ~이다 | 最重要的 가장 중요한 | 成功 성공하다 | 勤奋 열심히 하다

기본문장
(1) (要)想 + 成功。 성공하고 싶다.
    부사어   술어

(2) 最重要的 + 是 + 勤奋。 가장 중요한 것은 열심히 하는 것이다.
    주어   술어   목적어

살붙이기 要想 + 成功 + 最重要的 + 是 + 勤奋。 만약 성공하고 싶다면 가장 중요한 것은 열심히 하는 것이다.
부사어   술어   주어   술어   목적어

해설 想이 동사가 아닌 조동사로 쓰였다면, 그 앞에 붙어 있는 要는 가정관계 접속사일 가능성이 크다. 要가 접속사로 쓰이면 '만약'이라는 뜻으로 如果와 같다는 것을 반드시 공부해두자.
예 要想维持健康，就需要适当的锻炼。 건강을 유지하고 싶다면, 적당한 운동이 필요하다.

정답 要想成功最重要的是勤奋。 성공하고 싶다면 가장 중요한 것은 노력하는 것이다.

필수어휘 要 yào 접 만일 ~라면, ~하든지 아니면 ~ | 想 xiǎng 조동 ~하고 싶다 동 생각하다 | 最 zuì 부 제일, 가장 | 重要 zhòngyào 형 중요하다 | 成功 chénggōng 동 성공하다 형 성공적이다 | 勤奋 qínfèn 형 열심히 하다, 부지런하다

93	努力	他	好同学	不像	那么	学习
	노력하다	그	모범생	~같지 않다	그렇게	공부하다

기본 문장
他 + 努力 + 学习。 그는 노력하여 공부한다.
　주어　술어1　술어2

비교문 만들기
▶ 유형: A 不像 B 那么 + 술어 (A는 B처럼 그렇게 ~하지 않다)
他 + 不像 + 好同学 + 那么 + 努力 + 学习。
A　　　　　B　　　　　　　술어1　술어2
그는 모범생처럼 그렇게 노력하여 공부하지 않는다.

해설 제시된 어휘에 像과 那么가 있으므로 像을 사용한 비교문을 만든다. 'A(不)像 B 那么+술어(A는 B처럼 그렇게 ~하지 않다)'의 순서를 떠올린다.
예 她的男朋友**不像**演员**那么**帅。 그녀의 남자친구는 배우처럼 잘생기지 않았다.

정답 他不像好同学那么努力学习。 그는 모범생처럼 그렇게 열심히 공부하지 않는다.

필수어휘 努力 nǔlì 동 노력하다, 열심히 하다 | 像 xiàng 동 ~와 같다, 비슷하다 | 那么 nàme 대 그렇게, 저렇게 | 学习 xuéxí 동 공부하다, 배우다

94	充满了	总是	孩子	好奇	对身边的一切事物
	가득 찼다	항상	아이	호기심이 있다	주변의 모든 사물에 대해

기본 문장
孩子 + 充满了 + 好奇。 아이는 호기심이 가득했다.
　주어　　술어　　　목적어

살 붙이기
孩子 + 总是 + 对身边的一切事物 + 充满了 + 好奇。
주어　부사어　　　　　　　　　　술어　　목적어
아이는 항상 주변의 모든 사물에 대해 호기심이 가득했다.

해설 (1) '对~充满好奇'는 '~에 대해 호기심이 많다'라는 뜻으로, 자주 함께 쓰이므로 고정격식처럼 외워두자.
예 我**对**不同生活方式**充满**了**好奇**。 나는 다른 생활방식에 대해서 호기심이 많다.
(2) 부사(总是)는 일반적으로 전치사구 앞에 놓인다.

정답 孩子总是对身边的一切事物充满了好奇。 아이는 항상 주변의 모든 사물에 대해 호기심이 많았다.

필수어휘 充满 chōngmǎn 동 가득 차다 | 总是 zǒngshì 부 항상 | 孩子 háizi 명 아이 | 好奇 hàoqí 형 호기심이 있다 | 对 duì 전 ~에 대해 | 身边 shēnbiān 명 신변, 곁, 주변 | 一切 yíqiè 대 일체, 전부, 모든 | 事物 shìwù 명 사물

95	进行着	一直	贸易往来	中韩两国	在
	진행하고 있다	줄곧	무역 왕래	한중 양국	~하고 있다

기본 문장
中韩两国 + 进行着 + 贸易往来。 한중 양국은 무역 왕래를 진행하고 있다.
　주어　　　　술어　　　목적어

살 붙이기
中韩两国 + 一直 + 在 + 进行着 + 贸易往来。 한중 양국은 줄곧 무역 왕래를 진행하고 있다.
　주어　　　부사어　　　술어　　　목적어

| 해설 | 여기서 在는 부사로, 동작의 진행을 나타내는 진행형을 만든다. '주어+在+동사+着+목적어'의 어순으로 배열한다.
예 他们一直在进行着讨论。 그들은 계속 토론을 진행하고 있다.
| 정답 | 中韩两国一直在进行着贸易往来。 한중 양국은 줄곧 무역 왕래를 하고 있다.
| 필수어휘 | 进行 jìnxíng 동 진행하다, 종사하다 | 一直 yìzhí 부 계속, 줄곧 | 贸易 màoyì 명 무역 | 往来 wǎnglái 동 왕래하다, 오가다, 거래하다 | 中韩 Zhōng Hán 중한[중국과 한국의 줄임말] | 两国 liǎng guó 두 나라, 양국

96

| 把 | 他 | 护照 | 在机场里 | 丢了 | 不小心 |
| ~을 | 그 | 여권 | 공항에서 | 잃어 버렸다 | 부주의하다 |

| 把자문 만들기 | ▶ 어순: 주어+(부사어)+把+처치대상+술어+기타 성분
他 + 把 + 护照 + 丢 了。 그는 여권을 잃어버렸다.
주어   처치대상   술어+기타 성분

| 살 붙이기 | 他 + 在机场里 + 不小心 + 把 + 护照 + 丢 了。
주어   부사어   술어+동태조사
그는 공항에서 부주의해서 여권을 잃어버렸다.

| 해설 | 전치사 把를 보고 把자문을 만들어야 함을 알 수 있다. 把자문에서 장소를 나타내는 부사어는 전치사 把 앞에 두어야 한다.
| 정답 | 他在机场里不小心把护照丢了。 그는 공항에서 실수로 여권을 잃어버렸다.
| 필수어휘 | 把 bǎ 전 ~을 | 护照 hùzhào 명 여권 | 机场 jīchǎng 명 공항 | 丢 diū 동 잃어버리다, 분실하다 | 小心 xiǎoxīn 동 조심하다, 주의하다 형 조심스럽다, 신중하다

97

| 加班 | 你 | 发动 | 都 | 应该 | 来 | 所有员工 |
| 야근하다 | 너 | 동원하다 | 전부 | ~해야 한다 | 오다 | 모든 직원 |

| 기본 문장 | (1) 你 + 发动 + 所有员工。 너는 모든 직원을 동원한다.
주어 술어   목적어
(2) 所有员工 + 来 + 加班。 모든 직원이 와서 야근한다.
주어2   술어2 술어3

| 살 붙이기 | 你 + 应该 + 发动 + 所有员工 + 都 + 来 + 加班。
주어 부사어 술어1   목적어1/주어2   부사어 술어2 술어3
너는 모든 직원을 동원해 전부 와서 야근하도록 해야 한다.

| 해설 | 发动이 请/叫/让/使처럼 겸어문을 만든 형태다. 发动이 겸어문을 만들 수 있다는 사실을 몰랐더라도 주어가 될 수 있는 你, 所有员工과 술어가 될 수 있는 동사 发动, 来, 加班의 의미관계를 잘 살펴본다면 你가 다수의 인원(所有员工)을 동원(发动)하고, 그 인원들이 야근을 할(加班) 것임을 알 수 있다. 어순을 정리해보면 자연스럽게 겸어문의 어순이 된다.
▶ 겸어문 어순: 주어1+술어1(겸어 동사)+목적어1/주어2(겸어)+술어2+목적어2
예 校长发动全校师生参加植树活动。 교장은 전교 교사와 학생 모두를 동원해 식목 행사에 참가하게 했다.
| 정답 | 你应该发动所有员工都来加班。 너는 모든 직원이 야근을 하러 오도록 동원해야 한다.

필수어휘 加班 jiābān 통 야근하다, 시간 외 근무를 하다 | 发动 fādòng 통 행동하게 하다, 동원하다, 몰다 | 都 dōu 부 모두, 전부 | 应该 yīnggāi 조동 ~해야 한다 | 所有 suǒyǒu 형 모든, 전부의 | 员工 yuángōng 명 직원, 종업원

98

多好	你	替我	要是	参加考试	啊	能
얼마나 좋다	너	나를 대신하다	만약	시험에 참가하다	(어기조사)	~할 수 있다

기본문장
(1) 你 + 替我 + 参加 考试。 너는 나를 대신하여 시험에 참가한다.
　　주어　술어1+목적어1　술어2+목적어2

(2) 多 好 + 啊！ 얼마나 좋은가!
　　부사어+술어3 어기조사

살 붙이기
要是 + 你 + 能 + 替我 + 参加 考试 + 多好 + 啊！
접속사　주어　부사어　술어1+목적어1　술어2+목적어2　술어3 어기조사
만약 네가 나를 대신해서 시험에 참가할 수 있다면 얼마나 좋을까!

해설 접속사 要是가 있으므로 가정관계 복문이 될 것임을 알 수 있다. '要是~多好啊'는 '만약에 ~한다면 얼마나 좋을까'라는 뜻으로, 고정격식처럼 자주 함께 쓰이므로 반드시 외워두자.
예) 要是自己能有房子，多好啊！ 만약 자기 집을 가질 수 있다면 얼마나 좋을까!

정답 要是你能替我参加考试多好啊！ 만약에 네가 나를 대신해서 시험에 참가할 수 있다면 얼마나 좋을까!

필수어휘 替 tì 통 대신하다 | 要是 yàoshi 접 만약 | 参加 cānjiā 통 참가하다, 참석하다 | 考试 kǎoshì 명 시험 통 시험 치다 | 能 néng 조동 ~할 수 있다

Tip 답이 감탄문으로 배열된다면 문장 끝에 느낌표(!)를 써준다.

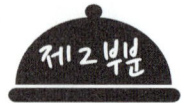

99

环境、	地铁、	快捷、	拥挤、	尽量
환경	지하철	신속하다	붐비다	가능한 한

핵심어휘 선정 핵심 어휘를 정하고, 의미가 최대한 연결되도록 대강의 문장을 만든다.
环境: 为了保护环境，政府建议市民减少使用私家车。
　　　환경을 보호하기 위해 정부는 시민들에게 자가용 사용을 줄일 것을 제안한다.
地铁: 因为不会堵车，地铁成为首选。 차가 막히지 않기 때문에 지하철이 첫 번째 선택이 된다.
拥挤: 在上下班高峰时，地铁里非常拥挤。 출퇴근 러시아워에 지하철 안은 무척 붐빈다.

스토리 구상	대략적인 배경과 등장인물, 주요 내용을 구상한다. 地铁(지하철), 环境(환경)과 같은 단어로 보아 대중교통 이용에 관한 이야기를 만들 수 있다. 시간, 장소, 등장인물 등은 생략해도 된다. 시간　　　생략 장소　　　생략 등장인물　생략 핵심 내용　为了保护环境，政府建议市民减少使用私家车。因为不会堵车，地铁成为首选。 　　　　　환경을 보호하기 위해 정부는 시민들에게 자가용 사용을 줄일 것을 제안했고, 차가 막히지 않기 때문에 지하철이 첫 번째 선택이 되었다.
남은어휘 활용	나머지 어휘들을 스토리에 맞게 글 속에 포함시킨다. 尽量(가능한 한), 快捷(신속하다) 등의 단어는 핵심 문장들을 좀 더 구체화하는 데 수식 성분으로 사용할 수 있다. 尽量: 尽量减少使用私家车。자가용 사용을 가급적 줄인다. 快捷: 地铁快捷准时。지하철은 신속하고 시간이 정확하다.
순서 배열	자연스러운 순서로 배열한다. 서론　为了保护环境，政府建议市民尽量减少使用私家车。 　　　환경을 보호하기 위해 정부는 시민들에게 자가용 사용을 가급적 줄일 것을 제안했다. 본론　因为不会堵车，快捷准时的地铁成为首选。 　　　차가 막히지 않기 때문에 신속하고 시간이 정확한 지하철이 첫 번째 선택이 되었다. 　　　在上下班高峰时，地铁里非常拥挤。출퇴근 러시아워에 지하철 안은 무척 붐빈다. 결론　政府提醒市民注意安全。정부는 시민들에게 안전에 주의할 것을 알려준다.
작문	글자 수와 원고지 작성법에 유의하며 보충·정리한다.

		为	了	保	护	环	境	，	政	府	建	议	市	民	尽
量	减	少	使	用	私	家	车	，	选	择	公	共	交	通	出
行	。	因	为	不	会	堵	车	，	所	以	快	捷	准	时	的
地	铁	就	成	为	首	选	。	但	在	上	下	班	高	峰	时，
地	铁	里	人	山	人	海	，	非	常	拥	挤	。	政	府	提
醒	市	民	要	注	意	安	全	。							

해석　환경을 보호하기 위해 정부는 시민들에게 자가용 사용을 가급적 줄이고, 외출 시 대중교통을 이용할 것을 제안했다. 차가 막히지 않기 때문에 신속하고 시간이 정확한 지하철이 선호받는 선택이 되었다. 그러나 출퇴근 러시아워에 지하철 안은 인산인해를 이루어 무척 복잡하므로, 정부는 시민들에게 안전에 주의할 것을 환기시켰다.

필수어휘　环境 huánjìng 명 환경 | 地铁 dìtiě 명 지하철 | 快捷 kuàijié 형 신속하다, 민첩하다 | 拥挤 yōngjǐ 형 붐비다, 혼잡하다 | 尽量 jǐnliàng 부 가능한 한, 되도록

보충어휘　为了 wèile 전 ~을 위하여 | 保护 bǎohù 동 보호하다 | 政府 zhèngfǔ 명 정부 | 建议 jiànyì 동 제안하다, 건의하다 | 市民 shìmín 명 시민 | 减少 jiǎnshǎo 동 감소하다, 줄이다 | 使用 shǐyòng 동 사용하다 | 私家车 sījiāchē 명 자가용차 | 选择 xuǎnzé 동 선택하다, 고르다 | 公共交通 gōnggòng jiāotōng 명 대중교통 | 出行 chūxíng 동 외출하다 | 因为 yīnwèi 접 왜냐하면 전 ~ 때문에 | 堵车 dǔchē 동 교통이 막히다 | 所以 suǒyǐ 접 그래서, 그러므로 | 准时 zhǔnshí 형 (시간이) 정확하다 | 首选 shǒuxuǎn 가장 먼저 선택하는, 으뜸으로 치는 | 上下班 shàngxiàbān 출퇴근 | 高峰 gāofēng 명 절정, 최고조 | 人山人海 rénshān rénhǎi 성어 인산인해, 사람이 대단히 많다 | 提醒 tíxǐng 동 일깨워주다, 상기시키다 | 注意 zhùyì 동 주의하다, 조심하다 | 安全 ānquán 형 안전하다

100

연상어휘 메모	육하원칙을 생각하며 사진을 보고 연상되는 어휘를 적어본다. 대상 관련　**女人** 여자 / **女孩** 여자아이 / **工具箱** 도구상자 시간 관련　**白天** 낮 공간 관련　**家门口** 집 현관 상황·행위 관련　**拿** 들다 / **接** 받다 / **背** 메다 / **站** 서 있다 / **蹲** 쪼그려 앉다 / **笑** 웃다
스토리 구상	연상된 어휘를 이용하여 스토리를 구상한다. 사진 속의 인물들이 엄마와 딸 관계라고 가정하고 이야기를 만들어보자. 시간　　　　　**准备上学时** 학교에 가려고 할 때 장소　　　　　**家门口** 집 현관 등장인물　　　**珍妮、妈妈** 제니, 엄마 배경 설명(도입부)　**珍妮背上书包，正准备去上学，妈妈叫住了她。** 　　　　　　　　제니가 책가방을 메고 막 학교에 가려고 하는데 엄마가 그녀를 불러 세웠다.
핵심문장 구성	중요 단어를 뽑아 핵심 문장을 만든다. 工具箱：**她忘记带绘画的工具箱了。** 그녀는 그림도구상자를 가져가는 것을 잊어버렸다. 蹲：**妈妈蹲下身来。** 엄마는 쪼그리고 앉았다.
기타요소 보충	스토리 전개에 필요한 요소를 상상력을 동원해 보충한다. 엄마가 제니를 불러 세운 이유와, 엄마가 미소 짓는 이유 등을 연상하여 보충할 수 있다. 丢三落四：**不能再丢三落四了。** 다시 이것저것 잊어버리면 안 된다. 养成：**上学就要养成好习惯。** 학교에 다니면 바른 습관을 길러야 한다. 放心：**珍妮点点头，让妈妈放心。** 제니는 고개를 끄덕여 엄마를 안심시켰다.
작문	자연스러운 흐름에 유의하며 내용을 보충·정리하고, 글자 수와 원고지 작성법에 맞게 작성한다.

		珍	妮	背	上	书	包	，	正	准	备	去	上	学	，
妈	妈	叫	住	了	她	。	原	来	她	忘	记	带	绘	画	的
工	具	箱	了	。	妈	妈	蹲	下	身	来	，	对	珍	妮	说：
"	你	已	经	长	大	了	，	上	学	就	要	养	成	好	习
惯	，	不	能	再	丢	三	落	四	了	。	"	珍	妮	点	点
头	，	让	妈	妈	放	心	。								

해석　제니가 책가방을 메고 막 학교에 가려고 하는데 엄마가 그녀를 불러 세웠다. 알고 보니 그녀가 그림도구상자를 가져가는 것을 잊어버린 것이었다. 엄마는 쪼그려 앉아 제니에게 말했다. "넌 이제 다 컸고, 학교에 다니면 바른 습관을 길러야 한단다. 다시 이것저것 잊어버려서는 안 돼." 제니는 엄마가 안심하시도록 고개를 끄덕였다.

보충어휘　背 bēi 통 짊어지다, 메다 bèi 통 등 | 书包 shūbāo 명 책가방 | 准备 zhǔnbèi 통 준비하다, ~하려 하다 | 原来 yuánlái 부 원래, 알고 보니 | 忘记 wàngjì 통 잊어버리다 | 绘画 huìhuà 통 그림 그리다 명 회화, 그림 | 工具箱 gōngjùxiāng 명 도구상자 | 蹲 dūn 통 쪼그려 앉다 | 已经 yǐjing 부 이미, 벌써 | 长大 zhǎngdà 통 자라다, 성장하다 | 养成 yǎngchéng 통 습관이 되다, 길러지다 | 习惯 xíguàn 명 버릇, 습관 통 습관이 되다, 익숙해지다 | 丢三落四 diūsān làsì 성어 이것저것 빠뜨리다, 잘 잊어버리다 | 点头 diǎntóu 통 고개를 끄덕이다 | 放心 fàngxīn 통 마음을 놓다, 안심하다

부록

5급 쓰기 원고지 작성법

1 **단락의 첫 번째 문장은 두 칸을 띄고 시작한다.❶**
본문이 여러 단락일 경우, 단락마다 모두 두 칸을 띄고 시작해야 하지만, 5급 쓰기의 분량이 80자 내외임을 감안할 때, 답안은 한 단락의 글로 작성하는 것이 무난하다.

2 **중국어 글자와 문장부호는 원칙적으로 한 칸에 하나씩 쓴다.**
① 마침표(。), 물음표(？), 느낌표(！), 쉼표(，), 모점(、), 쌍반점(；), 쌍점(：)
  - 한 칸에 하나씩 쓰며, 칸의 왼쪽 가장자리에 치우치게 쓴다.❷
  - 한 행의 마지막 칸을 글자가 차지했을 경우, 그 글자의 오른쪽에 붙여 같은 칸에 함께 쓴다.❸

② 따옴표(" "), 책 이름표(《 》)
  - 앞쪽 부호와 뒤쪽 부호를 한 칸에 하나씩 쓴다.❹
  - 앞쪽 부호는 행의 첫 칸에 쓸 수 있고, 마지막 칸에는 쓸 수 없다. 반대로 뒤쪽 부호는 행의 첫 칸에는 쓸 수 없고, 마지막 칸에는 쓸 수 있다.❺

③ 줄표(——)와 줄임표(……)
  - 두 칸에 나눠 쓰며, 행의 첫머리와 마지막에 모두 쓸 수 있다.❻
  - 하나의 줄표나 줄임표를 두 행에 나눠 쓸 수는 없다.

3 **숫자 쓰는 방법**
① 요일 등 특정한 단어(구)나 성어, 관용어, 축약어 등에 포함된 숫자는 한자로 써야 한다.
  예 星期三 수요일   一本书 책 한 권   三番五次 여러 차례

② 인접한 두 숫자를 병렬하여 대략적인 수를 나타낼 때는 한자로 쓴다.
  예 十之八九 십중팔구   十五六岁 열 대여섯 살   七八十种 7~80종

③ 일반적인 수, 특히 수치가 매우 정확할 경우에는 아라비아 숫자로 쓴다.
  (세기, 연대, 연·월·일, 시간 등)
  예 21世纪90年代 21세기 90년대
  公元前221年 기원전 221년
  1949年10月1日10时30分 1949년 10월 1일 10시 30분

④ 정수, 분수, 소수, 백분율, 약수 등은 아라비아 숫자를 쓴다.

   예 100分 100점   50% 50 퍼센트

⑤ 아라비아 숫자는 한 칸에 하나씩 쓰고, 여러 자릿수일 경우 한 칸에 두 개씩 쓴다.❼

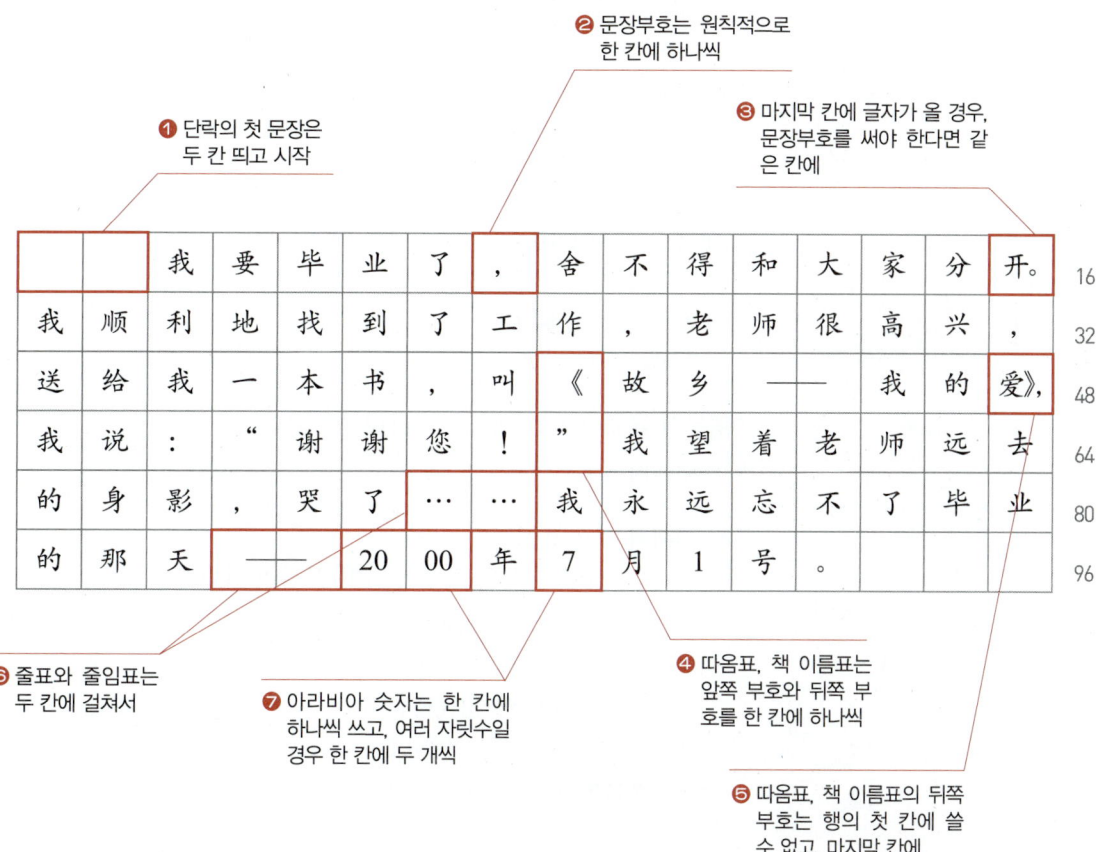

4 글자 수 계산 방법

5급 쓰기 답안지의 원고지 규격은 가로 16칸, 세로 6행으로 96자 원고지다. 원고지의 다섯째 줄까지가 80자 기준선이므로, 다섯째 줄 이상 쓸 수 있도록 연습한다.

자주 쓰는 문장부호

부호	명칭	설명 및 예문
。	句号 마침표	서술문의 끝에서 문장의 마침을 나타낸다. **예** 北京是中国的首都。 　베이징은 중국의 수도다.
?	问号 물음표	의문문·반어문의 끝에서 문장의 마침을 나타낸다. **예** 去好呢，还是不去好？ 　가는 게 좋을까, 안 가는 게 좋을까? 　难道你还不了解我吗？ 　설마 나를 아직도 이해하지 못하는 거니?
！	叹号 느낌표	감탄문·반어문의 끝에서 문장의 마침을 나타낸다. **예** 我多么想看看他呀！ 　내가 얼마나 그를 보고 싶어하는지! 　我哪里比得上他呀！ 　내가 어찌 그를 따라잡을 수 있겠소! 명령문의 끝에서 강한 어기를 나타내기도 한다. **예** 你给我出去！ 나가버려!
，	逗号 쉼표	문장 내에서 쉼을 표시한다. (주어와 술어 사이, 동사와 목적어 사이, 부사어 뒤) **예** 这里的故事，大多是虚构的。 　여기의 이야기들은 거의 지어낸 것이다. 　应该看到，成功需要付出代价。 　성공에는 대가를 지불해야 함을 알아야 한다. 　对于这个城市，他并不陌生。 　이 도시에 대해, 그는 결코 낯설지 않다. 복문에서 절을 구분한다. **예** 据说苏州园林有一百多处，我到过的不过十多处。 　듣자 하니 쑤저우에는 100여 곳의 정원이 있다는데, 내가 가본 곳은 10여 곳에 불과하다.
、	顿号 모점	문장 내에서 병렬관계의 단어(구)를 열거할 때 사용한다. **예** 亚马逊河、尼罗河、密西西比河和长江是世界四大河流。 　아마존강, 나일강, 미시시피강 그리고 양쯔강은 세계 4대 강이다.

；	分号 쌍반점	복문에서 병렬관계, 또는 대비되는 절을 구분할 때 사용한다. **예** 语言，人们用来抒情达意；文字，人们用来记言记事。 언어는 사람들이 감정과 생각을 표현하는 데 쓰이고, 문자는 사람들이 말과 사건을 기록하는 데 쓰인다. **我国年满十八周岁的公民都有选举权和被选举权；但是依照法律被剥夺政治权力的人除外。** 우리나라는 만 18세의 국민이라면 모두 선거권과 피선거권을 갖지만, 법적으로 정치권을 박탈당한 사람은 예외다.
：	冒号 쌍점	진술·지시·질문 등의 내용을 제시 또는 인용할 때 사용한다. **예** 他十分惊讶地说：" 啊，原来是你！" 그는 매우 놀라며 말했다. "아, 너였구나!" 개괄적인 서술 뒤에 쓰여 앞 문장에 대한 부연설명을 이끌어낸다. **예** 北京紫禁城有四座城门：午门、神武门、东华门和西华门。 베이징의 자금성에는 오문, 신무문, 동화문, 서화문 4개의 성문이 있다.
" " ' '	引号 따옴표	문장에서 속담·격언이나 다른 사람의 말 등을 인용할 때 쓴다. **예** "满招损，谦受益" 这句格言，流传到今天至少有两千年了。 "교만은 손해를 부르고, 겸손하면 이익을 얻는다"는 격언은 지금까지 적어도 2000년은 전해 내려오는 말이다. 강조하려는 부분, 또는 특수한 의미를 가진 단어에 사용한다. **예** 古代人们写文章讲究 "有物有序"，"有物" 就是要有内容。 고대 사람들은 글을 쓸 때 "유물유서"를 중시했는데, "유물"은 내용이 있어야 한다는 뜻이다. 这样的 "聪明人" 还是少一点好。 이런 "똑똑한 사람"은 적을수록 좋다. 인용부호 안에서 다시 인용하거나 강조할 때는 작은 따옴표를 쓴다. **예** 他站起来问："老师，'有条不紊' 的 '紊' 是什么意思？" 그는 일어나서 물었다. "선생님, '有条不紊'의 '紊'이 무슨 뜻이죠?"
《 》	书名号 책 이름표	책, 글, 영화 제목 등 저작물의 명칭에 쓴다. **예** 《红楼梦》的作者是曹雪芹。 《홍루몽》의 저자는 조설근이다.

기호	명칭	설명 및 예시
——	破折号 줄표	화제를 전환하거나 부연설명을 할 때 사용한다. 예 今天好热啊！——你什么时候去上海？ 오늘 정말 덥다! 너는 언제 상하이에 가니? 进入大门，穿过几个大厅，就到了大会堂建筑的枢纽部分——中央大厅。 정문으로 들어와 몇 개의 홀을 지나자, 바로 대회당 건축의 중추——중앙대강당에 도착했다. 소리를 길게 끌 때, 의성어 뒤에 사용한다. 예 "呜——"火车开动了。"빵——" 기차가 출발했다.
……	省略号 줄임표	열거되는 단어나 문장의 생략을 나타낸다. 예 在广州的花市上，牡丹、水仙、梅花、菊花……什么鲜花都有！ 광저우의 꽃시장에는, 모란, 수선화, 매화, 국화……, 무슨 꽃이든 다 있다! 띄엄띄엄 말을 끊었다 이을 때 쓴다. 예 我……对不起……大家。저는……, 죄송합니다……, 여러분.
·	间隔号 가운뎃점	외국인, 일부 소수민족의 인명에서 성과 이름을 구별할 때 사용한다. 예 哈利·波特 해리 포터 서명과 편·장·권 등을 구분할 때, 월과 날짜를 구분할 때 사용한다. 예 《中国大百科全书·物理学》 중국대백과사전 물리학편
— ～	连接号 붙임표	시간·장소 등의 시작과 끝을 나타낸다. 예 鲁迅(1881—1936)是中国现代伟大的文学家、思想家和革命家。 노신(1881-1936)은 중국 현대의 위대한 문학가이며, 사상가, 혁명가다. "北京—广州"直达快车 "베이징-광저우" 간 직행열차

新 汉 语 水 平 考 试
HSK（五级）答题卡

姓名 _____

国籍 _____ [0] [1] [2] [3] [4] [5] [6] [7] [8] [9]
                [0] [1] [2] [3] [4] [5] [6] [7] [8] [9]
                [0] [1] [2] [3] [4] [5] [6] [7] [8] [9]

序号 _____ [0] [1] [2] [3] [4] [5] [6] [7] [8] [9]
                [0] [1] [2] [3] [4] [5] [6] [7] [8] [9]
                [0] [1] [2] [3] [4] [5] [6] [7] [8] [9]
                [0] [1] [2] [3] [4] [5] [6] [7] [8] [9]

性别   男 [1]   女 [2]

考点 _____ [0] [1] [2] [3] [4] [5] [6] [7] [8] [9]
                [0] [1] [2] [3] [4] [5] [6] [7] [8] [9]
                [0] [1] [2] [3] [4] [5] [6] [7] [8] [9]

年龄 _____ [0] [1] [2] [3] [4] [5] [6] [7] [8] [9]
                [0] [1] [2] [3] [4] [5] [6] [7] [8] [9]

你是华裔吗？
是 [1]   不是 [2]

学习汉语的时间：

1年以下 [1]   1年—2年 [2]   2年—3年 [3]   3年—4年 [4]   4年以上 [5]

注意   请用2B 铅笔这样写：■

一、听力

1. [A] [B] [C] [D]
2. [A] [B] [C] [D]
3. [A] [B] [C] [D]
4. [A] [B] [C] [D]
5. [A] [B] [C] [D]
6. [A] [B] [C] [D]
7. [A] [B] [C] [D]
8. [A] [B] [C] [D]
9. [A] [B] [C] [D]
10. [A] [B] [C] [D]
11. [A] [B] [C] [D]
12. [A] [B] [C] [D]
13. [A] [B] [C] [D]
14. [A] [B] [C] [D]
15. [A] [B] [C] [D]
16. [A] [B] [C] [D]
17. [A] [B] [C] [D]
18. [A] [B] [C] [D]
19. [A] [B] [C] [D]
20. [A] [B] [C] [D]
21. [A] [B] [C] [D]
22. [A] [B] [C] [D]
23. [A] [B] [C] [D]
24. [A] [B] [C] [D]
25. [A] [B] [C] [D]
26. [A] [B] [C] [D]
27. [A] [B] [C] [D]
28. [A] [B] [C] [D]
29. [A] [B] [C] [D]
30. [A] [B] [C] [D]
31. [A] [B] [C] [D]
32. [A] [B] [C] [D]
33. [A] [B] [C] [D]
34. [A] [B] [C] [D]
35. [A] [B] [C] [D]
36. [A] [B] [C] [D]
37. [A] [B] [C] [D]
38. [A] [B] [C] [D]
39. [A] [B] [C] [D]
40. [A] [B] [C] [D]
41. [A] [B] [C] [D]
42. [A] [B] [C] [D]
43. [A] [B] [C] [D]
44. [A] [B] [C] [D]
45. [A] [B] [C] [D]

二、阅读

46. [A] [B] [C] [D]
47. [A] [B] [C] [D]
48. [A] [B] [C] [D]
49. [A] [B] [C] [D]
50. [A] [B] [C] [D]
51. [A] [B] [C] [D]
52. [A] [B] [C] [D]
53. [A] [B] [C] [D]
54. [A] [B] [C] [D]
55. [A] [B] [C] [D]
56. [A] [B] [C] [D]
57. [A] [B] [C] [D]
58. [A] [B] [C] [D]
59. [A] [B] [C] [D]
60. [A] [B] [C] [D]
61. [A] [B] [C] [D]
62. [A] [B] [C] [D]
63. [A] [B] [C] [D]
64. [A] [B] [C] [D]
65. [A] [B] [C] [D]
66. [A] [B] [C] [D]
67. [A] [B] [C] [D]
68. [A] [B] [C] [D]
69. [A] [B] [C] [D]
70. [A] [B] [C] [D]
71. [A] [B] [C] [D]
72. [A] [B] [C] [D]
73. [A] [B] [C] [D]
74. [A] [B] [C] [D]
75. [A] [B] [C] [D]
76. [A] [B] [C] [D]
77. [A] [B] [C] [D]
78. [A] [B] [C] [D]
79. [A] [B] [C] [D]
80. [A] [B] [C] [D]
81. [A] [B] [C] [D]
82. [A] [B] [C] [D]
83. [A] [B] [C] [D]
84. [A] [B] [C] [D]
85. [A] [B] [C] [D]
86. [A] [B] [C] [D]
87. [A] [B] [C] [D]
88. [A] [B] [C] [D]
89. [A] [B] [C] [D]
90. [A] [B] [C] [D]

三、书写

91. _____
92. _____
93. _____
94. _____

95.

96.

97.

98.

99.

100.

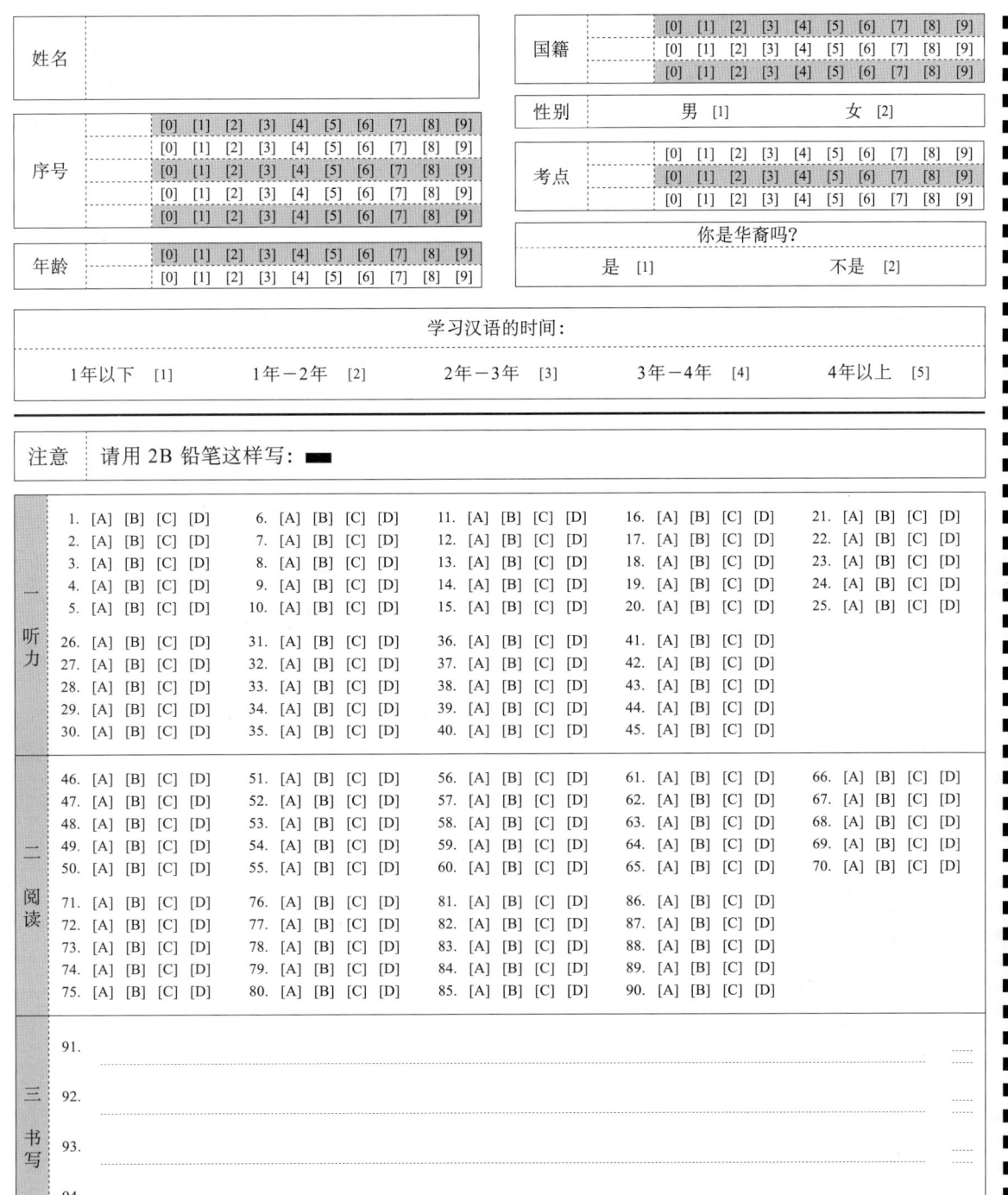

95.
96.
97.
98.
99.

100.

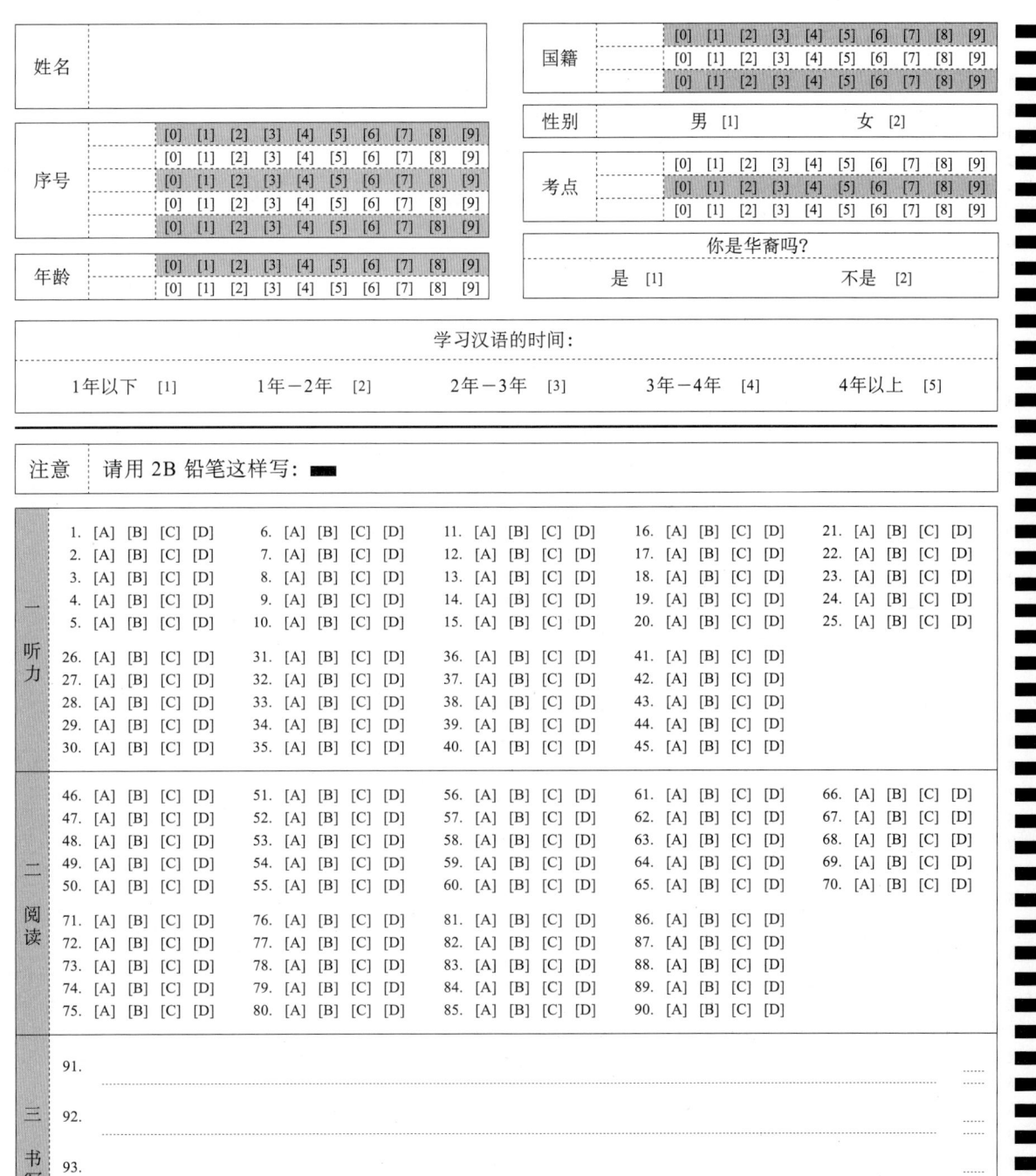

95.
96.
97.
98.
99.

100.

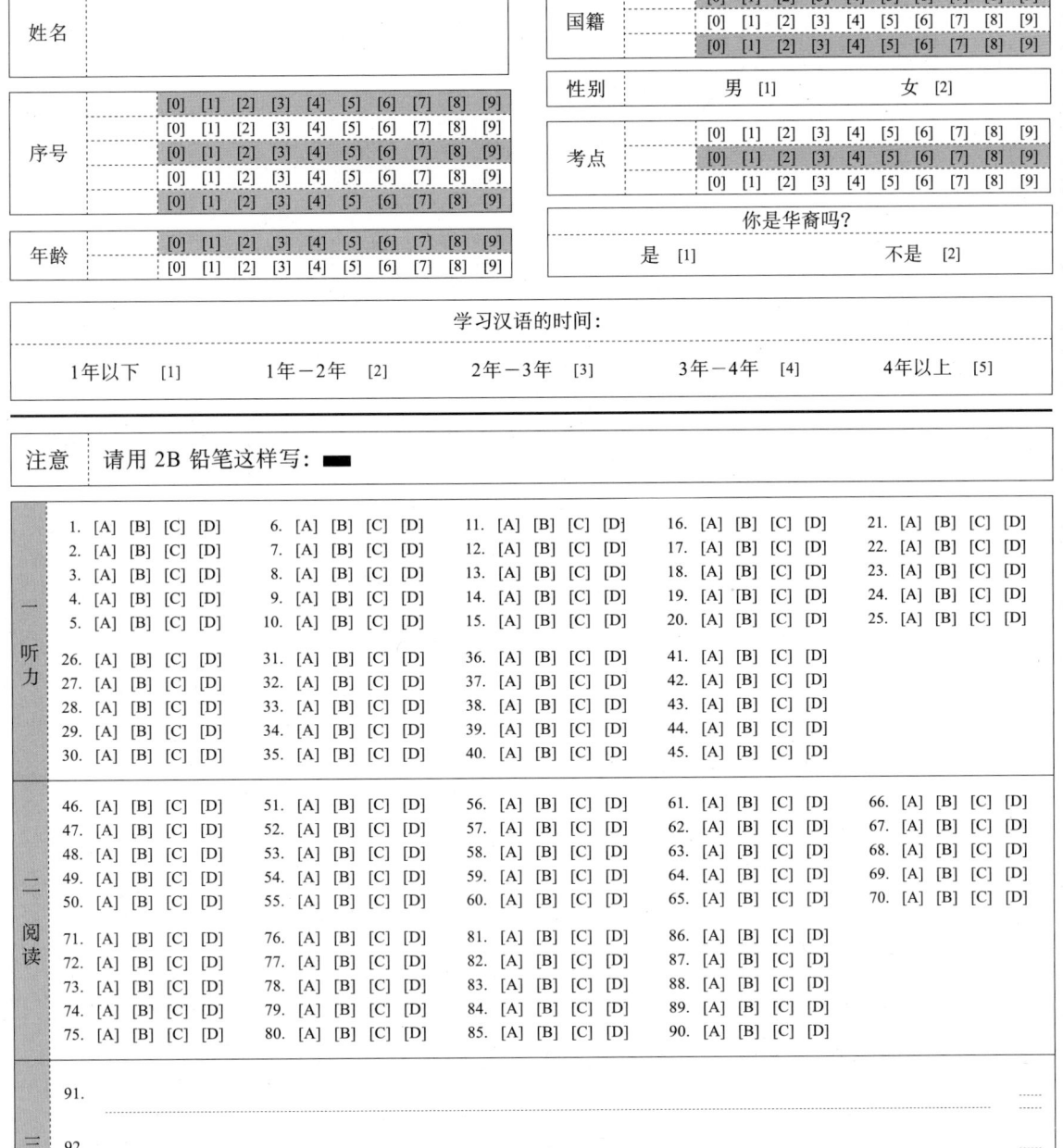

95.
96.
97.
98.
99.

100.

新 汉 语 水 平 考 试
HSK（五级）答题卡

姓名

国籍 [0] [1] [2] [3] [4] [5] [6] [7] [8] [9]
[0] [1] [2] [3] [4] [5] [6] [7] [8] [9]
[0] [1] [2] [3] [4] [5] [6] [7] [8] [9]

性别　　男 [1]　　女 [2]

序号 [0] [1] [2] [3] [4] [5] [6] [7] [8] [9]
[0] [1] [2] [3] [4] [5] [6] [7] [8] [9]
[0] [1] [2] [3] [4] [5] [6] [7] [8] [9]
[0] [1] [2] [3] [4] [5] [6] [7] [8] [9]
[0] [1] [2] [3] [4] [5] [6] [7] [8] [9]

考点 [0] [1] [2] [3] [4] [5] [6] [7] [8] [9]
[0] [1] [2] [3] [4] [5] [6] [7] [8] [9]
[0] [1] [2] [3] [4] [5] [6] [7] [8] [9]

你是华裔吗?　是 [1]　　不是 [2]

年龄 [0] [1] [2] [3] [4] [5] [6] [7] [8] [9]
[0] [1] [2] [3] [4] [5] [6] [7] [8] [9]

学习汉语的时间:

1年以下 [1]　　1年－2年 [2]　　2年－3年 [3]　　3年－4年 [4]　　4年以上 [5]

注意　请用 2B 铅笔这样写: ■

一、听力

1. [A] [B] [C] [D]	6. [A] [B] [C] [D]	11. [A] [B] [C] [D]	16. [A] [B] [C] [D]	21. [A] [B] [C] [D]
2. [A] [B] [C] [D]	7. [A] [B] [C] [D]	12. [A] [B] [C] [D]	17. [A] [B] [C] [D]	22. [A] [B] [C] [D]
3. [A] [B] [C] [D]	8. [A] [B] [C] [D]	13. [A] [B] [C] [D]	18. [A] [B] [C] [D]	23. [A] [B] [C] [D]
4. [A] [B] [C] [D]	9. [A] [B] [C] [D]	14. [A] [B] [C] [D]	19. [A] [B] [C] [D]	24. [A] [B] [C] [D]
5. [A] [B] [C] [D]	10. [A] [B] [C] [D]	15. [A] [B] [C] [D]	20. [A] [B] [C] [D]	25. [A] [B] [C] [D]
26. [A] [B] [C] [D]	31. [A] [B] [C] [D]	36. [A] [B] [C] [D]	41. [A] [B] [C] [D]	
27. [A] [B] [C] [D]	32. [A] [B] [C] [D]	37. [A] [B] [C] [D]	42. [A] [B] [C] [D]	
28. [A] [B] [C] [D]	33. [A] [B] [C] [D]	38. [A] [B] [C] [D]	43. [A] [B] [C] [D]	
29. [A] [B] [C] [D]	34. [A] [B] [C] [D]	39. [A] [B] [C] [D]	44. [A] [B] [C] [D]	
30. [A] [B] [C] [D]	35. [A] [B] [C] [D]	40. [A] [B] [C] [D]	45. [A] [B] [C] [D]	

二、阅读

46. [A] [B] [C] [D]	51. [A] [B] [C] [D]	56. [A] [B] [C] [D]	61. [A] [B] [C] [D]	66. [A] [B] [C] [D]
47. [A] [B] [C] [D]	52. [A] [B] [C] [D]	57. [A] [B] [C] [D]	62. [A] [B] [C] [D]	67. [A] [B] [C] [D]
48. [A] [B] [C] [D]	53. [A] [B] [C] [D]	58. [A] [B] [C] [D]	63. [A] [B] [C] [D]	68. [A] [B] [C] [D]
49. [A] [B] [C] [D]	54. [A] [B] [C] [D]	59. [A] [B] [C] [D]	64. [A] [B] [C] [D]	69. [A] [B] [C] [D]
50. [A] [B] [C] [D]	55. [A] [B] [C] [D]	60. [A] [B] [C] [D]	65. [A] [B] [C] [D]	70. [A] [B] [C] [D]
71. [A] [B] [C] [D]	76. [A] [B] [C] [D]	81. [A] [B] [C] [D]	86. [A] [B] [C] [D]	
72. [A] [B] [C] [D]	77. [A] [B] [C] [D]	82. [A] [B] [C] [D]	87. [A] [B] [C] [D]	
73. [A] [B] [C] [D]	78. [A] [B] [C] [D]	83. [A] [B] [C] [D]	88. [A] [B] [C] [D]	
74. [A] [B] [C] [D]	79. [A] [B] [C] [D]	84. [A] [B] [C] [D]	89. [A] [B] [C] [D]	
75. [A] [B] [C] [D]	80. [A] [B] [C] [D]	85. [A] [B] [C] [D]	90. [A] [B] [C] [D]	

三、书写

91. _____

92. _____

93. _____

94. _____

95.

96.

97.

98.

99.

100.

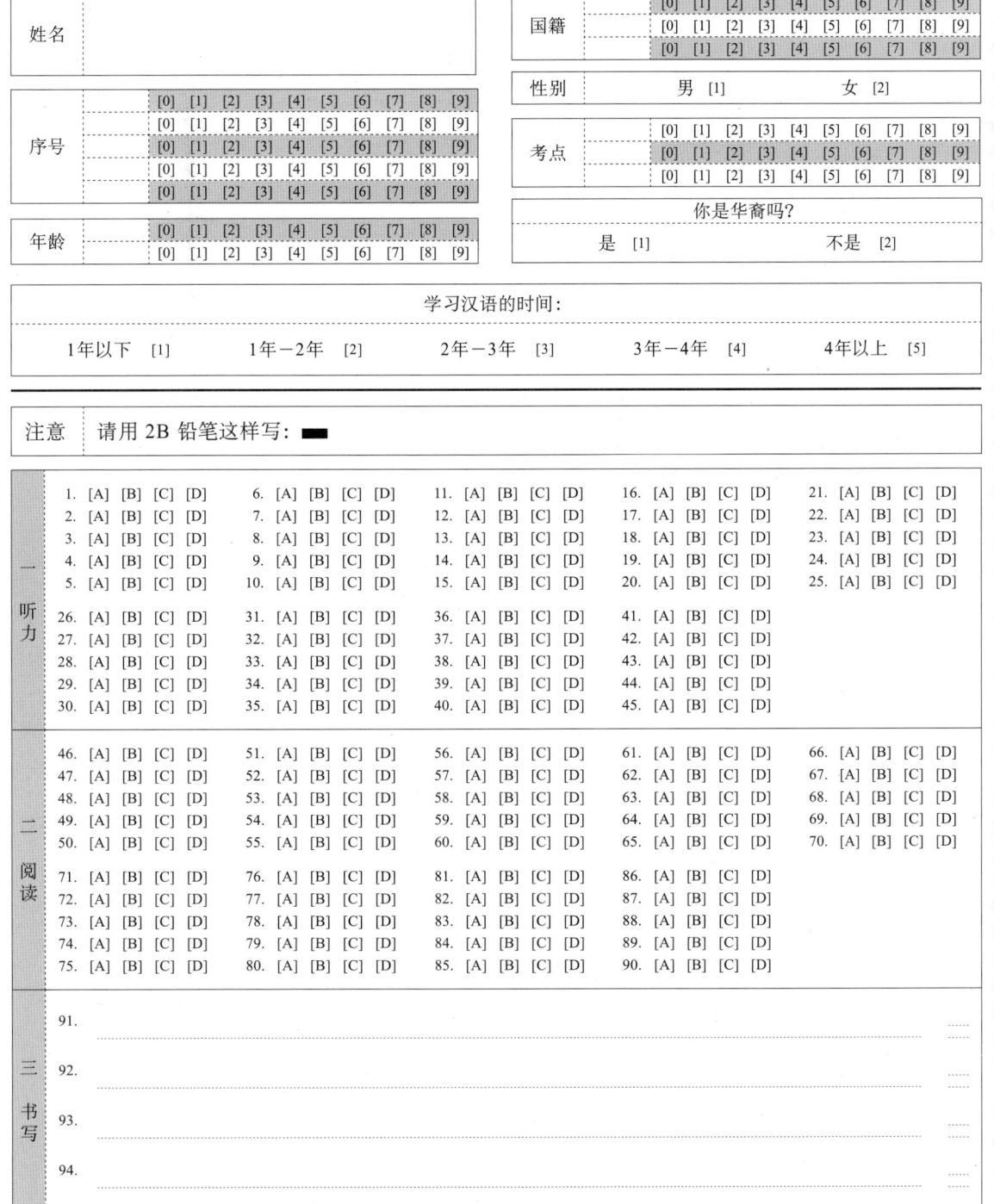

95.
96.
97.
98.

99.

100.

新汉语水平考试
HSK（五级）答题卡

姓名：

国籍：[0] [1] [2] [3] [4] [5] [6] [7] [8] [9]

性别：男 [1]　女 [2]

序号：[0] [1] [2] [3] [4] [5] [6] [7] [8] [9]

考点：[0] [1] [2] [3] [4] [5] [6] [7] [8] [9]

年龄：[0] [1] [2] [3] [4] [5] [6] [7] [8] [9]

你是华裔吗？　是 [1]　不是 [2]

学习汉语的时间：

1年以下 [1]　1年—2年 [2]　2年—3年 [3]　3年—4年 [4]　4年以上 [5]

注意　请用 2B 铅笔这样写：▬

一、听力

1. [A] [B] [C] [D]　6. [A] [B] [C] [D]　11. [A] [B] [C] [D]　16. [A] [B] [C] [D]　21. [A] [B] [C] [D]
2. [A] [B] [C] [D]　7. [A] [B] [C] [D]　12. [A] [B] [C] [D]　17. [A] [B] [C] [D]　22. [A] [B] [C] [D]
3. [A] [B] [C] [D]　8. [A] [B] [C] [D]　13. [A] [B] [C] [D]　18. [A] [B] [C] [D]　23. [A] [B] [C] [D]
4. [A] [B] [C] [D]　9. [A] [B] [C] [D]　14. [A] [B] [C] [D]　19. [A] [B] [C] [D]　24. [A] [B] [C] [D]
5. [A] [B] [C] [D]　10. [A] [B] [C] [D]　15. [A] [B] [C] [D]　20. [A] [B] [C] [D]　25. [A] [B] [C] [D]
26. [A] [B] [C] [D]　31. [A] [B] [C] [D]　36. [A] [B] [C] [D]　41. [A] [B] [C] [D]
27. [A] [B] [C] [D]　32. [A] [B] [C] [D]　37. [A] [B] [C] [D]　42. [A] [B] [C] [D]
28. [A] [B] [C] [D]　33. [A] [B] [C] [D]　38. [A] [B] [C] [D]　43. [A] [B] [C] [D]
29. [A] [B] [C] [D]　34. [A] [B] [C] [D]　39. [A] [B] [C] [D]　44. [A] [B] [C] [D]
30. [A] [B] [C] [D]　35. [A] [B] [C] [D]　40. [A] [B] [C] [D]　45. [A] [B] [C] [D]

二、阅读

46. [A] [B] [C] [D]　51. [A] [B] [C] [D]　56. [A] [B] [C] [D]　61. [A] [B] [C] [D]　66. [A] [B] [C] [D]
47. [A] [B] [C] [D]　52. [A] [B] [C] [D]　57. [A] [B] [C] [D]　62. [A] [B] [C] [D]　67. [A] [B] [C] [D]
48. [A] [B] [C] [D]　53. [A] [B] [C] [D]　58. [A] [B] [C] [D]　63. [A] [B] [C] [D]　68. [A] [B] [C] [D]
49. [A] [B] [C] [D]　54. [A] [B] [C] [D]　59. [A] [B] [C] [D]　64. [A] [B] [C] [D]　69. [A] [B] [C] [D]
50. [A] [B] [C] [D]　55. [A] [B] [C] [D]　60. [A] [B] [C] [D]　65. [A] [B] [C] [D]　70. [A] [B] [C] [D]
71. [A] [B] [C] [D]　76. [A] [B] [C] [D]　81. [A] [B] [C] [D]　86. [A] [B] [C] [D]
72. [A] [B] [C] [D]　77. [A] [B] [C] [D]　82. [A] [B] [C] [D]　87. [A] [B] [C] [D]
73. [A] [B] [C] [D]　78. [A] [B] [C] [D]　83. [A] [B] [C] [D]　88. [A] [B] [C] [D]
74. [A] [B] [C] [D]　79. [A] [B] [C] [D]　84. [A] [B] [C] [D]　89. [A] [B] [C] [D]
75. [A] [B] [C] [D]　80. [A] [B] [C] [D]　85. [A] [B] [C] [D]　90. [A] [B] [C] [D]

三、书写

91. _____

92. _____

93. _____

94. _____

95.

96.

97.

98.

99.

100.

新 汉 语 水 平 考 试
HSK（五级）答题卡

姓名：_____

国籍： [0] [1] [2] [3] [4] [5] [6] [7] [8] [9]
　　　 [0] [1] [2] [3] [4] [5] [6] [7] [8] [9]
　　　 [0] [1] [2] [3] [4] [5] [6] [7] [8] [9]

序号： [0] [1] [2] [3] [4] [5] [6] [7] [8] [9]
　　　 [0] [1] [2] [3] [4] [5] [6] [7] [8] [9]
　　　 [0] [1] [2] [3] [4] [5] [6] [7] [8] [9]
　　　 [0] [1] [2] [3] [4] [5] [6] [7] [8] [9]
　　　 [0] [1] [2] [3] [4] [5] [6] [7] [8] [9]

性别：　男 [1]　　　女 [2]

考点： [0] [1] [2] [3] [4] [5] [6] [7] [8] [9]
　　　 [0] [1] [2] [3] [4] [5] [6] [7] [8] [9]
　　　 [0] [1] [2] [3] [4] [5] [6] [7] [8] [9]

你是华裔吗？　是 [1]　　　不是 [2]

年龄： [0] [1] [2] [3] [4] [5] [6] [7] [8] [9]
　　　 [0] [1] [2] [3] [4] [5] [6] [7] [8] [9]

学习汉语的时间：
1年以下 [1]　　1年－2年 [2]　　2年－3年 [3]　　3年－4年 [4]　　4年以上 [5]

注意　请用2B 铅笔这样写：■

一、听力

1. [A] [B] [C] [D]　　6. [A] [B] [C] [D]　　11. [A] [B] [C] [D]　　16. [A] [B] [C] [D]　　21. [A] [B] [C] [D]
2. [A] [B] [C] [D]　　7. [A] [B] [C] [D]　　12. [A] [B] [C] [D]　　17. [A] [B] [C] [D]　　22. [A] [B] [C] [D]
3. [A] [B] [C] [D]　　8. [A] [B] [C] [D]　　13. [A] [B] [C] [D]　　18. [A] [B] [C] [D]　　23. [A] [B] [C] [D]
4. [A] [B] [C] [D]　　9. [A] [B] [C] [D]　　14. [A] [B] [C] [D]　　19. [A] [B] [C] [D]　　24. [A] [B] [C] [D]
5. [A] [B] [C] [D]　　10. [A] [B] [C] [D]　　15. [A] [B] [C] [D]　　20. [A] [B] [C] [D]　　25. [A] [B] [C] [D]
26. [A] [B] [C] [D]　　31. [A] [B] [C] [D]　　36. [A] [B] [C] [D]　　41. [A] [B] [C] [D]
27. [A] [B] [C] [D]　　32. [A] [B] [C] [D]　　37. [A] [B] [C] [D]　　42. [A] [B] [C] [D]
28. [A] [B] [C] [D]　　33. [A] [B] [C] [D]　　38. [A] [B] [C] [D]　　43. [A] [B] [C] [D]
29. [A] [B] [C] [D]　　34. [A] [B] [C] [D]　　39. [A] [B] [C] [D]　　44. [A] [B] [C] [D]
30. [A] [B] [C] [D]　　35. [A] [B] [C] [D]　　40. [A] [B] [C] [D]　　45. [A] [B] [C] [D]

二、阅读

46. [A] [B] [C] [D]　　51. [A] [B] [C] [D]　　56. [A] [B] [C] [D]　　61. [A] [B] [C] [D]　　66. [A] [B] [C] [D]
47. [A] [B] [C] [D]　　52. [A] [B] [C] [D]　　57. [A] [B] [C] [D]　　62. [A] [B] [C] [D]　　67. [A] [B] [C] [D]
48. [A] [B] [C] [D]　　53. [A] [B] [C] [D]　　58. [A] [B] [C] [D]　　63. [A] [B] [C] [D]　　68. [A] [B] [C] [D]
49. [A] [B] [C] [D]　　54. [A] [B] [C] [D]　　59. [A] [B] [C] [D]　　64. [A] [B] [C] [D]　　69. [A] [B] [C] [D]
50. [A] [B] [C] [D]　　55. [A] [B] [C] [D]　　60. [A] [B] [C] [D]　　65. [A] [B] [C] [D]　　70. [A] [B] [C] [D]
71. [A] [B] [C] [D]　　76. [A] [B] [C] [D]　　81. [A] [B] [C] [D]　　86. [A] [B] [C] [D]
72. [A] [B] [C] [D]　　77. [A] [B] [C] [D]　　82. [A] [B] [C] [D]　　87. [A] [B] [C] [D]
73. [A] [B] [C] [D]　　78. [A] [B] [C] [D]　　83. [A] [B] [C] [D]　　88. [A] [B] [C] [D]
74. [A] [B] [C] [D]　　79. [A] [B] [C] [D]　　84. [A] [B] [C] [D]　　89. [A] [B] [C] [D]
75. [A] [B] [C] [D]　　80. [A] [B] [C] [D]　　85. [A] [B] [C] [D]　　90. [A] [B] [C] [D]

三、书写

91. _____

92. _____

93. _____

94. _____

95.
96.
97.
98.
99.

100.

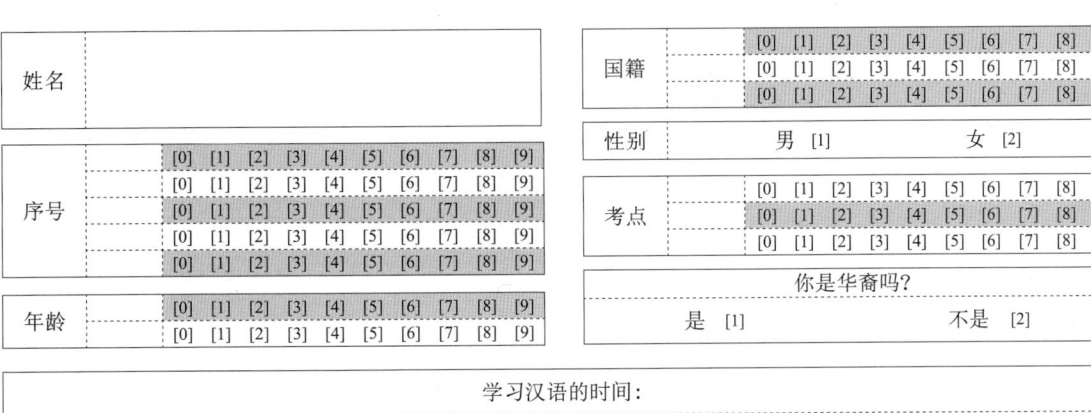

95.
96.
97.
98.
99.

100.

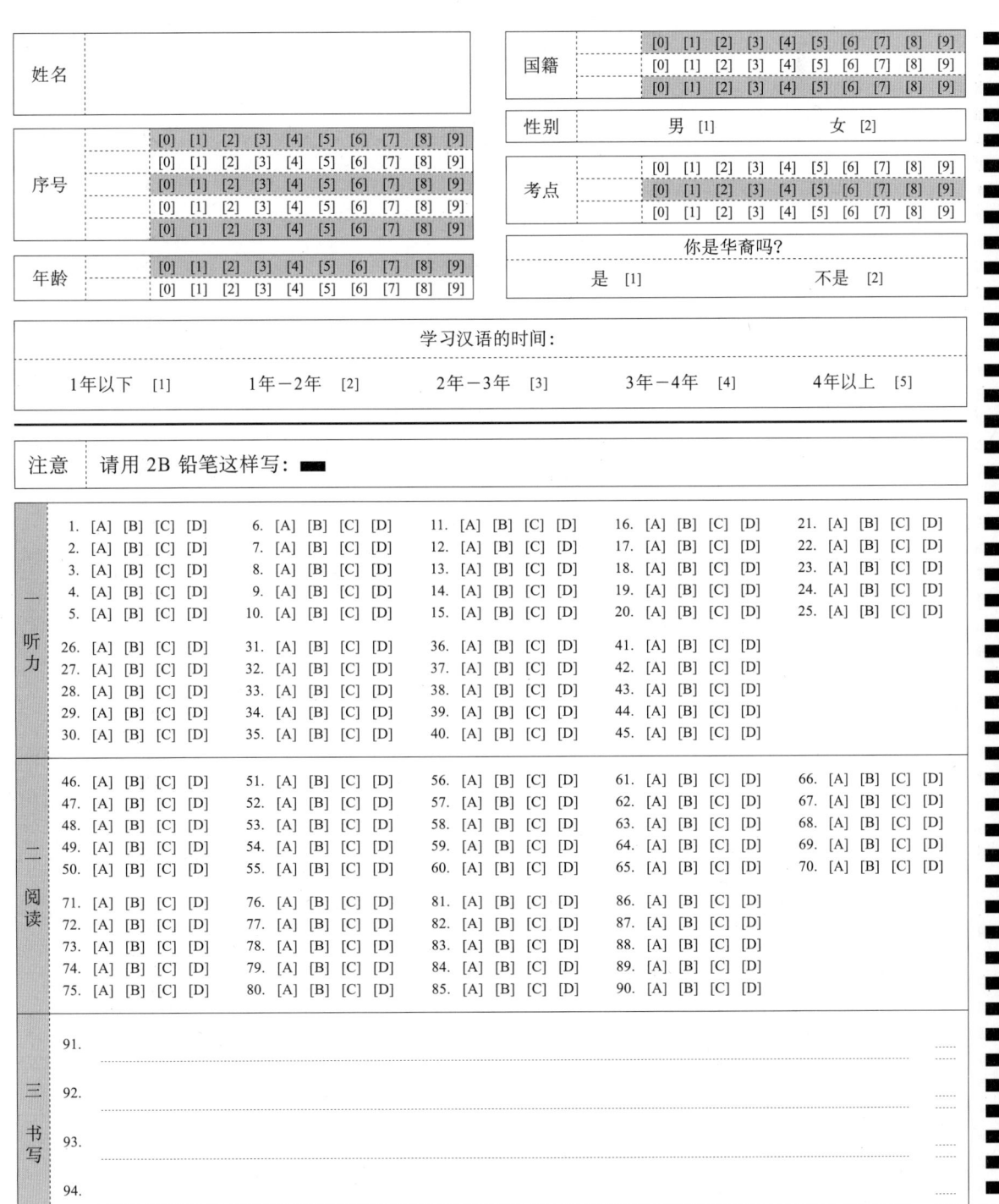

95.
96.
97.
98.
99.

100.

新 汉 语 水 平 考 试
HSK（五级）答题卡

姓名	

国籍	[0] [1] [2] [3] [4] [5] [6] [7] [8] [9] [0] [1] [2] [3] [4] [5] [6] [7] [8] [9] [0] [1] [2] [3] [4] [5] [6] [7] [8] [9]

序号	[0] [1] [2] [3] [4] [5] [6] [7] [8] [9] [0] [1] [2] [3] [4] [5] [6] [7] [8] [9] [0] [1] [2] [3] [4] [5] [6] [7] [8] [9] [0] [1] [2] [3] [4] [5] [6] [7] [8] [9] [0] [1] [2] [3] [4] [5] [6] [7] [8] [9]

性别	男 [1]　　　　女 [2]

考点	[0] [1] [2] [3] [4] [5] [6] [7] [8] [9] [0] [1] [2] [3] [4] [5] [6] [7] [8] [9] [0] [1] [2] [3] [4] [5] [6] [7] [8] [9]

年龄	[0] [1] [2] [3] [4] [5] [6] [7] [8] [9] [0] [1] [2] [3] [4] [5] [6] [7] [8] [9]

你是华裔吗？
是 [1]　　　　不是 [2]

学习汉语的时间：

1年以下 [1]　　1年－2年 [2]　　2年－3年 [3]　　3年－4年 [4]　　4年以上 [5]

注意　　请用 2B 铅笔这样写：■

一、听力

1. [A] [B] [C] [D]　　6. [A] [B] [C] [D]　　11. [A] [B] [C] [D]　　16. [A] [B] [C] [D]　　21. [A] [B] [C] [D]
2. [A] [B] [C] [D]　　7. [A] [B] [C] [D]　　12. [A] [B] [C] [D]　　17. [A] [B] [C] [D]　　22. [A] [B] [C] [D]
3. [A] [B] [C] [D]　　8. [A] [B] [C] [D]　　13. [A] [B] [C] [D]　　18. [A] [B] [C] [D]　　23. [A] [B] [C] [D]
4. [A] [B] [C] [D]　　9. [A] [B] [C] [D]　　14. [A] [B] [C] [D]　　19. [A] [B] [C] [D]　　24. [A] [B] [C] [D]
5. [A] [B] [C] [D]　　10. [A] [B] [C] [D]　　15. [A] [B] [C] [D]　　20. [A] [B] [C] [D]　　25. [A] [B] [C] [D]
26. [A] [B] [C] [D]　　31. [A] [B] [C] [D]　　36. [A] [B] [C] [D]　　41. [A] [B] [C] [D]
27. [A] [B] [C] [D]　　32. [A] [B] [C] [D]　　37. [A] [B] [C] [D]　　42. [A] [B] [C] [D]
28. [A] [B] [C] [D]　　33. [A] [B] [C] [D]　　38. [A] [B] [C] [D]　　43. [A] [B] [C] [D]
29. [A] [B] [C] [D]　　34. [A] [B] [C] [D]　　39. [A] [B] [C] [D]　　44. [A] [B] [C] [D]
30. [A] [B] [C] [D]　　35. [A] [B] [C] [D]　　40. [A] [B] [C] [D]　　45. [A] [B] [C] [D]

二、阅读

46. [A] [B] [C] [D]　　51. [A] [B] [C] [D]　　56. [A] [B] [C] [D]　　61. [A] [B] [C] [D]　　66. [A] [B] [C] [D]
47. [A] [B] [C] [D]　　52. [A] [B] [C] [D]　　57. [A] [B] [C] [D]　　62. [A] [B] [C] [D]　　67. [A] [B] [C] [D]
48. [A] [B] [C] [D]　　53. [A] [B] [C] [D]　　58. [A] [B] [C] [D]　　63. [A] [B] [C] [D]　　68. [A] [B] [C] [D]
49. [A] [B] [C] [D]　　54. [A] [B] [C] [D]　　59. [A] [B] [C] [D]　　64. [A] [B] [C] [D]　　69. [A] [B] [C] [D]
50. [A] [B] [C] [D]　　55. [A] [B] [C] [D]　　60. [A] [B] [C] [D]　　65. [A] [B] [C] [D]　　70. [A] [B] [C] [D]
71. [A] [B] [C] [D]　　76. [A] [B] [C] [D]　　81. [A] [B] [C] [D]　　86. [A] [B] [C] [D]
72. [A] [B] [C] [D]　　77. [A] [B] [C] [D]　　82. [A] [B] [C] [D]　　87. [A] [B] [C] [D]
73. [A] [B] [C] [D]　　78. [A] [B] [C] [D]　　83. [A] [B] [C] [D]　　88. [A] [B] [C] [D]
74. [A] [B] [C] [D]　　79. [A] [B] [C] [D]　　84. [A] [B] [C] [D]　　89. [A] [B] [C] [D]
75. [A] [B] [C] [D]　　80. [A] [B] [C] [D]　　85. [A] [B] [C] [D]　　90. [A] [B] [C] [D]

三、书写

91. _____
92. _____
93. _____
94. _____

95.

96.

97.

98.

99.

100.

동양북스 추천 교재

일본어 교재의 최강자, 동양북스 추천 교재

회화 코스북

일본어뱅크 다이스키
STEP 1·2·3·4·5·6·7·8

일본어뱅크
New 스타일 일본어 회화
1·2·3

일본어뱅크 도모다찌
STEP 1·2·3

분야서

일본어뱅크
NEW 스타일 일본어 문법

일본어뱅크
일본어 작문 초급

일본어뱅크
사진과 함께하는
일본 문화

일본어뱅크
항공 서비스 일본어

가장 쉬운 독학
일본어 현지회화

수험서

일취월장 JPT
독해·청해

일취월장 JPT
실전 모의고사 500·700

新일본어능력시험
실전적중 문제집 문자·어휘 N1·N2
실전적중 문제집 문법 N1·N2

新일본어능력시험
실전적중 문제집 독해 N1·N2
실전적중 문제집 청해 N1·N2

단어·한자

新버전업
일본어 한자 암기박사

일본어 상용한자 2136
이거 하나면 끝!

일본어뱅크
New 스타일 일본어 한자 1·2

가장 쉬운 독학
일본어 단어장

중국어 교재의 최강자, 동양북스 추천 교재

중국어뱅크 북경대학 한어구어
1·2·3·4·5·6

중국어뱅크 스마트중국어
STEP 1·2·3·4

중국어뱅크 뉴스타일중국어
STEP 1·2

중국어뱅크 문화중국어 1·2 | 중국어뱅크 관광 중국어 1·2 | 중국어뱅크 여행 중국어 | 중국어뱅크 호텔 중국어 | 중국어뱅크 판매 중국어 | 중국어뱅크 항공 서비스 중국어 | 중국어뱅크 의료관광 중국어

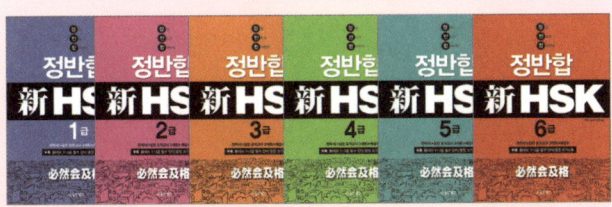 

정반합 新HSK
1급·2급·3급·4급·5급·6급

버전업! 新HSK 한 권이면 끝
3급·4급·5급·6급

버전업! 新HSK VOCA 5급·6급 | 가장 쉬운 독학 중국어 단어장 | 중국어뱅크 중국어 간체자 1000 | 新버전업 중국어 한자 암기박사

동양북스 추천 교재

기타외국어 교재의 최강자, 동양북스 추천 교재

중고급 학습

첫걸음 끝내고 보는 프랑스어 중고급의 모든 것 | 첫걸음 끝내고 보는 스페인어 중고급의 모든 것 | 첫걸음 끝내고 보는 독일어 중고급의 모든 것 | 첫걸음 끝내고 보는 태국어 중고급의 모든 것

단어장

버전업! 가장 쉬운 프랑스어 단어장 | 버전업! 가장 쉬운 스페인어 단어장 | 버전업! 가장 쉬운 독일어 단어장

여행 회화

NEW 후다닥 여행 중국어 | NEW 후다닥 여행 일본어 | NEW 후다닥 여행 영어 | NEW 후다닥 여행 독일어 | NEW 후다닥 여행 프랑스어 | NEW 후다닥 여행 스페인어 | NEW 후다닥 여행 베트남어 | NEW 후다닥 여행 태국어

수험서·교재

한 권으로 끝내는 DELE 어휘·쓰기·관용구편 (B2~C1) | 수능 기초 베트남어 한 권이면 끝! | 버전업! 스마트 프랑스어